Aggression in Gruppen

Matthias-Grünewald-Verlag · Mainz

CIP-Titelaufnahme der Deutschen Bibliothek
Aggression in Gruppen / [hrsg. von Karin Hahn ...]. – Mainz :
Matthias-Grünewald-Verl., 1994
(Aspekte themenzentrierter Interaktion)
ISBN 3-7867-1806-7
NE: Hahn, Karin [Hrsg.]

Satz: Studio für Fotosatz und DTP, Ingelheim
Druck und Bindung: Weihert, Darmstadt
ISBN 3-7867-1806-7

Inhalt

Vorwort

Starke Affekte in Gruppen sind rational oft kaum begründbar. Die Klärung oder die Suche vor allem nach den Ursachen aggressiver Auseinandersetzungen kann bisweilen sehr schwierig sein. Gibt es in der TZI-Gruppenarbeit eine „strukturelle Neigung", Aggression zu vermeiden? Fördert das Leitungskonzept der TZI bei Teilnehmerinnen und Teilnehmern den Wunsch nach Abhängigkeit und behindert es aggressive Auseinandersetzungen? Angeregt durch solche Ausgangsfragen und eigene Erfahrungen in der Gruppenleitung entwickelte sich unser Interesse, in dieser Reihe einen Band vorzulegen, der sich mit dem Zusammenhang von Gruppe und Aggression beschäftigt, der die Frage am Schnittpunkt von Pädagogik und Therapie näher beleuchten sollte. Uns war bekannt, daß zum Thema Aggression und Gruppe noch immer ein Mangel an allgemeiner und spezifischer Fachliteratur besteht.

In die Frage der Vorüberlegungen kam persönliche Betroffenheit, die durch die aktuellen politischen Ereignisse ausgelöst war. Gewalt, Ausgrenzung und Verfolgung zwischen einzelnen, Gruppen und Völkern zeigen zur Zeit die Begrenztheit dessen, was man für den humanistischen Grundkonsens unserer Gesellschaften hielt. Gleichzeitig bestärkte das eigene Erschrecken, die eigene Enttäuschung und Ratlosigkeit uns nachdrücklich darin, an den Grundfragen unseres Buchprojekts festzuhalten. Wie werden Phasen der Aggression erlebt und wie können sie im sozialen Kontext jeweiliger Gruppen bearbeitet werden?

Es war uns bewußt, daß die Reflexion persönlicher, gruppenpädagogischer oder therapeutischer Prozesse eher schwierig ist, wenn wir selbst als Leiterinnen und Leiter, aber auch als Teilnehmerinnen und Teilnehmer dafür Verantwortung tragen. Werden starke Affekte zum Thema, geraten wir an Grenzen; Gefühle der Ohnmacht, Angst und Hilflosigkeit können entstehen. Verbreitet ist die Tendenz, solche Gefühle zu vermeiden und sie auf andere zu delegieren.

Möglicherweise stellte sich dies bei der Suche nach Autorinnen und Autoren ein. Zwar fanden wir für unser Thema viel Zustimmung und Interesse, jedoch nur wenige sahen sich in der Lage, etwas beizutragen. Kurzfristige Absagen führten erstmalig zu erheblichen Terminverschiebungen bei der Herausgabe des Bandes. Bemerkenswert war, daß gerade die Artikel zu den geschlechtsspezifischen Ausdrucksformen der Aggression sowie zum gesellschaftspolitischen Kontext erst nach längerer Absageliste zustande kamen.

Was jetzt als Ergebnis vorliegt, bietet unserer Meinung nach einen interessanten Ausschnitt der aktuellen Diskussion. Er soll für die Arbeit in themenzentrierten Gruppen anregend sein, soll zur bewußten Auseinandersetzung und Beschäftigung mit aggressiven Phänomenen ermutigen und helfen, eigene Verstehensweisen weiter zu entwickeln.

Sicher wird manches auch Widerspruch auslösen. Unser Konzept ist auch diesmal kein geschlossenes, das erschöpfend zum Thema Stellung nehmen will, sondern ist angelegt auf Rückmeldung, Weiterentwicklung und Dialog. Im Themenzugang der einzelnen Beiträge zeigen sich individuell sehr verschiedenartige Herangehensweisen. Grundsätzliche Erwägungen werden durch Beispiele aus unterschiedlichen Gruppenarbeitsfeldern belegt. Schwerpunkt ist der soziale Nahraum von Gruppen am Schnittpunkt von Erwachsenenbildung und Therapie.

Wir hoffen, daß die Beiträge Lust und Mut machen, aggressive Phänomene in der eigenen Arbeitssituation stärker zu beachten und sich mit der Aggression auseinanderzusetzen als das, was sie nunmal ist: wesentlicher Antrieb im Zusammenleben von Menschen zwischen Kooperation und Konflikt.

Karin Hahn
Marianne Schraut
Klaus-Volker Schütz
Christel Wagner

Annegret Overbeck

Geboren 1944. Dr.biol.hom., Univ.Prof. für Erziehungswissenschaft mit Schwerpunkt Psychoanalytische Pädagogik, Psychoanalytikerin (DPV/IPA), Familientherapeutin. Arbeitsschwerpunkte: Psychoanalyse und Erziehung im Rahmen des sozialwissenschaftlichen Paradigmas, Team-Supervision, Supervisionsforschung.

Aggression und Gewalt – erregend, ängstigend, beruhigend
Zur existentiellen Situation des Individuums zwischen Selbstbestimmung und sozialem Bezogensein

„...Wenn wir uns individuelles Verhalten und Massenverhalten näher ansehen, so finden wir, daß das Verlangen, Hunger und Sex zu befriedigen, menschliches Verhalten nur zum kleinen Teil motiviert. Die Hauptmotivationen des Menschen sind seine rationalen und irrationalen Leidenschaften: das Streben nach Liebe, Zärtlichkeit, Solidarität, Freiheit und Wahrheit sowie der Trieb zu beherrschen, zu unterwerfen, zu zerstören; Narzißmus, Gier, Neid und Ehrgeiz. Diese Leidenschaften sind seine Triebfedern und die Quelle seiner Erregung; sie sind nicht nur der Stoff, aus dem die Träume gemacht sind, sondern ihnen entstammen auch alle Religionen und Mythen, Drama und Kunst – kurz alles, was dem Leben Bedeutung verleiht und es lebenswert macht" (Fromm 1974, S. 300).

Feindseligkeit und Gewalt gegen Minderheiten, insbesondere gegen Ausländer, die bei uns Asyl suchen oder gefunden haben, die seit vielen Jahren in unserer Mitte leben und arbeiten, sowie die

9

zerstörerischen nationalen und ethnischen Konflikte, die in Folge der Auflösung des Ost-West-Gegensatzes sichtbar wurden und geschürt werden, haben das sozialwissenschaftlich-psychologische Bewußtsein für den komplexen Themenzusammenhang von Angst und Aggression, Gehorsam, Autorität und Moral erneut wachgerufen. Dieser Zusammenhang schien in seiner sozialisationsrelevanten Konkretheit fast veraltet, nachdem es in der Generationen-Auseinandersetzung über den Nationalsozialismus und den Zivilisationsbruch, den die industrialisierte Vernichtung der europäischen Juden darstellt, zur Artikulation eines kritischen politischen Bewußtseins gekommen war. Nach der Psychologisierung dieses Bewußtseins auf der einen Seite und der Hinwendung des Engagements zu global weltpolitischen und ökologischen Themen, muß sich nun die Aufmerksamkeit erneut der ethischen Dimension des Zusammenlebens auch in unserer nächsten Nähe, der Gestaltung unserer Beziehungen und dem sozialisatorischen Verhältnis und seiner psychosozialen Ökologie zuwenden. Aus der zeitlichen Distanz heraus und aus dem Bezugsrahmen einer politisch veränderten Welt können wir heute deutlicher die Argumentationen und die psychologischen und pädagogischen Positionen erkennen, die in der damaligen politisch-soziokulturellen Auseinandersetzung eingenommen wurden. Dabei gibt es einen bedeutsamen Unterschied: Während 1968 die Verbrechen hinter uns lagen und der Generation der Eltern und Großeltern zugerechnet werden konnten, spielen sie sich nun unter unserer Zeitgenossenschaft ab und werden verübt von Jugendlichen, für deren Entwicklung die Generation der Erwachsenen individuell-familiär-pädagogische Verantwortung und zeitgenössisch-gesellschaftliche Verursachung und damit politische Verantwortung nicht leugnen kann. Während die Auseinandersetzungen von 1968 sich gegen politische und gesellschaftliche Restauration auf vielen Ebenen wendete und in Teilen der intellektuellen Jugend eine Revolte auslöste, die eine unterschwellige und latente Modernisierungsdynamik aufgriff und beförderte, gibt es heute eine offensichtlich unbeherrschbare Veränderungsdynamik, die autonom und sichtbar verläuft, ohne daß sich bisher ein „Subjekt der Veränderung" zu Wort gemeldet, Richtungen, anzustrebende Ergebnisse, oder gar eine utopische Teleologie der Geschichte verkündet und argumentativ untermauert hätte. Dystopische Katastrophenszenarien, die den Untergang der Welt und das „Ende des Subjekts" begründen, und die Schlagworte „Risikogesellschaft" und „Postmoderne" sind Versuche, die archaische Angst des einzelnen in mythisch-ästhetischen Produktionen und in soziologischen und philosophischen Begriffen zu bannen.

Auch unabhängig von politisch motivierter Gewalt, die sich aufgrund der öffentlichen Sensibilität wirkungsvoll rassistischer und neonazistischer Parolen und scheinbar politischer Argumentationen bedient, durchzieht die Gewalt- und Aggressionsthematik die modernen Gesellschaften. Sei es in Form von Jugendgewalt und Delinquenz, Vandalismus und Randale in Schulen, Kindesmißhandlung und sexuelle Gewalt in Familien bis hin zu einem boomenden Markt medialer Darstellungen von Gewalt und Perversion. Was hierbei erschreckt, ist die Erkenntnis, wie oft dabei das Schuldgefühl suspendiert ist und wie weit die Schamschranken in der modernen Gesellschaft hinausgeschoben sind. Es bedarf fortlaufend des Tabubruchs, um öffentliche und private Aufmerksamkeit zu erregen, individuelle und kollektive Notsituationen zu kommunizieren und Reaktion und Grenzsetzung hervorzurufen.

Zielsetzung dieses Beitrages zu einem Band über Aggression und Gruppe ist es, die sozialpsychologisch / massenpsychologischen Phänomene, die uns im Zusammenhang mit Ausländerfeindlichkeit und Jugendgewalt beschäftigen, in einen theoretischen Bezugsrahmen zu stellen, der die Vorstellungen und Konzepte, die der sozialpsychologischen Auseinandersetzung mit dem Nationalsozialismus, wie ihn die kritische Theorie und in ihrem Gefolge Erziehungswissenschaft und Pädagogik geführt haben, weiterentwickelt. Hierbei geht es im wesentlichen um die existentielle Dimension von Angst und Aggression und ihre theoretische Durchdringung vor dem Hintergrund eines vertieften Verständnisses der präödipalen, ich-strukturellen, narzißtischen Störungen. Die Berücksichtigung der Dialektiken von Aggression und Libido, Narzißmus und Triebentwicklung, Selbstsein und Bezogensein und die Berücksichtigung unbewußter Phantasien in bezug auf Gruppen und Kollektive kann zu einem vertieften

Verständnis der Phänomene beitragen, denen sich Gruppenarbeit im Überschneidungsbereich von Therapie und Pädagogik gegenübersieht.

1. Die Frau im Schrank – ein aus dem Rahmen fallendes Beispiel aus dem Alltag einer Schule

Wiederholt wurde ich von Lehrerkollegien oder kollegialen Arbeitsgruppen eingeladen. Sie fragen um Supervision nach oder suchen Hilfestellung für die Entwicklung ihrer pädagogischen Praxis und deren organisatorische Rahmenbedingungen. Ich fand mich bei diesen Gelegenheiten des öfteren an einem Tisch mit Beamten der Schulaufsicht und der Polizei. In vielen Kollegien hat man sich mit der schmerzlichen Erkenntnis auseinanderzusetzen, daß es unter bestimmten Umständen notwendig werden kann, einen Vertreter des staatlichen Gewaltmonopols, bzw. ein externalisiertes Über-Ich zu gebrauchen, um das Zusammenleben und -arbeiten nicht der Willkür von gewalttätigen Einzelnen oder Gruppen preisgeben zu müssen. Zugleich registrieren sie voller Befremden, daß es unter den Kindern und Jugendlichen einen „Schrei nach Autorität" gibt, wie es eine Lehrerin ausdrückte – und verzweifelte Ratlosigkeit bei den Lehrern, ob und wie auf dieses Bedürfnis nach Struktur geantwortet werden kann. Eine schwer zu fassende Angst sucht nach Artikulation: Angst, selbst verletzt zu werden, Angst vor dem eigenen Gewissen, weil man die Ideale von demokratischer und emanzipatorischer Erziehung nicht vertreten und erreichen kann. Die Machtergreifung durch Jugendliche in diesen Institutionen selbst kann durch keine pädagogische Bindung neutralisiert und begrenzt werden. Destruktiver Narzißmus scheint sich dann durchzusetzen.

Mir wurde von einer Schulklasse erzählt, die ihre Klassenlehrerin über das Wochenende in einen Stahlschrank mit nur wenigen Luftschlitzen eingeschlossen hatte. Die Tat wurde erst montagfrüh entdeckt. Kein einziger Jugendlicher hat sich offenbar einem anderen Erwachsenen anvertraut, auch nicht anonym.

Das Bemerkenswerte ist in meiner Sicht, daß zwar der Anführer der

Tat von der Schule entfernt wurde, daß aber keinerlei weitere klärende und den Vorfall aufarbeitende soziale Aktivitäten entfaltet wurden. Dabei trifft die Individualisierung der Schuld in der Person des „Führers" nicht den Kern der sozialen Entwicklung in der Schulklasse. Verleugnet wird: die erzwungene oder freiwillige Komplizenschaft und moralische Unempfindlichkeit; die „Machtergreifung", zu der immer auch eine unterwerfungsbereite Gefolgschaft und Treue dem Anführer gegenüber gehört; der mit dem Erfolg verbundene Machtrausch, der noch heute – auch ohne den Führer – besteht.

Die Lehrerin wurde noch wochenlang mit einem einzigen Wort terrorisiert – „Schrank" –, bis sie psychisch dekompensierte. In ihr wurde nicht nur das Realitätsprinzip und die „väterliche" Ordnung an der offenbar schwächsten Stelle im System angegriffen und symbolisch vernichtet. In dem Terror, den das Wort „Schrank" entfaltet, haben sich polare Gegensätze einer archaischen psychischen Dimension aus vorsprachlicher Zeit zu einer symbolischen Gleichung (Segal 1957) von hoher Intensität verdichtet: aktiv – passiv; Allmacht – Ohnmacht; Leben und Tod. Seine Konnotationen sind Mutterleib und Sarg, Noch-Nicht und Nicht-Mehr. „Schrank" ist für die Jugendlichen Codewort für die von allen geteilte Phantasie der absoluten Manipulationsmacht, die nun nicht nur die Klasse, sondern auch die Altersgruppe eint und zum Kristallisationskern weiterer dissozialer Prozesse werden kann. Als Analytiker erkennen wir in der geschilderten „Szene" und ihrer Codierung zugleich den externalisierenden Abwehrvorgang für das Gefühl tiefster Ohnmacht und die Gefahr der Nicht-Existenz. Die Bedrohung geht von archaischen Affekten aus, die das Individuum in tiefste Ohnmacht und Verzweiflung gestürzt haben, und die mit der Ängstigung und phantasierten Vernichtung eines Opfers aus der Welt geschafft werden sollen.

Über die Motive der Schüler, evtl. leise moralisch begründete Zweifel und Sorge für die Lehrerin, die dann doch der Loyalität den Anführern gegenüber zum Schweigen verurteilt blieben, evtl. aber auch die Abwesenheit derartiger moralischer Gefühle, wissen die Erwachsenen nichts. Sie haben ein klärendes und differenzierendes

Gespräch mit den Schülern, aber auch ein über das organisatorisch Notwendige hinausgehendes Gespräch im Kollegium unterlassen. Indem die Erwachsenen nur in der Lage sind, nach dem Ausstoßungsmodus zu handeln, aber darüber hinaus geschehen lassen, was geschieht, verbreitet sich in dem kleinen Gemeinwesen die Botschaft von der Abwesenheit einer lebendigen moralischen Instanz und von der Abwesenheit eines reflektions- und handlungsfähigen Ichs, welches sich dem Faktischen entgegenstellt und die Werte, die dem Zusammenleben zugrundeliegen, mit Autorität ausstattet. Auch die Über-Ich-Entwicklung ist nicht außerhalb eines Dialoges möglich.

Das skizzierte Beispiel verweist auf einen Erosionsprozeß, in dem der Lehrer die normativ bindende Kraft seiner symbolischen „väterlichen Position" verloren und Schule als Institution ihre spezifische, kulturell vermittelte Sozialität eingebüßt hat. In der Durchdringung mit gesamtgesellschaftlichen Individualisierungs- und Segregationstendenzen (Beck 1986) verwandelt sie sich in ein Milieu, dessen strukturelles Kennzeichen die „Abwesenheit" des Anderen und Abwesenheit konkreter Gegenseitigkeit ist. Es wird erzeugt als Zersetzungsprodukt einer prekären Gleichzeitigkeit von administrativer Verdinglichung und regressiver Psychologisierung der pädagogischen Beziehung (Ziehe 1991), in der es dem Pädagogen als auf sich selbst zurückgeworfenem Individuum nicht gelingt, die Faktizität der gesellschaftlichen Verhältnisse reflexiv und ästhetisch zu brechen und dem Sog in eine über primäre Identifikation hergestellte und horizontal verbreiterte Beziehungsnähe zu entgehen. Diese mag zwar seiner eigenen Selbstidealisierung entgegenkommen, wirkt jedoch auf Schüler unglaubwürdig und „falsch". Sie wird in ihrer narzistisch-ausbeuterischen Qualität erahnt und gegenausbeuterisch benutzt.

2. Exkurs: Funktion und Bedeutung von Rahmenvereinbarungen und Grenzen in der Gruppenarbeit

Wenn ich mich mit dem Problem der Rückkopplung kollektiver und individueller Entwicklungsprozesse befasse, aus der die psychische Verfassung des Individuums besteht, und die oben beschriebenen

Phänomene auf der Basis meiner klinisch-psychoanalytischen Erfahrung begreifen will, vergegenwärtige ich mir hier beispielhaft die psychodynamische Bedeutung des Rahmens in der stationären Psychotherapie jugendlicher Borderline-Patienten in Kinder- und Jugendpsychiatrischen Einrichtungen und die Bedeutung psychoanalytischer Supervision, die sich auf das stationäre Team als Ganzes bezieht. In kontinuierlicher und oft schmerzhafter Reflexion der Arbeit und der Kooperation verändert sich in gewissem Maße die eigene Persönlichkeit, die ja das Arbeitsinstrument im pädagogisch-therapeutischen Feld ist. Aus diesem Blickwinkel heraus können auch die beschriebenen Vorgänge in Schulen als Zerstörung eines Rahmens begriffen werden, der sich damit als nicht haltgebend erweist und von dem das professionelle Bewußtsein der Berufsgruppe nichts mehr weiß. Aus klinisch-stationärer Arbeit geht jedoch die Erfahrung hervor, daß der Rahmen gegen den Sog der Gruppenregression die *Realität* und den Wirklichkeitssinn konsolidiert. Der Rahmen, der gewöhnlich als ein Katalog von *Regeln*, als Stationsordnung, verstanden wird, ordnet und strukturiert das Alltagsleben auf der Station. Er enthält für den Fall von Übertretungen entsprechend abgestufte Sanktionen, die auch angewandt und vertreten werden sollen. Der Katalog dieser Regeln (Rechte und Pflichten) enthält vier Basisforderungen, die das „Behandlungsfeld an sich" abstecken: Aufenthalt am Ort der Behandlung, Einhaltung therapeutischer und pädagogischer Termine, Verzicht auf Geschlechtsverkehr mit Mitpatienten in den Räumen der Station, Verzicht auf Waffen aller Art und schwere körperliche Gewalt. Die Einhaltung der Grundforderungen bedeutet implizit die Anerkennung des Behandlungsvertrages. Ihre Übertretung führt die Beendigung desselben herbei. Die Regeln geben der zwischenmenschlichen Situation den Charakter der Verbindlichkeit, sie bemühen sich im voraus um strukturierenden Halt, um Klarheit, Eindeutigkeit und Angemessenheit des Umgangs in konkreter Interaktion. Sie sollen Willkürentscheidungen in affektiv-aufgeladenen Notsituationen vorbeugen.

Ein solcher Rahmen bekommt durch seine konstituierenden formalen Elemente (das Element der Zeitlichkeit, das Element der Lokalisation, das Element der Regeln) eine *strukturbildende* und *symbolische*

Funktion (Müller 1993). Er ist als Gestalt mehr als die Summe der formalen Elemente und symbolisiert die Realität als Gesamtheit der Nicht-Ich-Welt. Er ist insofern Grenze und Korrektur, aber damit zugleich haltende Umwelt, bergendes Behältnis und Schutz. Er gibt der verstehenden und interpretierenden Begegnung im „potentiellen" therapeutischen Raum die notwendige „Deckung" (Winnicott 1983), um auf der Basis von entstehendem Vertrauen neue Erfahrung zu ermöglichen. Er gestattet im psychotherapeutischen Prozeß über die Erfahrung linearer Zeit und ihren Bezug auf einen äußeren Ort die Erfahrung der An- und Abwesenheit, der Trennung und Wiederkehr. Er erlegt durch die Begrenzung des Verhaltens angemessene Frustration auf und beweist damit die *Existenz* anderer Subjekte, die nicht nur Kraft des eigenen subjektiven Bezuges existieren und beherrscht werden können. In dem Maße, in dem Mitarbeiter diesen immanenten Wert des Rahmens in seiner Bedeutung erkennen und anerkennen, können sie ihn in den alltäglichen Interaktionen persönlich in einfühlsamer und erträglicher Weise vertreten und eine Ordnung damit menschlich und angreifbar machen. Dabei muß das Team in einer Weise kooperieren, die den Jugendlichen Extremerfahrungen erspart: entweder an eine Eisenwand ohne jegliche Flexibilität und Resonanz schon bei der Annäherung an die Grenzbereiche zu stoßen; ohne jegliche spürbare Grenze ins Leere zu laufen; in verführerische Bündnisse mit bestimmten Erwachsenen gegen andere zu laufen; auf eine „Gummiwand" zu treffen, wie wir es aus den sog. „schizophrenogenen" Familien kennen, die Konflikt- und damit Identitätsbildung unterlaufen. In einer solchen Familienkultur ist es verboten, innerhalb der Beziehung zu opponieren und sich zu zeigen sowie dieses Verbot als solches zu benennen. Ein tragfähiges, kooperatives und um Integration bemühtes Team ist sich der Gefahr bewußt, daß es latent paranoid als Kontrollmacht erlebt werden kann und beim Umschlag des Erlebens von Schutz in Bedrohung statt Ich-Integration zerstörerische Attacken bewirkt. Trimborn (1983) hat ausdrücklich auf diese Schwierigkeit in der angemessenen Vertretung und Wahrung des Rahmens in der Behandlung von Borderline-Patienten hingewiesen.

Was für das beschriebene stationäre Setting gilt, spielt sich der Idee und der Schwierigkeit nach an jedem sozialen Ort ab, an dem Jugendliche und Erwachsene einander begegnen und über den Tag hinaus miteinander leben, arbeiten, lernen. Sie brauchen den persönlich vertretenen Rahmen, den sie erfahren und erkunden können, um in dem Versuch, ihn zu manipulieren, zu kontrollieren, zu überschreiten oder zu zerstören, herauszufinden, wer sie selbst sind, ob, wieviel und worüber sie mächtig sind. Sie können nur so ihre Ichfunktionen erproben und in der Auseinandersetzung, die von der Trieb- und Affektdynamik gespeist wird, neue und stabilere Struktur bilden.

Es gehört jedoch auch zu den normalen Auseinandersetzungen in Pubertät und Adoleszenz, Selbstverständlichkeiten und Gewißheiten in Frage zu stellen und damit die ins Über-Ich eingegangenen Ge- und Verbote zu relativieren und zu verändern. Dazu gehört die erstaunliche Fähigkeit Jugendlicher, Erwachsene zu Ignoranz und Indifferenz zu verführen und deren eigene Kulturheuchelei offensichtlich werden zu lassen.

Unter gesellschaftlichen Voraussetzungen, die soziologisch unter den Stichworten: Zerfall von Lebenswelten, Erosion von Bindungen, Orientierungsverlust und Individualisierung diskutiert werden (Beck 1986, Heitmeyer 1992), ist der Pubertäts- und Adoleszenzverlauf bei einer zunehmend größeren Zahl von Jugendlichen besonders dramatisch und verläuft weit jenseits der normalen und notwendigen Generationsauseinandersetzung. Betroffen sind hiervon aus psychoanalytischer Sicht besonders die Jugendlichen, die schon als Kinder keinen bergenden Halt erlebt haben, die in parentifizierten Rollen umgekehrt der Halt und der Aufregungslieferant eines isoliert lebenden Elternteils sein mußten, die gegebenenfalls schon das Scheitern von Pflegefamilien und anderen vergeblichen Hilfs- und Stützmaßnahmen erlebt haben, deren antisoziales Agieren im Kindesalter nicht als Hoffnung verstanden wurde, doch noch ein verläßliches äußeres Objekt zu finden, was die Angriffe aushält, versteht, begrenzt und überlebt (Winnicott 1988).

Für viele von ihnen, die eine extreme Objektangewiesenheit haben, ohne sich jedoch binden zu können, hat sich Omnipotenz als Überlebensstrategie entwickelt, die sich in ständiger Grenzüberschreitung und Zerstörung immer wieder bestätigen muß. Sie begegnen jedem Rahmen mit Ur-Mißtrauen und fürchten, fallengelassen zu werden. Aufgrund des psychischen Funktionierens nach dem Alles-oder-Nichts-Prinzip führt jede Beziehungsaufnahme nach kurzer Zeit zu totaler Enttäuschung, grenzenloser narzißtischer Wut, deren Energie sich nur schwer in objektgerichteten Haß bündeln läßt. Diese Jugendlichen führen vor, „wie man in zwei Stunden zum Täter wird" (vgl. Bergmann, Leggewie 1993) Im Unterschied zu diesen impulsgesteuerten Tätern gelingt es einem kleineren Kreis, sich relativ stabil mit kriminellen Vorbildern in der Außenwelt zu identifizieren und in dieser dissozialen Identifikation ein ausgestanztes aggressives Feindintrojekt unterzubringen. Sie reißen dann die Führung von Cliquen und Kollektiven an sich und setzen alles daran, eine rigide hierarchische Struktur und einen eigenen Ehrenkodex aufzurichten und dem Kollektiv aufzupressen. Sie haben damit einen Ausweg aus haltloser Auslieferung und narzistischer Ohnmacht gefunden. Diese Führertypen stellen denjenigen, die bei den Erwachsenen keine Hilfe für die Steuerung ihrer aggressiven Impulse und keine haltgebende Orientierung finden, ein Hörigkeitssystem zur Verfügung, was diese dankbar und unterwerfungsbereit annehmen.

3. Die „Wiederkehr des Verdrängten": die unverstandene Aggression in ihrer existentiellen und produktiven Bedeutung

Die Geschichte von der „Frau im Schrank" verwende ich im Zusammenhang dieses Aufsatzes nicht allein deshalb, weil sie unbewußtes Material enthält, mit dem Pädagogen und Therapeuten, die mit emotional schwer gestörten Kindern arbeiten, recht häufig in Kontakt kommen, wenn auch die Wünsche und Ängste, die hier zugrundeliegen, nicht immer in dieser Konkretheit und Konsequenz ausagiert werden. Die Geschichte stellt ja auch ein Material dar, welches einen in die Augen springenden Bezug zur kollektiven Auseinandersetzung mit dem Nationalsozialismus hat. Außerdem führt sie ein in elementare Ängste und Phantasien, die im unbewußten Erleben der „Gruppe" gelten, in der sich das Dilemma

von Selbstbestimmung und sozialem Bezogensein dramatisch zuspitzen kann. Mit der „Wiederkehr des Verdrängten" ist ein Thema aktuell geworden, welches bereits die Protest- und Reformgeneration der 60er und 70er Jahre beschäftigt hatte. Die dehumanisierenden Vorgänge im sozialen Zusammenleben, die „Auschwitz" ermöglicht hatten, sollten sich nicht wiederholen. Wenn ich vor diesem Hintergrund den Aufbruch seit 1968 und die soziokulturelle Entwicklung seit dieser Zeit aus psychoanalytischer Sicht bewerte (vgl. Overbeck 1992, 1994), möchte ich zusammenfassend folgende Tendenzen und Ergebnisse festhalten: Die Kritische Sozialisationstheorie hatte angenommen, daß die moralische Entwicklung des Individuums, die immer zur Debatte steht, wenn es um Aggression, Schuldfähigkeit und Verantwortlichkeit geht, nicht Ergebnis äußeren Zwanges ist und bleiben muß, sondern daß unter der Voraussetzung gesellschaftlich repressionsarmer Räume eine „Moral der Gegenseitigkeit und Zusammenarbeit" ausgebildet werden kann. Im pädagogischen und sozialen Prozeß ließ sich bald eine hohe Idealisierung der eingeborenen Vernunft und Kooperationsbereitschaft im Dienst eines vermeintlich „humanistischen" Menschenbildes, Verwerfung des väterlichen, strukturbildenden Prinzips auf verschiedenen Ebenen, und eine ernstzunehmende Verleugnung der anthropologischen Grundsituation des Menschen und der existentiellen Dimension seiner Angst feststellen. Das Augenmerk, welches sich auf die gesellschaftlichen Widersprüche gerichtet hatte, ließ den Widerspruch in der menschlichen Existenz, der an die biologische Dichotomie zwischen fehlender Instinktregulierung und dem Auftreten des Bewußtseins seiner selbst geknüpft ist, verblassen. In den vorwiegend soziologisch und politisch fundierten Argumentationen und in einer beklagenswerten und folgenreichen Verschmelzung des politischen und pädagogischen Bezugsrahmens, die Depression und Melancholie nach sich zog, hatten differenziertere Betrachtungen des Verhältnisses von Determination und Freiheit, Entfremdung und Selbstbestimmung, und den Weg von der Heteronomie zur Autonomie des verantwortlich Handelnden keinen rechten Platz.
Häufig haben wir daher in der Praxis „antiautoritäre" und „repres-

sionsfreie" Erziehung als Ergebnis von narzißtischem Rückzug und Resignation bei den Erwachsenen gesehen, die in der Diskrepanz von höchstem emanzipatorischem Anspruch und realer Verwirklichungschance und Fähigkeit häufig in Teilnahmslosigkeit mündete. Auch vermeidet die idealisierende, ausschließlich primär-identifikatorische Beziehung zwischen dem Erwachsenen und dem Kind die Heftigkeit und Leidenschaftlichkeit des Objektbezuges der anal-sadistischen und ödipalen Phase. Diese Vermeidung, die dem Kind wesentliche Erfahrungen und Konflikte auf seinem Entwicklungsweg vorenthält, ist häufig Ergebnis ungelöster eigener Aggressions- und Autoritätskonflikte und unter Umgehung oder Bekämpfung der Ödipalität nicht genügend gut integrierter Affekte. Die Auseinandersetzung war – trotz oberflächlicher Gegenidentifikationen – in analen Ambivalenzen steckengeblieben oder durch Regression auf oral-narzißtisches Niveau vollständig blockiert.

Im zeitlich distanzierten Blick können wir heute die blinden Flecke in der Argumentationslogik, die das Handeln mitgeprägt hat, entdecken. Ich fasse zusammen, was ich an anderer Stelle ausführlicher erörtert habe (Overbeck 1994). Es handelt sich um die Verabreichung repressionsfreier Erziehung als Antidot zum sog. „autoritären Charakter" und das kleinbürgerliche, faschistische Subjekt; die Ableitung der Aggression aus dem ödipalen Konflikt und damit aus der Autoritätsproblematik; die Idealisierung politischer Gruppen als Bruderschaften; die Idealisierung des Matriarchats (vgl. auch Fromm 1970) bei Verleugnung von Aggression, die sich aus anderen Quellen als der Vaterbeziehung speist; in Folge hiervon die Etablierung eines in der Praxis regressiven Gleichheitsideals und die Verwerfung von Differenz und Konflikt, die eine progressive Version von Gleichheit im psychosozialen Austausch systematisch verhindert hat.

Darüber hinaus war eine auf das Ideal der nicht repressiven, nicht hierarchischen, klassenlosen Gesellschaft bezogene „revolutionäre Praxis" unhinterfragter Wert und selbstverständlicher Ausdruck marxistischer und gesellschaftskritischer Ethik. Daß sich diese Praxis in den Dienst einer konkretistisch-verabsolutierten Utopie stellte, die den in die Zukunft projizierten Entwurf einer humanen Gesellschaft aus dem Gegenwartsbezug löste, ihn damit geradezu seiner utopi-

20

schen Funktion beraubte und den Möglichkeitssinn schwer in seinem Wert beschädigte, lag außerhalb der Reflexionsmöglichkeiten vieler Aktivisten und Idealisten. Daher hat sich in meiner Sicht auf die Jahre der Reform und Emanzipation die Hoffnung, mit der die Psychoanalyse diesen Prozeß begleitete, bisher nicht wirklich erfüllt; die Hoffnung nämlich, daß eine Kultivierung des Bewußtseins und der Affekte, eine entwickelte Interpretations- und Reflexionskompetenz auf der Basis von Dialog und sozialer Kontinuität an die Stelle tradierter äußerer Vatermacht und Autorität treten kann.

Wir sind in der psychosozialen Praxis weit entfernt davon, Freiheit als psychischen Akt zu begreifen, der in äußere und innere Zwänge interpretierend und handelnd eingreift, dabei die Angst vor Neuem und Unbekanntem aushält, und die Scheu vor Ambiguität und Konflikt überwindet. Und wir leugnen in der Regel die differenzierten individuellen und sozialen Voraussetzungen für die Entwicklung von Selbstbestimmung, demokratischer Partizipation und die Ausreifung einer Ethik der persönlichen Verantwortung, wie sie von A. und M. Mitscherlich (1967) dargelegt worden sind. Die Kompetenz zu konstruktiver, emanzipatorischer Veränderung erfordert die internale Autorität der eigenen Person, die sich in der bewußten Auseinandersetzung mit eigenen Bedürfnissen, vorhandenen und eingeübten, bisher bestimmenden Persönlichkeits- und Verhaltensstrukturen und situativen, auch zwischenmenschlichen Bedingungen konstituiert und die verantwortet werden muß – mithin eine Persönlichkeitsentwicklung, die nicht in eine starre Charakterformation mündete, sondern es der Person ermöglicht, sich für einen Prozeß offen zu halten, der als „Identität in Transformation" bezeichnet werden kann. Grundlage hierfür ist die im Entwicklungsprozeß erworbene Fähigkeit, sich trennen und loslassen zu können von gewohnten Schemata; die konstruktive Mobilisierung aggressiver Kräfte im Dienste des eigenen Veränderungswillens; eine Selbstdefinition, durch die die Person sich nicht nur als reagierendes Objekt oder Opfer von außen einwirkender, überwältigender Kräfte versteht; sowie eine die eigenen Handlungen, Entscheidungen, Motivationen selbst beobachtende und kritisch bewertende Ich-Instanz. Es handelt sich, wie man aus der Zusammenstellung ersehen kann, um

Merkmale eines „innengeleiteten" Menschen, der über eine lange Kette von Objektbesetzungen Ich-Identifikationen aufbauen und sein Über-Ich narzißtisch besetzen konnte, der sich daher an verinnerlichten ethischen Normen orientiert und aus Einsicht handelt, und der moralische Dilemmata und Konflike erkennen und aushalten kann. Dabei nimmt er von moralischer Selbstidealisierung Abstand und verzichtet auf utopische Ideale und ideologische Glücksversprechen, die nur um den Preis gläubiger Einordnung in ein System zu haben wären. Diese Person bleibt vielmehr in ihrer notwendig antizipierenden und die Wirklichkeit denkend und handelnd überschreitenden Tätigkeit in der Gegenwart und in der Situation verwurzelt. Sie ist zwar auf Zukünftiges bezogen, aber in augenblicklich angreifenden Aktivitäten.

Flucht nach „oben" und Verschiebung in die Zukunft, die auf Idealisierung, Intellektualisierung und Rationalisierung beruhen, vermeiden ebenso wie die resignative Konstruktion überwältigender äußerer Bedingungen und Feinde den unmittelbaren Zugriff auf die Realität, weil die eigene Aggression in hohem Maße beunruhigend und konflikthaft geblieben ist und nicht in Handeln integriert werden konnte. Idealistische Menschenbilder wollen der Aggression von vornherein nicht den Rang einer eigenständigen Kraft und Motivationsquelle zuerkennen, sondern möchten sie gemäß der Frustrations-Aggressions-Hypothese auf eine mehr oder weniger von Situation, Milieu und von Mangelzuständen abhängig machen, was spezifische Handlungsmuster hervorbringt. Damit ist aber die beunruhigende Frage nach den aggressiven und destruktiven Kräften, der verwirrenden Vielfalt ihrer Erscheinungsformen und ihrer Bedeutung in menschlichen Beziehungen und im gesellschaftlichen Zusammenleben, vor allem ihre Bedeutung am Aufbau der psychischen Struktur nicht vom Tisch.

Erich Fromm (1974) hat sein Buch über die „Anatomie der menschlichen Destruktivität" u.a. in der Absicht geschrieben, der Bagatellisierung der Aggression entgegenzutreten, zu der häufig diejenigen, die für die Hoffnung auf eine friedlichere Welt eintreten, in der Auseinandersetzung mit denjenigen verführt werden, die Aggression und Grausamkeit aus dem tierischen Erbe oder einem angeborenen Instinkt ableiten wollen. Er tritt Versuchen entgegen, die „Natur" des Menschen durch bestimmte Eigenschaften (Vernunft, das Gute, das Böse) positiv definieren zu wollen. Er bezeichnet als Aggression alle Akte, die einer anderen Person, einem Tier, einem unbelebten Objekt Schaden zufügen oder dies beabsichtigen, und unterscheidet dabei biologisch-adaptive, dem Leben dienende, gutartige von einer biologisch nicht-adaptiven, bösartigen Aggression. Erstere ist reaktiv und defensiv, eine Reaktion auf die Bedrohung vitaler Interessen und phylogenetisch programmiert. Sie steigert sich nicht von selbst. Im Gegensatz hierzu stellt Destruktivität und Grausamkeit keine Verteidigung gegen eine äußere Bedrohung dar. Sie ist nicht vorprogrammiert, gleichwohl biologisch schädlich, weil sie sozial zerstörerisch wirkt, und zwar nicht nur für den Angegriffenen, sondern auch für den Angreifer. Diese bösartige Aggression ist zwar kein Instinkt, wird aber in Differenzierung hierzu als menschliches Potential definiert, welches in den Bedingungen der menschlichen Existenz verwurzelt ist. Damit konzeptualisiert Fromm das Phänomen der Aggression so, daß bösartige Aggression als nicht angeboren und daher auch nicht als unausrottbar aufgefaßt werden kann, daß sie andererseits jedoch mehr ist als ein erlerntes Verhaltensmodell, welches schnell verschwindet, wenn neue Modelle eingeführt werden.

Im Hinblick auf ein tieferes psychoanalytisches Verständnis der Aggressionsproblematik lehnt er triebtheoretische Zugänge ab. Er verankert die theoretische Substanz der Psychoanalyse in einer „Theorie der unbewußten Impulse, des Widerstands, der Verfälschung der Realität nach den eigenen subjektiven Bedürfnissen und Erwartungen, des Charakters und der Konflikte zwischen leidenschaftlichen Wünschen, wie sie in den Charakterzügen verkörpet sind, und den Anforderungen der Selbsterhaltung" (ebd. S. 106). Der Kern seiner Ausführungen besteht darin, zu zeigen, daß Destruktivität (der Wunsch zu zerstören um des Zerstörens willen) eine der möglichen Reaktionen auf psychische Bedürfnisse ist, die in der Existenz des Menschen verwurzelt sind und das Ergebnis der Interaktion verschiedener sozialer Bedingungen mit diesen Bedürfnissen. Er sieht die menschliche Existenz durch fundamentale

Widersprüche charakterisiert, die letztlich auf die biologische Dichotomie von fehlenden Instinkten und dem Bewußtsein seiner selbst zurückzuführen ist. Der Mensch ist Teil der Natur und transzendiert sie; er ist heimatlos und doch an die Heimat gekettet, die er mit allen Kreaturen teilt. Da er sich seiner selbst bewußt ist, erkennt er seine Ohnmacht und die Begrenztheit seiner Existenz. Er kann sich nicht von seiner Denkktätigkeit, noch von seinem Körper freimachen. Sein Körper zwingt ihm den Wunsch auf zu leben. Dennoch kann er sich nicht von seinem Körper leben lassen. *Er muß leben, obwohl die existentiellen Widersprüche zu einer ständigen Störung seines inneren Gleichgewichts führen, das sich vom Tag seiner Geburt an stets nur relativ stabilisiert.* Die Freistellung von instinkthafter Determinierung zwingt ihn, Lösungswege zu finden, um das Entsetzen vor seiner Isoliertheit, seiner Machtlosigkeit und seiner Verlorenheit zu überwinden und neue Formen des Bezogenseins zur Welt zu finden. Dies verbindet ihn mit seinen Eltern, begleitet ihn auf dem Weg seiner frühen phasenspezifischen Entwicklung und realisiert sich in voller Tragweite in dem Bewußtsein des Erwachsenen, daß das Ich, welches ihn autonom und handlungsfähig gemacht hat, an einen sterblichen Körper gebunden ist. Der beschriebene existentielle Konflikt erzeugt bestimmte psychische Bedürfnisse, die zwar nicht angeboren, jedoch allen Menschen gemeinsam sind. Er nennt und beschreibt das Bedürfnis nach Orientierung und Devotion (Hingabe), nach Verwurzelung, nach Einheit und Integration, das Bestreben, etwas zu bewirken, und das Bedürfnis nach Erregung und Stimulation. Von hier ausgehend und über die Erörterung des Charakterbegriffs diskutiert er Ausprägung, Intensität und Richtung der menschlichen Leidenschaften, die aus der Interaktion der Bedürfnisse mit den sozialen und historischen Bedingungen hervorgehen und auch das destruktive Potential bilden. Hierzu gehört eine Form „negativer Ekstase", die weder in der Selbst- noch in der Fremdeinschätzung zunächst als Aggression aufgefaßt wird. Es handelt sich um ein Außer-sich-Sein in der Form der Überanpassung an soziale Rollenstereotype und perfekte funktionale Einordnung in das soziale System, in dem sich das Subjekt verdinglicht, zum Rädchen der Maschinerie macht und ausschließlich an der Effizienz des übergeordneten Systems interessiert ist. Hierzu gehört auch das offensichtlichere Bedürfnis, Macht über andere zu gewinnen, sie zu kontrollieren, zu quälen, zu töten, zu zerstören und grausam zu sein. Das destruktive Potential in diesen verschiedenen Erscheinungsformen resultiert in dieser Sicht der Dinge aus einer „Unfähigkeit zu lieben" und stellt auf der Basis existentieller Angst und Bedrohung eine Kompensation dar. Sie dient der narzißtischen Selbsterhaltung und einem psychischen Überleben auf primitivem Niveau.

Eine Schwierigkeit dieser Konzeptualisierung liegt darin, daß sie die Möglichkeit „positiver Aggression" und ihre Bedeutung im Hinblick auf Lebensbewältigung und Entwicklung nicht genügend klar herausarbeitet. Sie lehnt sich an das konventionelle Verständnis der Aggression an, deren definitorisches Unterscheidungsmerkmal die Tatsache und der Wunsch ist, anderen Schaden zuzufügen (vgl. Duden, Fremdwörterbuch). Eine andere Schwierigkeit besteht darin, daß elementare Motive, die dem Organismus inhärent sind (das Bestreben, auf die Umwelt einzuwirken, sich zu entfalten und erregt und stimuliert zu werden), mit den einheits- und zusammenhangstiftenden, existentiellen Bedürfnissen vermischt werden und dabei Liebe und Haß, Gut und Böse in einen polaren Gegensatz gebracht werden. Das verstellt die Möglichkeit, innerhalb des aufgezeigten Ensembles existentieller Bedürfnisse selbst gegenläufige Bestrebungen herauszuarbeiten, was der Dialektik menschlicher Entwicklung und Beziehungen besser gerecht werden könnte. Dem grundlegenden Bedürfnis nach orientierendem Halt, Geborgenheit, Sicherheit und Zugehörigkeit stünde dann nämlich das Bestreben entgegen, progressiv verändernd, trennend auf die Welt und sich selbst zuzugehen, und dabei einen Prozeß auszuhalten, der notwendig „Entwurzelung", Vereinzelung und Selbstentzweiung einschließt.

Der Möglichkeit nach kann Aggression ein konstruktives, nach vorne gerichtetes Herangehen, eine progressive Auseinandersetzung mit der Umwelt, sich selbst und anderen sein, und nicht immer zu deren Lasten geschehen. Es hat sich meiner Ansicht nach nicht als fruchtbar erwiesen, die triebtheoretische Perspektive zu suspendieren, weil damit die Funktion von Aggression in der psychischen Strukturbildung nicht genügend herausgearbeitet werden kann. Wenn man die

Schwierigkeit auf sich nimmt, Aggression im Sinne des theoretischen Verständnisses der Psychoanalyse als Trieb zu fassen, wie dies Müller-Pozzi (1991) getan hat, nimmt man sofort den oben herausgearbeiteten Widerspruch zwischen Bindung und Abgrenzung auf und ist in der Lage, Aggression parallel zur Libido als psychische Kraft, Haß parallel zur Liebe als den zugehörigen Affekt, und Agressivität/ Destruktivität als Verhalten zu unterscheiden. Die Triebtheorie postuliert, daß es eine libidinöse und eine aggressive Besetzung des Objekts und des Selbst gibt, und daß die konstante aggressive Besetzung in der normalen Entwicklung die Bedeutung eines Aktivitätspotentials des Ich annimmt, welches ein unterschiedliches operatives Niveau aufweisen kann. Agressive Befriedigung ist Funktions- und Bewältigungslust und hat mit Bewegung zu tun, die am Widerstand des Objekts erfahren wird. Sie hat ihren Ursprung in der Motilität, die dem lebenden Organismus inhärent ist. Sie ist vor jedem sinnlichen Kontakt mit der Außenwelt Grundlage des Gefühls, lebendig und nicht tot zu sein. Aggression ist damit Bestandteil des Lebensgefühls. In der Bewegung wird eine intensive, körperlich verankerte Lust erlebt, die sich von der sinnlich-sexuellen Lust unterscheidet. Libidinös sind daher die Affekte, die mit der Verbindung zum Objekt zusammenhängen, aggressiv die Affekte, die mit der Trennung und Differenzierung von ihm zusammenhängen. Ein Teil des Motilitätspotentials verbindet sich jedoch mit den libidinösen Impulsen und wird in das libidinöse Erleben integriert. Die Triebmischung steht im Dienst der Bindung, weil ohne Beimischung von Aktivität die libidinöse Befriedigung nicht erreichbar wäre. Der andere Teil steht im Dienst der Trennung.

Eine grundlegende Unsicherheit besteht für das Subjekt in der Frage, ob das Objekt als Feindseligkeit erlebt, was das Subjekt als Lust und Befriedigung erfährt. Sie ist eine Quelle von Konflikten und Phantasien, die die Entwicklung begleiten und vorantreiben. Zur aggressiven Befriedigung im Rahmen der Objektbeziehungen gehört aber – soll die Gefühlsentwicklung positiv verlaufen – ein lebendiger Gegner, der nicht zerstört werden kann. Die Psychoanalyse verfolgt das Schicksal der aggressiven Triebe durch die verschiedenen Entwicklungsphasen und ihren Anteil am Zustandekommen oder

Scheitern von Objektkonstanz, Selbstkohärenz, Ambivalenztoleranz. Winnicott (1955) hat für die ganz frühe Gefühlsentwicklung gezeigt, daß die Mutter die primitive Erregung des Säuglings und seine leibgebundenen Imaginationen von „Zerstückelung und Zerstörung" überleben muß. Die primitiven Liebesimpulse des Säuglings, Ausdruck hochgradiger gieriger Erregung, die sich auf den Körper der Mutter richten, noch ohne ihr Objekt im Sinne eines differenzierten Ich-Du-Bewußtseins und in seiner Kontinuität zu kennen, rufen archaische, angstbesetzte Phantasien hervor. Diese dienen jedoch der Integration von Erregung und Aggression in libidinöses Erleben, welches sich unter der Bedingung einer haltenden Umwelt aus der physiologischen Erfahrung herausdifferenziert. Kann die Mutter als unzerstörbar erlebt werden, kann sich Urvertrauen aufbauen. Es handelt sich um die durch die Erfahrung gebildete Überzeugung, daß die Mutter erhalten bleibt, auch wenn die Erregung endet, und daß das, was es in sich aufnimmt, gleichzeitig erhalten bleibt. Dessen kann es sich versichern in der Erfahrung des Körperkontaktes und seiner Bewegungen, mit denen es auf den Körper der Mutter und andere Grenzen stößt. Es gewinnt Vertrauen, wenn sein Triebwunsch-Befriedigungserlebnis eine Bestätigung des Selbst und seines Bezuges zur Wirklichkeit enthält. Gelingt die Integration, weicht Erregung und Gier der Lust und schafft Raum für die Entwicklung des Wunsches nach dem Objekt, in dem zunehmend ein Gegenüber erblickt werden kann. Die Entstehung des libidinösen Wunsches ist die Gelenkstelle des Übergangs von der Physiologie zur Psychologie. Beim Mißlingen dieser allerersten Integration bilden die erwähnten leibgebundenen „Phantasien" jedoch eine archaische Quelle destruktiver Aggressivität und von Gefühlen tiefen Hasses, der einer frühen und wenig differenzierten Mutterimago gilt, die jedoch von hier abgespalten, externalisiert und projektiv verarbeitet werden muß.

Nur ein Teil des aggressiven Potentials fließt in die libidinöse Besetzung des Objekts ein und gibt der Bindung Stärke und Kraft. Der andere Teil stellt die trennende Funktion der Aggression dar, der erfahrbar wird, wenn sie auf Widerstand aus der Außenwelt stößt. Fehlt jedoch dieser Widerstand, bleibt sie dem Erleben und der gestaltenden Aktivität des Ich entzogen. Dieser Gesichtspunkt erweist sich als außerordentlich wichtig im Hinblick auf die oben diskutierten pädagogischen Fragen und die praktische Umsetzung emanzipatorischer Ziele, die auf Selbstbestimmung und Autonomie zielen. Entgegen ihren Intentionen schürt eine pädagogische Beziehung, aber auch jede andere Beziehung, die Grenzsetzung und damit aggressive Besetzung vermeidet, die Angst vor Abhängigkeit, Ich-Verlust und Verschmelzung mit dem Objekt. Wut und Haßgefühle gehören zur aggressiven Besetzung, denn es sind die Gefühle, in denen das Subjekt seinen Selbstbehauptungswillen erfährt. Unter der Voraussetzung einer gelingenden Integration der libidinösen und aggressiven Triebe ist Selbstbehauptung eine Aktivität mit 2 Polen: Sie umfaßt – bezogen auf dasselbe Objekt – einerseits Loslösung, Trennung, Abgrenzung – andererseits Bewältigung und Bemächtigung. Man kann sich nur einer Person oder Sache bemächtigen, von der man getrennt ist, die man jedoch braucht oder wünscht. Auf diese dialektische Weise kann der Mensch in einer bedeutsamen Beziehung hassen, ohne zu zerstören – und lieben, ohne mit dem Objekt seiner Liebe zu verschmelzen. Ohne Aggression sind daher Neugier, exploratives Verhalten, Entscheiden, Urteilen, Auswählen, Handeln, Initiative, sich Durchsetzen und Durchhalten nicht möglich. Hierbei handelt es sich um reifere Formen der Aggression, die das Ich im Dienste der Anpassung an die Realität und ihre Gestaltung verwendet.

In diesem theoretischen Bezugsrahmen ist Destruktivität Ergebnis einer mangelhaften Integration der Aggression mit der Folge mangelhafter Selbst-Objekt-Differenzierung und einer unzureichenden Mischung der Triebe. Sie markiert eine partielle oder totale Unfähigkeit, Ambivalenz zu ertragen und konstruktiv zu verarbeiten. Sie ist nicht einfacher Ausdruck des Hasses. Sie ist vielmehr – im Unterschied zu Fromms Konzept – Ausdruck der Unfähigkeit zu hassen. In der hier dargelegten triebtheoretischen Auffassung wird die existentielle Dimension von Gewalt nicht als Antwort auf einen Mangel interpretiert, sondern – ohne diesen Mangel in der Ätiologie feindseliger Syndrome zu bestreiten – als unaufhebbare Zerrissenheit im Widerspruch von Selbstsein und sozialem Bezogensein.

Grunberger (1988) hat sich in seinen Schriften ausführlich der

Dialektik von Narzißmus und Triebentwicklung gewidmet und sie aus klinischer, kreativitätstheoretischer und kulturkritischer Sicht beleuchtet. Er hat insbesondere den Zusammenhang von primärem Narzißmus, Aggression und Perversion bearbeitet. Ähnlich wie Winnicott geht er von einem archaischen Stadium vor der Subjekt-Objekt-Differenzierung aus, betrachtet den Übergang von der pränatalen in die postnatale Existenzform und verfolgt die Transformationen des Narzißmus, der sich der Triebentwicklung anschließen und sich mit ihr verschränken muß, um über den langen Umweg der Entwicklung Befriedigung wiederzufinden.

Er geht von einem primitiven, archaischen Narzißmus aus, der durch eine bipolare Koenästhesie geprägt ist: das körperliche Empfinden paradiesischer Glückseligkeit und Vollkommenheit und das körperliche Empfinden apokalyptischer Katastrophen, welches einen Kern archaischer Destruktion enthält. Er resultiert aus der Situation des Fötus, der mit seinem Universum verschmolzen ist und noch keine Grenze und keinen Konflikt kennt. Gewöhnlich wird aus der Tatsache, daß Mutter und Kind einen gemeinsamen Blutkreislauf, Stoffwechsel usw. haben, geschlossen, daß das vorgeburtliche Stadium durch ein konstantes fötales Gleichgewicht charakterisiert werden kann, welches auch einen Gleichklang der basalen Rhythmen von Mutter und Kind mit sich bringt. Denkbar ist jedoch, daß bereits der Fötus intrauteriner Unruhe und disharmonischer Passivität ausgesetzt sein kann, die das Universum des Kindes in ein alarmierendes Kontinuum verwandeln. Dies führt im Organismus zu einer Ansammlung von Erinnerungsspuren, die sich nebeneinander, psychologisch noch unorganisiert, abgelagert haben, aber von entgegengesetzer Erfahrungsqualität sind. Der primitive Narzißmus wird jedoch auf jeden Fall durch den Geburtsvorgang traumatisiert, der das Kontinuum zerreißt und den Organismus des Kindes mit Erregung überschwemmt. Diese Erfahrung, verbunden mit möglichen vorgeburtlichen Störungen, wird zur Quelle archaischer aggressiver Erregung. Die massive und bedrohliche Beeinträchtigung der vorgeburtlichen Homöostase und seine überwältigende Hilflosigkeit wird für den neugeborenen Säugling dadurch erträglich, daß Mutter und Kind über Mechanismen verfügen, die es vor allem der erwachsenen

Mutter erlauben, mit ihrem Kind eine binäre psychosomatische Einheit zu bilden und ihrem Neugeborenen, das nachgeburtlich eine physiologische Frühgeburt darstellt, das Überleben zu sichern. Die „Monade", deren Austausch auf der Basis von Ähnlichkeit und Spiegelung aufgebaut ist, sichert den primären Narzißmus und macht ihn zum Motor der allerersten Ich-Entwicklung: „Die Mutter sichert dem Kind das partielle Überleben seiner pränatalen Glückseligkeit und unterstützt es gleichzeitig in seinem Unternehmen, sich auf postnatale Weise dem Leben zuzuwenden, d.h. mittels der in den Ödipuskomplex mündenden Triebkonflikthaftigkeit, ... doch die Bedingungen hierfür sind nicht immer gegeben" (ebd. S. 185). Nicht immer – und hierfür könnte man eine Vielzahl von psychologischen und sozialen Gründen anführen – ist es für Mutter und Kind möglich, daß sein Narzißmus, der sich durch den kleinen Körper mitteilt, den der Mutter wiederspiegelt und bestätigt. Und daß sich die Mutter, indem sie sich im Narzißmus ihres Kindes spiegelt, ihm das Gefühl von Ganzheit und Vollkommenheit wiederspiegelnd partiell erhält.

Der Narzißmus der Monade wird durch die unvermeidlichen und wiederholten Versagungen, die die Mutter nicht ausschalten kann, beeinträchtigt. Das Kind ist schließlich gezwungen, die Mutter mehr und mehr nach dem Triebmodus zu besetzen, d.h. auf der Basis der „Abwesenheit" einen Wunsch nach dem Objekt und nach Befriedigung durch das Objekt zu entwickeln, welches seine Brücke zur Welt und zur Realität wird. Da die episodische Überschwemmung mit archaischer aggressiver Erregung körperliches Erfahrungselement aus monadischer Zeit ist, in der Mutter und Kind einen Austausch pflegen, der eine Zeitlang den intrauterinen, homöostatischen Zustand organismischen Gleichgewichts zu erhalten sucht und das Kind die erste Differenzierung im entwicklungspsychologischen Sinne noch nicht vollzogen hat, und im folgenden objektpsychologischen Sinne seine Abhängigkeit von ihr erst allmählich durch Verinnerlichungsprozesse überwindet, bleibt der aggressive Kern des primären Narzißmus abgespalten. Die primäre Aggression kann erst in das Mutterbild und in das Selbst integriert werden, wenn die Beziehung durch das „dritte Objekt" trianguliert werden kann. Die psychologische Funktion des Vaters für die Ich-Entwicklung besteht bekanntlich in einer doppelten Aufgabe: einerseits wird er als Befreier und Helfer bei der Ablösung vom primären Objekt erlebt und gebraucht; andererseits wird er als Eindringling und ödipaler Störenfried einer von beiden Geschlechtern immer wieder gewünschten und gesuchten intimen Zweisamkeit mit der Mutter erlebt. Da die oral-narzißtische Abhängigkeit vom dritten Objekt gewöhnlich geringer ist, kann das Vaterbild gefahrloser durch Projektion der frühen Aggression und Bedrohungsgefühle aufgeladen werden, kann mit ihm gefahrloser die aggressive Auseinandersetzung gesucht werden. Dabei bedroht der Vater nicht nur durch seine Existenz und die eigene intim-genitale Beziehung zur Mutter den empfindlichen Narzißmus des Kindes. Er stützt ihn auch, indem er in der Blüte der ödipalen Auseinandersetzung das Inzest-Verbot vertritt, welches als etwas Äußeres angesehen werden kann, und den Kindern beiderlei Geschlechts die kränkende und deprimierende Erkenntnis ihrer körperlichen Unzulänglichkeit für Koitus, Zeugung und Schwangerschaft, sowie die ebenfalls schmerzende Erkenntnis, nicht gleichermaßen über die körperlichen Möglichkeiten beider Geschlechter zu verfügen, mildert.

4. Störungen der narzißtischen Integration und das unbewußte Erleben in der Gruppe

Die Beschäftigung mit Aggression und Narzißmus und die Anknüpfung an die prägenitalen Konflikte des Menschen eröffnet zunächst die Möglichkeit, auch die „modernen" Neuroseformen in die massenpsychologische Analyse einbeziehen zu können. Ausgangspunkt der erneuten Thematisierung der Aggression waren ja neonazistische Phänomene und eine totalitäre Gruppendynamik in einer Schuklasse. Darüber hinaus eröffnet sich über die Beschäftigung mit den prägenitalen Konflikten und strukturellen Defiziten eine vertiefte Einsicht in die unbewußten Phantasien, die in der „Gruppe", bzw. im Kollektiv virulent sein können.

In der Dynamik der prägenitalen Störungen geht es – sozialpsychologisch betrachtet – nicht mehr um das Erziehungsziel des Gehorsams, sondern um das Beziehungsziel der Autonomie (Bassyouni 1990, Breuer 1992). Dazu gehört ein gebrochenes Verhältnis zur Macht, Sehnsucht nach Freiheit im Kampf gegen Zwänge und Klischees, Nichtanpassung und Verneinung bei gleichzeitiger Suche nach glaubhaften Vorbildern und neuen Formen des Zusammenlebens. Hinter der ausgeprägten Passivität verbergen sich tiefe Verunsicherung im Selbst- und Selbstwertgefühl, Verunsicherung der Rollenidentität, Verlassenheits- und Vereinsamungsangst bei gleichzeitiger Bindungsangst. Angst und Schwäche werden häufig somatisiert, Konflikterfahrung durch Vermeidung ausgewichen. Die narzißtische Grundstörung wird nicht mehr durch einen analen Charakterpanzer ich-synton abgewehrt, sondern führt in die Symptomneurose. Während der anale, „autoritäre" Charakter anstrebt, zu herrschen und beherrscht zu werden, und die Andersartigen und Schwachen auslöschen will, weil ihr Anblick seine Kompensation bedroht, ist der moderne Sozialcharakter gerade mit den Armen, Schwachen und Kranken identifiziert. Die Ausgebeuteten und Opfer überall auf der Welt und die mit ihnen verbündeten Helfer sind das virtuelle Kollektiv, dem er sich selbst zurechnet. Führung und Herrschaft strebt er nicht an. Das narzißtisch gestörte, labile Selbst profitiert von dem moralischen Gewinn, den die Opferdefinition beinhaltet. In den Mächtigen und der Macht erkennt er das Böse, von dem er sich in moralischer Selbstidealisierung fernhalten will. Der eigene Haß, die abweisenden Seiten der frühen Mutterbeziehung, die Vatersehnsucht bleiben abgespalten, eigene sozial zerstörerische Kommunikationsformen bleiben der Selbsterkenntnis verborgen. Der Zusammenhang von Rebellion und Loyalität in der Generationenbeziehung kann nicht durchschaut und überwunden werden.

Narzißtisch gestörte Personen haben es, bei meist ausgeprägter neurotischer Arbeitsstörung schwer, Objektbesetzungen vorzunehmen, und können deshalb nur schwer zielgerichtete und ausdauernde Aktivität entfalten und einen arbeits- und ergebnisorientierten Gruppenprozeß aushalten. Sie suchen in Gruppen Wohlbefinden und Zugehörigkeit im Konsens über das Negative und gemeinsame „Betroffenheit". Ihr politisches Bewußtsein ist in hohem Maße psychologisiert (Overbeck 1992). Sie weichen Rivalität, Vergleich,

Dissens aus, und können an Konflikten, die sie vermeiden, nicht wachsen.

Gruppen können in hohem Maße die oben geschilderten Grundzüge der narzißtischen Sozialpathologie aufweisen und dadurch in ihrer Arbeit schwer beeinträchtigt werden. Wie U. Volmerg (1991) im Rahmen eines Projekts der Hessischen Stiftung für Friedens- und Konfliktforschung für die Gruppendynamik und politische Kultur der Alternativbewegung herausfand, wird in diesen Gruppen sowohl Leitung von außen, aber auch Untergruppenbildung und Übernahme von Leitungsfunktionen aus der Gruppe heraus, abgelehnt. Fremdforderungen werden als Zumutung empfunden, doch auch die Artikulation der eigenen Motivationen und Arbeitsziele für kooperatives Engagement stößt auf boykottierenden Widerstand. Forderungen nach Kontinuität, Verbindlichkeit, Pünktlichkeit, die zum Arbeitsbündnis gehören, stoßen auf größtes ideologisiertes Mißtrauen. Gruppensiechtum, Unproduktivität und Auflösung der Gruppe werden eher in Kauf genommen, als eine Entwicklung hin zum „Erfahrungslernen" in einem sozialen Kontext, der die gruppenspezifischen Abwehrmanöver auf dem Weg zur Arbeitsgruppe überwindet (vgl. Bion 1961, Leithäuser u.a. 1977).

Rigidisierte und pervertierte Formen von Gleichheit, Toleranz und Autonomie beherrschen statt dessen die Gruppe. Alles was mit Positionen, Kompetenzen, Sympathien Unterschiede sichtbar macht, wird aus der neuen Konvention der Gleichheit und Unauffälligkeit (vgl. Ziehe 1991), die identifikatorische Nähe herstellen soll, abgelehnt und als Unterwerfung phantasiert. Das betrifft sogar das argumentative Eintreten für die eigenen Auffassungen und die Absicht, andere zu überzeugen. Machtergreifung und nicht akzeptierte Herrschaft sind die bewußtseinsnahen Phantasien, die Strukturierung und Differenzierung erschweren.

Bion (1961) legt die Auffassung dar, daß im Mittelpunkt jeder Gruppendynamik – nicht nur in therapeutisch-unstrukturierten Gruppen – primitive affektive Mechanismen stehen, die Melanie Klein als Eigentümlichkeiten der depressiven und paranoid-schizoiden Position beschrieben hat. „Alle Gruppen stimulieren und frustrieren die Einzelnen, aus denen sie bestehen; denn der Einzelne fühlt sich gedrängt, die Befriedigung seiner Bedürfnisse in der Gruppe zu suchen, und wird gleichzeitig in diesem Bestreben behindert durch die primitiven Befürchtungen, die die Gruppe erregt" (ebd. S. 140). Dabei bewegt sich die Gruppenaktivität zwischen 2 verschiedenen charakteristischen Bewußtseinszuständen, nämlich einem „organisierten" Zustand, der die Züge einer „Arbeitsgruppe" aufweist, und „unorganisierten" Zuständen, in denen verschiedene affektive Grundannahmen vorherrschen und die Mitgliederaktivität binden. Es handelt sich bei der Arbeitsgruppe und der Grundannahmengruppe also ausdrücklich nicht um zwei veschiedene Gruppen, sondern um grundsätzlich mögliche Bewußtseinszustände und deren Koexistenz in jeder Gruppe. Dabei ist es wesentlich, daß die Grundannahmen unabhängig von Zeit und Raum des Gruppentreffens aktiv sein, d.h. also auch virtuelle Gruppen umfassen können. Ihr unbewußter Inhalt und immanenter Zweck besteht in der Abwehr depressiver und psychotischer Angst und in der Neutralisierung von Liebe und Haß. Grundannahmen sind daher auch als interpersonale Abwehrarrangements aufgrund spezifischer Interaktionsformen im Sinne von Mentzos (1976) zu begreifen. Sie sind einer narzißtischen Stufe der Entwicklung zuzurechnen und können auch als Schutz- und Erhaltungsmechanismen gegen drohenden Identitätsverlust aufgefaßt werden. Dagegen entsteht die Organisationsform der Arbeitsgruppe mit mehr oder weniger Kontinuität in Bestand und Sozialstruktur und inhaltlich-zielgerichteter Konsistenz als eine Niveau-Anhebung im Gruppenleben. Mit der Dimension der Zeit und der Entwicklung, mit Aufgaben und Zielen, die formuliert und durch Denken und Handeln zweckgerichtet verfolgt werden, mit der Herausarbeitung von Tatsachen, die für real gehalten werden, mit Organisation und Struktur als Ergebnis der Kooperation der Mitglieder untereinander ist die Arbeitsgruppe auf Realitätsprüfung bezogen und baut durch die o.g. Ich-Aktivitäten der Regression auf die Ebene des Primärprozesses vor. Gruppenarbeit im therapeutischen und pädagogischen Bereich hat damit zwei Optionen: Sie kann versuchen, mit den Grundannahmen fertig zu werden, indem sie durch bestimmte Rahmenbedingungen und Techniken die Fähigkeiten des Arbeitsgruppenbewußtseins stärkt. Man kann jedoch auch in der

Überzeugung arbeiten, daß in der Gruppe hochgradige intellektuelle und realitätsorientierte Tätigkeit zusammen mit dem Bewußtsein von der Affektivität der Grundannahmen möglich ist, und daß man der Furcht vor der Affektivität der Grundannahmen mit verordneter Organisation und Struktur nicht genügend begegnen kann. Daher umfaßt ja z.b. stationär-psychotherapeutische Arbeit, wie sie oben beschrieben wurde, Aufmerksamkeit für den Rahmen ebenso wie für die Prozesse, die sich im therapeutischen Raum ereignen, nämlich das Verstehen unbewußter Phantasien, interaktioneller Szenen usw., was die Substanz psychoanalytischer Arbeit ausmacht.

Der Herausarbeitung der latenten Grundannahmen im Gruppenleben und ihrer Abwehrfunktion im Hinblick auf archaische Affekte kommt im Zusammenhang des hier erörterten Themas ein über das Therapeutische hinausgehender Stellenwert zu, weil die Manipulation und Stimulation von Grundannahmen zu den massenpsychologischen und propagandistischen Techniken zu rechnen ist, und weil es sich um sehr verbreitete Formen der Stabilisierung eines kollektiven Narzißmus handelt, die das Alltagsbewußtsein durchdringen (Leithäuser u.a. 1977).

Unter der Wirkung der 1. Grundannahme (Abhängigkeit) verhalten sich die Mitglieder gemeinsam so, als ob die Gruppe zusammengekommen sei, um von einem Führer-Gott geschützt und – in materieller und geistiger Hinsicht – genährt zu werden. Dieser Führer kann an- oder abwesend sein, eine Person, aber auch eine Idee sein, oder auch durch die verehrungswürdige Geschichte der Gruppe vertreten sein. Die Gruppenmitglieder befinden sich in regressiv-passiver oraler Position und suchen auf dieser Basis Sicherheit. Sie sind untereinander identifiziert und gleichgeschaltet und bilden eine erwartungsvolle, andächtige Ganzheit. Unter der Idealvorstellung von Gleichheit und Symmetrie ist es nicht erlaubt, als Individuum hervorzutreten, ehrgeizige Strebungen realisieren zu wollen, zu opponieren oder zu rivalisieren. Die Gruppe verhindert mit allen Kräften rationale und diskursive Tätigkeit und ist bestrebt, alle Äußerungen in ein festes Gefüge von Glaubensvorstellungen einzuschmelzen.

Die Grundannahme, die als regressive Symbiose und Fusion organisiert ist, dient der Abwehr gierig fordernder, oral- und analsadistischer Tendenzen und damit einhergehender Schuldgefühle und Depression, die von Bion als „emotionaler Zement" dieses Gruppenzustandes betrachtet werden. Der Nachteil einer solchen Lösung frühester oraler und analer Konflikte besteht jedoch darin, daß das Gefühl der Sicherheit unauflöslich mit Abhängigkeit und Ohnmacht erkauft wird.

Hat sich eine solche Grundannahme als Gruppenkultur etabliert, muß die mit dieser „Lösung" einhergehende, kränkende Macht–Ohnmachtkonstellation und die hiermit verbundene narzißtische Wut durch andere Mechanismen wie „Paarbildung" oder Externalisierung auf einen Außenfeind abgewehrt werden. Unter der Wirkung der 2. Grundannahme (Paarbildung) ist es möglich, daß sich ein Paar in den Mittelpunkt stellt, wobei auf dieser frühen Phantasie-Ebene die reale Geschlechtszugehörigkeit keine Bedeutung hat. Das Paar erzeugt durch sein Gespräch und sein aufeinander bezogenes Verhalten eine Atmosphäre eigentümlich hoffnungsvoller Erwartung, die sich auf etwas in der Zukunft Liegendes richtet und sich deutlich von Langeweile und Frustration unterscheidet, die die „abhängige Gruppe" im Laufe der Zeit befällt und das Gegenteil von Haß-, Destruktivitäts-und Verzweiflungsgefühlen ist. Die Hoffnung kreist hier um einen Führer, der noch ungeboren ist, oder eine Idee oder Utopie, deren Verwirklichung in der Zukunft erwartet wird. Die Erzeugung einer derartigen messianischen Hoffnung hat also die Funktion, die ganze Gruppe vor narzißtischer Kränkung und vor Haß-, Destruktions- und Verzweiflungsgefühlen zu retten. Sie sucht durch moralische Idealisierungen von Ideologien und Gesinnungen und zeitliche Verschiebung in die Zukunft einen Kompromiß mit den unausweichlich vorhandenen Schuldgefühlen herzustellen. Zudem ist in den zugrundeliegenden Phantasien und Affekten eine Vorahnung des Geschlechtlichen enthalten, vor dessen komplexen emotionalen Implikationen sich die Gruppe schützen muß.

Unter der Wirkung der 3. Grundannahme (Kampf-Flucht) sind die beiden oben genannten Annahmen zusammengebrochen, d.h. deren Abwehrleistung war nicht hinreichend. Die Gruppenmitglieder verhalten sich unbewußt so, als ob sie sich zu dem Zweck zusammengefunden hätten, um gegen etwas zu kämpfen oder vor etwas zu fliehen, was den status quo bedroht. Bei näherer Betrachtung wird die hier anzutreffende Feindseligkeit vor allem durch Elemente ausgelöst, die mit dem Auftauchen von Realitätsdimensionen (lineare Zeit, Durchsetzung von Rahmenbedingungen, grenzensetzende, strukturierende Elemente) eine die narzißtische Allmacht bedrohende väterliche Komponente und Entwicklungsanforderungen ins Spiel bringt. Die Rolle des Führers spielt meistens eine Persönlichkeit mit ausgeprägten paranoiden Tendenzen, die der Gruppe die Existenz eines äußeren Feindes begründet und erfahrbar macht, sie zu Kampf oder Flucht motiviert, Zorn und Haß bündeln und zuspitzen kann. Grundlage der „Kampf-Flucht-Gruppe" ist ein Externalisierungsvorgang auf einen äußeren Feind, bei dem innere Vorgänge so erlebt werden, als ob sie sich in der Außenwelt und nur dort real abspielen, was die Bedrohlichkeit der Umwelt, vor der Schutz gesucht wird, verstärkt und zu einer Gruppen- (oder auch Familien-)Kultur vom Typ „Festung" (Richter 1970) führt.

Die beschriebenen, verschiedenartigen gruppenspezifischen Abwehrarrangements können in selbstpsychologischer Perspektive als Versuch verstanden werden, durch Herstellung dauerhafter und starrer Symmetrie und Identität unter den Mitgliedern ein ich-strukturelles Defizit zu kompensieren, wie das Leithäuser, Volmerg u.a. (1977) in Anwendung der Selbstpsychologie Kohuts getan haben. In dieser Sicht ist es die Reduktion auf das Ähnliche, das bereits Bekannte, und die Furcht vor dem Unvertrauten, Unbekannten, Neuen und Fremden, das Angst macht und auf der Basis bestimmter struktureller Defizite als Bedrohung von Wohlergehen und Sicherheit erlebt wird. Der Haß richtet sich daher kollektiv gegen das Erfahrungslernen, das die primitive Illusion der eigenen Vollkommenheit zerstört und die Zumutung enthält, narzißtische Integrität auf dem langen Weg der Entwicklung erreichen zu müssen. Im Durchgang durch die phasenspezifischen Konflikte reift ja das Ich, nehmen Ich-Ideal und Über-Ich als Grundlagen einer autonomen Moral integrierbare Form an und können selbst libidinös besetzt werden. Nur eine solche Entwicklung befreit das Individuum von der andauernden Notwendigkeit, aufgrund der ungenügenden Idealisierung des Über-Ichs ständig Idealfiguren suchen zu müssen, von denen man Orientierung und Führung erhält. Und nur ein solch langer Weg führt heraus aus der Ambitendenz zwischen grandioser Idealisierung magischer Helfer und zwangsläufiger Entwertung und Selbstentwertung, die jede Enttäuschung mit sich führt.

Keine der 3 Annahmen kann indessen die Furcht vor der Gruppe, und die existentielle Angst vor Entpersönlichung, Identitätsverlust oder -diffusion, und vor den in ihr virulenten archaischen Affekten in befriedigendem Maße beruhigen. Auch sollte der Verweis auf die ich-strukturellen Störungen und ihre Relevanz im sozialpsychologischen Zusammenhang nicht so gelesen werden, daß es sich eindeutig um Erscheinungsformen schwerer neurotischer Erkrankungen handelt. Die Bewußtseinszustände sind in Gruppen vielmehr immer latent und stehen regressiver Abwehr immer zur Verfügung. Die Gruppe selbst ist für jeden Menschen Gegenstand einer existentiellen Frage und intensiver Befürchtungen. Jeder Einzelne ist vom ersten Lebenstag an auf eine Gruppe bezogen, in der er wie in einem sozialen Uterus mehr oder weniger geborgen ist. Insofern kann sie als bergendes Behältnis und schützender Raum phantasiert werden. Sie ist aber zugleich als Bestandteil seiner Persönlichkeit Teil von ihm und in ihm enthalten. Die Frage, was ist innen, was ist außen, wo ist die Grenze und wie ist diese beschaffen, erregt Befürchtungen primitiver Art wie eingeschnürt-werden, ersticken, herausreißen, herausgerissen werden und ähnliches. Sie wird in der unbewußten Phantasie mit dem Mutterleib gleichgesetzt, der ja sowohl als Ort sehnsuchtsvoller Regression in ein Stadium primärnarzißtischer Allmacht und Vollkommenheit gesucht wird, der vor jedem Konflikt schützen soll; in den jedoch zugleich eine bizarre, furchteinflößende Urszene hineinphantasiert werden kann, die projektiv aufgeladen ist mit abgespaltenem, destruktivem Material, welches nicht in die psychische Entwicklung integriert werden konnte. In dieser Sicht ist auch der regressiv-gesuchte Mutterleib Ausgangspunkt und Ziel von Bedrohung und Quelle projektiver Verzerrungen, die in die Realität hineinwirken. Verleugnung und magische Beseitigung der Realität soll immer der illusionären Wiederherstellung des primärnarzißtischen Zustandes dienen. Diesen Zusammenhang hat Bohleber

(1992) eindrucksvoll im Rahmen eines Fallberichts über einen rechtsradikalen Jugendlichen dargestellt. Je stärker eine Gruppe und das Individuum, welches aus ihr hervorgeht, gestört ist, d.h. sich nicht auf dem Weg des Erfahrungslernens und im Durchschreiten von Konflikten bewährt und entwickelt hat, desto leichter werden primitive Phantasien virulent und desto mehr werden magische Mechanismen eingesetzt, um die Angst zu bannen. Je stabiler umgekehrt eine Gruppe ist, desto mehr entspricht sie in ihrer Funktionsweise neurotischen Mechanismen und den Beziehungsmustern und Konflikten der familiären Konstellation.

Bion sieht ähnlich wie Grunberger hinter ödipal erscheinenden individuellen Fassaden und sozialen Konstellationen die Virulenz einer doppelten Ur-Imago, die den positiven und den negativen Kern des archaischen Narzißmus umfaßt. Sie hat im mythologischen Bild der Sphinx Gestalt angenommen: eine rätselhaft fragende, in sich versunkene, unheilbringende Figur von kalter Schönheit und Vollkommenheit. Sie ist Verführerin, Würgerin, grausame Sängerin und vereinigt in sich die Aspekte von Hexe und guter Fee. Diese mythologischen Figuren oder Imagines verweisen auf koenästhetische, organismische Erfahrungen, die in einer Art Körpergedächtnis elementar niedergelegt scheinen und aus einer Zeit stammen, die vor der Konstitution einer rudimentären psychologischen Ichorganisation liegt. Es handelt sich nicht um Erinnerung im psychologischen Sinn, durch die wir in der Lage sind, Erfahrungen so zu organisieren und zu symbolisieren, daß sie einem erlebenden Ich zugeordnet sind und „sich erinnern" möglich ist. Mythen organisieren und gestalten Erfahrung daher stets so, daß sie vor der historischen Zeit und vor unserer persönlichen Lebenszeit stattgefunden hat. Ihre Bilder und Körpersensationen suchen uns nur in unseren nächtlichen Albträumen heim. Die Imaginationen und Leidenschaften, die uns in Mythen, Märchen und Legenden begegnen, stellen indessen eine Ebene dar, auf die Menschen, deren Ich/Selbstorganisation ein strukturelles Defizit aufweist, regredieren können, wenn sie den konflikthaften Belastungen der Lebensbewältigung nicht oder nicht mehr gewachsen sind. Und diese Imaginationen und Leidenschaften sind es auch, die das Weltbild ins Groteske verzerren und kollektive

Phantasmen wie „Nation", „Deutschland", „Rasse" mit dem positiven Kern der Mutterimago aufladen, während der negative Kern in Feinden, denen die menschliche Qualität entzogen wird und die die „Reinheit" der Mutter beschmutzen und ihr Inneres verunreinigen, vernichtet werden muß. Führer dienen auf dieser Stufe psychosozialer und kollektiver Regression als Mittler zur Illusion der Verschmelzung, die in einem homogenisierten Kollektiv wiedergefunden zu werden verspricht.

Literatur

Bassyouni, Ch. (1990): Macht oder Mündigkeit – Über den Zwang zum Gehorsam und die Suche nach Autonomie. Frankfurt:

Beck, U. (1986): Risikogesellschaft. Auf dem Weg in eine andere Moderne. Frankfurt/M

Bergmann, J., Leggewie, S. (1993): Die Täter sind unter uns – Beobachtungen aus der Mitte Deutschlands. Kursbuch 113, Berlin

Bohleber, W. (1992): Das Phantasma der Nation. Nationalsozialismus, Fremdenhaß und Antisemitismus. Psychoanalytische Bemerkungen. Psyche 46, S. 689-710

Breuer, St. (1992): Sozialpsychologische Implikationen der Narzißmustheorie. Psyche 46, S.1-31

Bion, R.W. (1961): Erfahrung in Gruppen. Frankfurt/M 1991

Fromm, E. (1970): Analytische Sozialpsychologie und Gesellschaftstheorie. Frankfurt/M.

Fromm, E. (1974): Anatomie der menschlichen Destruktivität. Reinbek 1986

Grunberger, B. (1988): Narziß und Anubis – Die Psychoanalyse jenseits der Triebtheorie. München/Wien

Heitmeyer, W. (1992): Rechtsextremistische Orientierungen bei Jugendlichen. Weinheim/München

Leithäuser, Th. u.a. (1977): Entwurf zu einer Empirie des Alltagsbewußtseins. Frankfurt/M

Mitscherlich A. u. M. (1967): Die Unfähigkeit zu trauern – Grundlagen kollektiven Verhaltens. Ges.W. Bd.4, Frankfurt/M

Mentzos, St. (1976): Interpersonale und institutionalisierte Abwehr. Frankfurt:

Müller, Th. (1993): Die Symbolisierungsfunktion des Rahmens in der Behandlung von psychotischen Patienten. Ztschr. für p.a. Theorie und Praxis, Jg. 8

Müller-Pozzi, H. (1991): Psychoanalytisches Denken. Bern/Stuttgart/Toronto

Overbeck, A. (1992): Die Entwicklung politischer Identität in Auseinandersetzung mit der nationalsozialistischen Vergangenheit. Psychosozial 49/50

Overbeck, A. (1994): „Der Vater stinkt" – Von der kulturellen Entwertung der Vaterrolle und dem Verlust der väterlichen Dimension in der Erziehung, in: Seidler, H.G. (Hg.): Das Ich und das Fremde: Klinische und sozialpsychologische Untersuchungen zum destruktiven Narzißmus. Wiesbaden

Richter, H.E. (1970): Patient Familie. Reinbek

Segal, H. (1957): Notes on Symbol Formation. Int. J. Psychoanal. 38, S.196-207

Trimborn, W. (1983): Die Zerstörung des therapeutischen Raumes. Das Dilemma stationärer Therapie bei Borderline-Patienten. Psyche 37, S. 204-238

Volmerg, U. u.a. (1991): Und es bewegt sich doch – Gruppendynamik und politische Kultur der Alternativbewegung. HSFK Report 5/91, Frankfurt/M.

Winnicott, DW. (1983): Familie und individuelle Entwicklung. Frankfurt/M.

Winnicott, D.W. (1973) Vom Spiel zur Kreativität. Stuttgart

Winnicott, D.W. (1988): Aggression. Versagen der Umwelt und antisoziale Tendenz. Stuttgart

Ziehe, Th. (1991): Zeitvergleiche – Jugend in kulturellen Modernisierungen. Weinheim/München

1. Die Triebtheorie

„Das gern verleugnete Stück Wirklichkeit ... ist, daß der Mensch nicht ein sanftes, liebebedürftiges Wesen ist, das sich höchstens, wenn angegriffen, auch zu verteidigen vermag, sondern daß er zu seinen Triebbegabungen auch einen mächtigen Anteil von Aggressionsneigung rechnen darf. Infolgedessen ist ihm der Nächste nicht nur möglicher Helfer und Sexualobjekt, sondern auch eine Versuchung, seine Aggression an ihm zu befriedigen, seine Arbeitskraft ohne Entschädigung auszunützen, ihn ohne seine Einwilligung sexuell zu gebrauchen, sich in den Besitz seiner Habe zu setzen, ihn zu demütigen, ihm Schmerzen zu bereiten, zu martern und zu töten. HOMO HOMINI LUPUS; wer hat nach allen Erfahrungen des Lebens und der Geschichte den Mut, diesen Satz zu bestreiten?" (Freud 1930, S. 418)

Das Triebkonzept Sigmund Freuds (1856-1939) verändert sich im Laufe der Entwicklung der Psychoanalyse: „Von allen langsam entwickelten Stücken der analytischen Theorie hat sich die Trieblehre am mühseligsten vorwärtsgetastet". (Freud 1930, S. 476) „Die Trieblehre ist sozusagen unsere Mythologie. Die Triebe sind mythische Wesen, großartig in ihrer Unbestimmtheit." (Freud 1933, S. 101)

Freud hinterließ ein dualistisches Triebkonzept, in dem sich zwei sogenannte Urtriebe gegenüberstehen: der Todestrieb und der Eros (Lebenstrieb). Triebe sind die „Kräfte, die wir hinter den Bedürfnisspannungen des Es annehmen ... Sie repräsentieren die körperlichen Anforderungen an das Seelenleben" (Freud 1938, S. 70) und gelten als letzte Ursachen aller Aktivität. Der Begriff Aggression ist bei Freud praktisch synonym mit Destruktion. Der Aggressionstrieb ist Abkömmling und Hauptvertreter des Todestriebs (Freud 1930. 421-506).

Freud erscheint es aussichtslos, die Aggression abschaffen bzw. hemmen zu wollen, zumal ein bestimmtes Quantum im Dienst des Überlebens notwendig sei. Beispielsweise sind Aggressionen erforderlich in der oralen Phase, damit der Säugling sich Nahrung einverleiben kann; ebenso in der analen Phase zum Ausstoßen und Zurückhalten des Kots. In den späteren Phasen der Entwicklung gilt die Aggression als Antrieb, um das jeweilige Triebziel zu erreichen.

Die Quelle der notwendigen Durchsetzung ordnete Freud dem Todestrieb zu, nicht etwa der Selbsterhaltung, der sie dient, also den Lebenstrieben (Eros). Bemeisterung und Durchsetzung treten diesem Konzept zufolge erst sekundär auf, d.h. sie sind eine Folge davon, daß die angeborene (Selbst-)Destruktivität mit Hilfe der sich entwickelnden Ich-Funktionen externalisiert und neutralisiert wird. Daraus ergibt sich, daß vor der Bildung der Ich-Funktionen, also beim Säugling vor dem 6. Lebensmonat, die Aggression ausschließlich destruktiv sein muß. Dies konnte jedoch durch die unterschiedlichsten Forschungen nicht bestätigt werden. Zum Beispiel stellten die Beobachtungen von Säuglingen durch Henri Parens und sein Forscherteam die klassische These der primär destruktiven Aggression in Frage: „Wir fanden bei Kindern unter 6 Monaten viele Hinweise auf einen starken inneren Drang, zu erkunden und durch sensomotorische Betätigung ihr infantiles Selbst gegenüber der Umwelt zu behaupten" (Parens 1993, S. 110), was einen primär nicht destruktiven Aspekt der Aggression darstellt. Der destruktive, feindselige

Aspekt tritt dann auf, wenn das Kind exzessive Unlust erlebt und das in Wutanfällen ausdrückt. Die Forscher kamen zu folgender Unterscheidung: **Nicht-destruktive Aggression** (Erkundungstätigkeit); auch Winnicott, Spitz, Solnit und Mahler kamen zu dieser Hypothese.

Nicht-affektive Destruktivität (eine Aggression, die in sich destruktiv, aber nicht feindselig ist, z. B. Kauen, Beißen, Nahrungsaufnahme).

Feindselige Destruktivität (die Wutreaktion in der frühesten Kindheit ist die primitivste Form; sie ist durch exzessive Unlust aktiviert. Der Wunsch, einem anderen Objekt Schmerz zuzufügen oder es zu zerstören besteht dagegen **nicht** von Geburt an).

Eine lustbezogene Destruktivität, ein Sadismus, der erst nach dem 1. Lebensjahr nachweisbar ist und bei dem sich das Kind als streitsüchtiger vorwurfsvoller Quälgeist zeigt, wird als eine Variante der feindseligen Destruktivität verstanden, nämlich als Abfuhr unlustbezogener Destruktivität, die modifiziert wird durch die wachsende Fähigkeit des Ichs, die Abfuhr aufzuschieben und den erfahrenen Affekt umzuwandeln. (Parens 1993 S. 110f)

Die Neuerung dieser Forschung, die wiederum viele Übereinstimmungen mit den Erkenntnissen anderer Psychoanalytiker aufweist (z.B. Winnicott, Mahler, Solnit, Greenacre, Kohut) liegt darin, daß dem primär nicht-destruktiven Aspekt der Aggression Rechnung getragen wird sowie einer primären Beziehung zwischen Aggression und Anpassung: „so besteht zwischen vielen psychoanalytischen Klinikern und Theoretikern Einvernehmen hinsichtlich der Ziele der Aggression. Sie vermuten, daß es bei der Aggression zwei wesentliche Trends gibt, die für die klinische Situation von Bedeutung sind: eine angeborene Tendenz nicht-destruktiver Aggression, die Durchsetzungsfähigkeit und Autonomie fördert, und eine erfahrungsabhängige Tendenz feindseliger Destruktivität." (Parens 1993, S. 111)

In der Entwicklung der Psychoanalytischen Theorie nach Freud kann man bezogen auf das Aggressionskonzept drei Richtungen unterscheiden. Eine Gruppe führte das Todestriebkonzept weiter (u.a. Melanie Klein); eine „größere Gruppe nahm zwar einen selbständigen Aggressionstrieb an, leitet diesen jedoch nicht aus einem ursprünglichen Todestrieb ab (Hartmann, Kris, Loewenstein, Mitscherlich und die oben genannten Autoren). Von Fenichel, Horney u.a. wird Freuds letzter Schritt zur Verselbständigung der Aggression ganz zurückgewiesen und Aggression vielmehr als reaktiv, nicht als triebmäßig und spontan begriffen. (vgl. Selg 1982, S. 45)

Literatur

Freud S., Das Unbehagen in der Kultur, 1930, GW Bd. 14

Freud, S., Neue Folge der Vorlesungen zur Einführung in die Psychoanalyse, 1933, GW Bd. 15

Freud, S., Abriß der Psychoanalyse, 1938, GW Bd. 17

Parens, Henri, Neuformulierungen der psychoanalytischen Aggressionstheorie und Folgerungen für die klinische Situation, in: Forum der Psychoanalyse, Heidelberg/Berlin 1993

Selg, Herbert, Zur Aggression verdammt? Ein Überblick über die Psychologie der Aggression, Stuttgart [6]1982

Christian Büttner

Geboren 1944. Dr. phil., Diplompsychologe. Seit 1973 wissenschaftlicher Mitarbeiter der Hessischen Stiftung Friedens- und Konfliktforschung. Lehrbeauftragter an den Universitäten Frankfurt und Marburg.

Gruppe und Aggression
Am Beispiel von psychosozialer Erwachsenenbildung

Wenn man versucht, sich zum Stichwort Gruppe und Aggression in der Literatur über Gruppen und Gruppenprozesse kundig zu machen, stößt man auf ein erstaunliches Phänomen: Dieses Stichwort taucht in der Fachliteratur zu Gruppentheorien im Verhältnis zu anderen Begriffen nur äußerst selten auf [1].

Dennoch: Die Themen der Gruppenliteratur (aus den Bereichen

---

[1] Nehmen wir z.B. das Buch von Max Pagès „Das affektive Leben der Gruppen", in dem man zum Thema Aggression einiges erwarten dürfte. Hier gibt es zwar das Stichwort „Aggressivität", allerdings nur in fünf (!) Bezügen, und dies in einem seitenlangen Stichwortregister, in dem „Angst" z. B. doppelt so häufig genannt wird. Mit dem Stichwort „Sexualität" ist es – nebenbei bemerkt – noch ärger, es kommt im erwähnten Buch überhaupt nicht vor! Das gleiche Bild in den beiden wesentlichen Zeitschriften „Gruppendynamik" und „Gruppenpsy-

Sozialpsychologie, Gruppendynamik oder Gruppenanalyse) seit den 40er Jahren kreisen in der Hauptsache um das Phänomen Aggression, wie sie in Gruppenkonflikten „gekonnt" gelebt und welche Unterstützung sie von seiten der Trainer, Gruppenleiter oder Experimentatoren dazu erhalten müßte. Die Frage also, die heutzutage häufig gestellt wird: Wie kann man produktiv mit Aggression umgehen? ist enthalten in unzähligen differenzierten Überlegungen, wer in einer Gruppe mit wem zu welchem Zeitpunkt was macht, welche Bedeutung dies haben könnte und welche Intervention dazu die angemessene sei. Läßt sich daraus ein einfaches Konzept entwickeln, das Aggression in Gruppen plausibel erfassen könnte? Kann man daraus die Bedeutung dieses ubiquitären Phänomens „Aggressivität" in menschlichen Beziehungen und besonders in Gruppen „herausdestillieren"?

Die Schwierigkeit beginnt bereits mit der Definition des Begriffs „Aggression". Auch hierzu liegt eine Fülle von Literatur vor, die mehr verwirrt als Klarheit schafft. Die fachwissenschaftliche Diskussion reicht von der Aggression als Affektivität in der menschlichen Entwicklung bis hin zu dem aggressiven Einfluß gesellschaftlicher und supranationaler Systeme auf die Persönlichkeit des einzelnen (vgl. z.B. Nolting 1983; Selg 1982; Volmerg 1977; Kutter 1992; Petzold/Scharfe 1985). Auch historisch gesehen scheint die menschliche Entwicklung der Überlegung recht zu geben, daß es schwierig, wenn nicht unmöglich ist, *das* Konzept der Aggression (in Gruppen) zu finden, *die* Erklärung für die Aggressivität in menschlichen Beziehungen zu liefern und schließlich *die* Lösung für einen konstruktiven Umgang mit einem allzu häufig als destruktiv wahrgenommenen Gefühl zu finden.

Es erscheint also zwingend geboten, die Thematik einzugrenzen,

chotherapie und Gruppendynamik". Hier finden sich in den letzten Jahrgängen nur einige wenige Titel, die in Zusammenhang mit der aktuellen Gewaltdebatte stehen (kein einziger jedoch zum Thema „Sexualität"). Die allgemeine Tabuisierung von Sexualität und Aggression in unserer Gesellschaft zeigt sich offensichtlich auch in den Theorien zur Gruppenpraxis. Das einzige mir bekannte Buch mit dem Titel „Gruppendynamik der Aggression" (1971) stammt von Günther Ammon, einem seinerzeit bei Psychoanalytikern sehr umstrittenen Autor.

etwa auf die Ebene aktueller Gruppenbeziehungen (in denen Prozesse einen Anfang nehmen, sich entfalten und beendet werden). Eine solche Eingrenzung schließt allerdings auch außerordentlich viele Bezüge aus. Einige davon möchte ich hier wenigstens andeuten:

– Die Aggressivität des einzelnen, seine Fähigkeit, mit Konflikten aggressiv oder reflexiv umzugehen, hängt sicherlich nicht nur von seiner individuellen Vorgeschichte ab, sondern auch von anthropologischen Voraussetzungen menschlich-affektiver Grundausstattung und schließlich von der transzendentalen Frage, wie das individuelle Schicksal eines einzelnen (auch in bezug auf seine konflikthaften und aggressiv getönten Beziehungen) mit dem kollektiven Schicksal von Familien, Gruppen und Gesellschaften in Beziehung steht.

– Die Aggressivität in einer Gruppe ist ohne andere Gruppen kaum denkbar, ja vielleicht nicht einmal das Konzept „Gruppe" schlechthin. Die wechselseitigen Beziehungen zwischen Gruppen, die Beziehung einer einzelnen Gruppe zu einer Institution, zu einer Gemeinde, einer Region oder einem politischen System schließlich enthält wichtige Bedingungen der affektiven Strömungen, also auch der aggressiven Gefühle in Gruppen.

– Ein letztes: Ob sich Gruppen selbst überlassen sind, ob sie einen Leiter, eine Leiterin oder gar ein Leitungsteam haben, wie sie zusammengesetzt sind, freiwillig, „zwangsrekrutiert", zufällig oder ausgesucht, geschlechtshomogen oder gemischt, welche Aufgaben die Gruppe hat (hat sie überhaupt welche?), diese und andere Lebensbedingungen in einer Gruppe bestimmen ganz maßgeblich ihr affektives „Klima".

Angesichts dieser Fülle von Faktoren erscheint vor allem die Eingrenzung plausibel, die sich auf den ganz persönlichen Kontext des Autors bestimmter theoretischer Positionen bezieht. In einer sehr interessanten Studie hat Dieter Sandner festgestellt, daß all das über Gruppentheorien, was er auf den Zusammenhang zwischen Theorie und persönlichem Kontext hin genauer untersucht hat, in seiner Vielfalt und Widersprüchlichkeit von der Subjektivität der Autoren her verständlich wird: Der Gruppenleiter z.B., der seine Gruppe gerne in Abhängigkeit hält, beschreibt vorwiegend dieses Stadium des Gruppenprozesses, und der Gruppenleiter, der sich gerne in aggressive Auseinandersetzungen mit seinen Gruppen verwickelt, stellt das Thema „Revolte" eher in den Vordergrund (vgl. Sandner 1978). So wird also auch meine Betrachtung des Themas „Gruppe und Aggression" zwangsläufig bestimmt durch meine persönliche Perspektive, meine Erfahrungen und schließlich durch meine Wünsche. Denn auch ich strebe immer noch nach „Vollkommenheit", auch ich „tappe" oft genug „im Dunkeln" und freue mich, wenn ich wieder einen neuen Aspekt erfahren oder gar begriffen habe.

Zwei Linien möchte ich in meinem folgenden Beitrag zum Thema Gruppe und Aggression verfolgen:
- Die *Entwicklung* der Gruppe im Hinblick auf den Umgang mit Aggression und
- die *Bedeutung des Gruppenleiters bzw. der Gruppenleiterin* für das Verständnis eines unangenehmen Gefühls.

Ich beziehe meine Ausführungen auf meine Gruppenarbeit zur Professionalisierung von Pädagoginnen und Pädagogen mit einer offiziell definierten Gruppenleitung, also konkret auf meine Erfahrungen als Supervisor und Fortbildner sowie die in der Supervision bzw. Fortbildung von den pädagogischen Fachkräften berichteten Fälle. Die Aggression bzw. Aggressivität, von der in den folgenden Ausführungen die Rede ist, ist die, die zumeist als destruktiv empfunden wird – wenn auch nicht immer von dem Aggressor.

Die Entwicklung der Gruppe

Es hat für mich immer sehr nahe gelegen, die Entwicklung von Gruppen mit der Entwicklung von einzelnen Menschen in Beziehung zu setzen, also auch die entwicklungspsychologisch-theoretischen Konzepte auf die Entwicklung von Gruppen zu übertragen. Ich habe es dabei als sehr hilfreich empfunden, die Erfahrungen, die (viele, die meisten, alle?) Menschen im Laufe ihres Lebens an entscheidenden Punkten machen, quasi als Bilder zu begreifen, mit denen sich auch die Entwicklung von Gruppen beschreiben lassen könnte.

„Die Gruppe", die ich mit solchen Bilder zu erfassen versuche, verstehe ich nämlich als ein eigenständiges Wesen, als ein Beziehungsgeflecht (oder ein Netzwerk, vgl. Foulkes 1978; Heigl-Evers 1972) von Menschen, die im Verlauf des Gruppenprozesses eine gemeinsame Entwicklung erfahren. Die Gruppe ist damit mehr als die Summe ihrer Teile, etwa vergleichbar einer „Gesamtperson", die eben auch eine bestimmte Entwicklung nehmen kann. Dennoch ist sie nicht nur ein „Ganzes" (wie es etwa Argelander nahelegt; Argelander 1972; vgl. auch Sandner 1985), sondern auch ein System der Wechselwirkung zwischen der psychischen Disposition ihrer einzelnen Mitglieder (einschließlich der Gruppenleitung) und Dynamik ihrer Interaktionen. Max Pagès hat dies im Hinblick auf das „affektive Leben der Gruppen" so formuliert: „In jeder Gruppe existiert zu jedem Zeitpunkt ein vorherrschendes Gefühl, das von allen Mitgliedern der Gruppe mit individuellen Nuancen geteilt wird. Dieses zumeist unbewußte Gefühl beherrscht das Leben der Gruppe auf allen Ebenen." (Pagès 1974, S. 81)

Gruppen beginnen zumeist mit einer Idee von Gruppe, mit ihrer „Konzeption" (dem medizinischen Begriff von „Empfängnis"). In der Idee von Gruppe sind in der Regel die „roten Fäden" zu dem „Leben" bzw. Schicksal, das die Gruppe vermutlich nehmen wird, angelegt. Ist z.B. die Gruppe ein „gewolltes Kind"? Welche affektive Einstellung und welche Mühe wird ihr gewidmet? Ist ihr die Aggression, mit der sie sich später – personalisiert in den einzelnen Gruppenmitgliedern – herumschlagen muß, mit „in die Wiege gelegt"? Oder das Gegenteil: Soll sie Sinnbild für innere Harmonie sein?

Die Vorbereitung von Gruppen, etwa der Erstkontakt für eine Supervision, kann dabei ebenso entscheidend sein wie die Frage, ob ein Team in einer pädagogischen Einrichtung schon eine weitgehend kooperationsfähige, d.h. weitgehend entwickelte Gruppe ist. So gilt z.B. in besonders sorgfältig konzeptionierten Gruppen, etwa gruppenanalytischen Psychotherapien, der Standard, die einzelnen zukünftigen Gruppenmitglieder auf den Gruppenbeginn intensiv vorzubereiten, besonders dann, wenn sie über keine (reflexive) Gruppenerfahrung verfügen (vgl. König 1990).

Ich selbst habe inzwischen so viele Gruppenanfänge und

Gruppenverläufe erlebt, die irgendwie „schief" waren, daß ein solches Bild des „Schwangerschaftsverlaufs" zum Verständnis solcher meist unglücklichen Prozesse in der Entstehung einer Gruppe (wenigstens in Nachhinein) sehr hilfreich war. Hier ein Beispiel dafür, wie diese „Schiefe" sich bei einer zugegebenermaßen hochkomplexen Inter-Gruppenstruktur und bei starken Spannungen innerhalb des Leitungteams zeigten:

In einem Lehrerfortbildungsseminar mit 40 Teilnehmerinnen/Teilnehmern sollten zu Beginn vier gleich große Gruppen mit Gleichverteilung der Geschlechter gebildet werden. Nach dem ersten Anlauf eines Gruppenbildungsprozesses saßen einer Gruppe von Leiterinnen und Leitern (zwei Frauen und zwei Männer) und einer Hospitantin (die als dem Leitungsteam zugehörig vorgestellt worden war) zwei ältere Männer und etwa drei gleich große Gruppen einander gegenüber. D.h. es waren zwar vier Gruppen gebildet worden, jedoch erfüllte keine die genannten Kriterien. Die geforderte Gruppenbildung war erst nach einem dritten Versuch und unter entsprechendem Druck der Seminarleitung abgeschlossen. Im Verlauf dieses einwöchigen Seminars zum Thema „Soziales Lernen in der Schule", in dem die Spannungen innerhalb des Teams immer weiter eskalierten, wurde die Hospitantin von den Teilnehmerinnen und Teilnehmern, aber auch von dem Team immer stärker ausgegrenzt. Am vierten Tag konfrontierte eine Gruppe von zwei Teilnehmerinnen und zwei Teilnehmern das Plenum mit einer szenischen Präsentation zum Thema Autorität in Form eines Gedichtes, das die Aufforderung enthielt, im Plenum unabhängig vom Leitungsteams „die Dinge selbst in die Hand zu nehmen" – verständlich, wenn vom Team keine eindeutige Linie zu erwarten ist und diese Uneindeutigkeit offensichtlich bereits vor Beginn des Seminars bestanden haben mußte (etwa in der Frage, ob man eine Hospitantin zulassen dürfe oder nicht, was vom Träger der Veranstaltung gar nicht als Frage zugelassen war!). Zum Schluß dieses Seminars, in dem es immer wieder zu sehr großen aggressiven Auseinandersetzungen zwischen Plenumsgruppe und Leitung gekommen war, inszenierten die Teilnehmerinnen und Teilnehmer auf Vorschlag der Gruppenleiter eine Darstellung ihrer Gesamtsituation in Form des Themas „Traumschiff". In den Rollen, die während der Vorbereitung vergeben wurden bzw. die sich Teilnehmerinnen und Teilnehmer selbst aussuchten, wählte die Hospitantin bezeichnenderweise die Rolle des „blinden Passagiers". Ohne daß lange darüber hätte gesprochen werden müssen, war allen die Bedeutung dieser Rolle für die Dynamik der Aggression während dieses Seminars klar.

Es scheint banal, und man kann es in praxisanleitenden Büchern immer wieder nachlesen, daß man sich auf den Beginn einer Gruppe gut vorbereiten müsse. Aber ob man dadurch dem Schicksal der „schwierigen Geburt" ein „Schnippchen schlagen" kann? Jedenfalls läßt sich mit diesem Bild die aggressive Hypothek erfassen, die immer dann aufscheint, wenn vor Beginn der eigentlichen Gruppe bereits eine Aggression mit im Spiel war (z.B. deshalb, weil Aggressivität ein wesentliches Motiv in der Konzeption einer Gruppe ist, sei es weil sie sich gegen etwas abgrenzt, sei es, weil in ihr Aggressivität gelebt werden soll).

Damit wäre ich bei der „Geburt der Gruppe". Die Geburt ist für die meisten Menschen die prototypische Angsterfahrung (vgl. Freud 1972; Grof 1978; Janus 1990). Zahlreiche Metaphern aus dem Insgesamt des Geburtsvorganges lassen sich mit psychosozialen Phänomenen, so auch denen in Gruppen, in Verbindung bringen, sie finden sich – vorausgesetzt man nimmt die Zeichen wahr – fast immer in den Anfangsphasen wieder: z.B. in dem „schreienden Säugling", der sich der „kalten Klinikatmosphäre" ausgesetzt fühlt, wenn er auf der Welt ist, z.B. den Gefühlen von Druck und Angst, die im Gruppenleiter oder einzelnen Gruppenmitgliedern vor bzw. während des Beginns einer neuen Gruppe auftreten:

In der ersten Stunde einer Lehrer-Supervisionsgruppe z.B., in der über schwierige Kinder mit Hilfe der Analyse von Fallszenen (besondere Ereignisse aus dem Schulalltag) nachgedacht wurde, berichtete eine Lehrerin von einem altersentsprechend intelligenten und lernbereiten Jungen, mit dem sie deshalb solche Schwierigkeiten habe, weil er sich aus unerklärlichem Anlaß plötzlich auf den Boden werfe und wie ein neugeborenes Baby zu schreien beginne. Obwohl wir während dieser ersten Beratungsstunde mit Hilfe des theoretischen Konzepts der Entwicklungsregression mehrere Versuche machten, uns einem Verständnis dieser Szene zu nähern, beharrte die Lehrerin auf ihrer Meinung, daß es eine solche Diskrepanz zwischen den intelligenten und angepaßten, kurz altersentsprechenden Anteilen einerseits und den säuglingshaften Anteilen im Verhalten des Jungen andererseits nicht geben dürfe. In der 5. Beratungsstunde (die Sitzungen fanden im 14tägigen Rhythmus statt) berichtete sie, daß der Junge inzwischen für sie kein Problem mehr darstelle, obwohl ich nicht den Eindruck hatte, daß wir Wesentliches über einen angemessenen Umgang mit ihm herausgefunden hatten. Inzwischen wurden – nicht zuletzt auch von dieser Lehrerin – Fälle vorgetragen, in denen es hauptsächlich um Machtauseinandersetzungen zwischen Schülern in der Klasse ging. Ich selbst hatte in dieser ersten Stunde das Gefühl, die Gruppe habe mir – stellvertretend durch diese Lehrerin – ein „ungeheueres" Problem präsentiert: das Baby in dem Schüler, um das ich mich, nachdem es „auf die Welt geworfen" worden war, zu kümmern hätte und das nun erst einmal kräftig seine Wut und seinen Kummer herausschreien müsse. Die Lehrerin wiederum drückt mit der Fallszene (stellvertretend für die Gruppe) ihre eigene Situation in der

Supervisionsgruppe als „schreiender Säugling" aus, obwohl sie doch eigentlich angepaßt und intelligent, also „altersentsprechend" erwachsen ist und – selbst Mutter eines kleinen Säuglings – wissen müßte, was man mit einem schreienden Neugeborenen machen sollte.

Der Gruppenleiter, die Gruppenleiterin könnten in dieser Situation als „Geburtshelfer" verstanden werden, die z.B. statt der Wiederholung des kollektiven Geburtstraumas bzw. zu seiner Vermeidung eine „warming up"-Phase zu inszenieren versuchen (die abmildern soll, was allzu ängstlich oder wütend machen könnte). Denn die Geburtssituation enthält ja nicht nur die prototypische Angsterfahrung. Die „Geburt der Gruppe" kann ja auch den Kampf um das individuelle Überleben oder die Wut über die versagte Hilfestellung durch Mutter und/oder Arzt wiederbeleben. Beobachtet man nämlich Anfänge von Gruppen mit einer minimal strukturierenden Gruppenleitung, dann werden – zumindest verbal – häufig außerordentlich aggressive Gefühle aktualisiert (z.B. heftige Entwertungen der Gruppenleitung bzw. ihrer Methoden).

Eine Hortsupervision begann z.B. mit dem Fall eines außerordentlich aggressiven Jungen. Er verwickelte nicht nur die unter ungeheuren Spannungen zu stehen scheinende Hortleiterin, die sich für ihn zuständig fühlte, in kaum zu ertragende double-bind-Situationen. Auch die übrigen Erzieherinnen und Erzieher ließen sich immer wieder in aggressive Auseinandersetzungen mit diesem Jungen hineinziehen. Bereits in der ersten Sitzung stellte sich mir das Hortteam mit diesem Jungen, der nebenbei bemerkt neurologisch behandelt wurde, als völlig überfordert dar. Nach einigen vergeblichen Versuchen, mit Hilfe eines Verständnisses der Beziehungsprozesse die Situation zu entspannen, unterstützte ich bereits in dieser ersten und auch in der zweiten Sitzung, in der es ebenso wie dann in der dritten Sitzung um diesen Jungen ging, die Tendenz der Gruppe, ihn aus dem Hort „rauszuschmeißen". In der 6. Sitzung teilte die Hortleiterin mit, daß er nicht mehr in den Hort komme, nachdem über das Jugendamt ein entsprechendes Schreiben an die Mutter ergangen sei. Dann eher nebenbei und auf mich vollständig entspannt wirkend – es ging eigentlich um ein ganz anderes Kind bzw. Problem – erzählte sie, daß sie seit dem „Rausschmiß" über den ganzen Körper eine wie Feuer brennende, inzwischen im Schmerz nachlassende Hautallergie bekommen habe. Die Schwierigkeit dieser Geburt scheint in der „Austreibungsphase" gelegen zu haben[2]. Die Gruppe mußte offensichtlich durch den engen „Kanal" der ersten

---

2 Ludwig Janus schreibt zu dem Gefühl des Brennens, daß es sich dabei um eine typische Geburtsangstphantasie handele, „...wobei das Brennen möglicherweise eine Symbolisierung der brennenden Hautempfindungen bei dem

drei Stunden hindurch, um sich auf ein „Leben" im Kontext einer Supervision einlassen zu können. Das Eingeständnis des pädagogischen Scheiterns an einem Kind kann man als Durchgang zu einer realistischeren Einstellung gegenüber dem eigenen Können begreifen, ein Durchgang, bei dem das Eingeständnis der eigenen Begrenztheit manchmal durchaus sehr schmerzhaft sein kann.

Es versteht sich von selbst, daß die innere Position der Gruppenleitung zur Gruppe entscheidend dazu beiträgt, wie sich die „Schwangerschaft" der Gruppe in ihrer Initial- bzw. Geburtsphase fortsetzt. Vielleicht gilt in der Gegenübertragung des Gruppenleiters bzw. der Gruppenleiterin, verstanden als Spiegelbild der dominierenden Gefühle in der Gruppe (vgl. Pagès 1974, S. 95 ff.), daß auch das einzelne abgelehnte bzw. angenomme Gruppenmitglied die ambivalenten Gefühle ausdrückt, die von der Gruppenleitung der Gruppe gegenüber bestehen. Muß man z.B. die Gruppe wirklich wie ein zu wärmendes „Baby" behandeln? Wird z.B. durch besonders intensive „warming-up"-Techniken verdeckt, daß es sich bei der Gruppe im Anfangsstadium eigentlich um ein eher ungeliebtes Kind handelt, das man nun mit besonderer Wärme wie mit einem „Brutkasten" päppeln muß? Kann minimale Strukturierung bereits am Anfang des Gruppenprozesses nicht auch bedeuten, daß man sein „Kind" so annimmt, wie es „auf die Welt gekommen" ist?
Es widerspricht der weitgehenden Unplanbarkeit von Lebensprozessen besonders bezogen auf größere Zeiträume, wenn man Gruppen in ein Konzept zu zwängen versucht ähnlich einem solchen, das sich Eltern von dem zukünftigen Schicksal ihres Kindes machen. Eine der psychosozialen Hauptfunktionen von Eltern besteht sicherlich darin, das Kind/die Kinder sich mit zunehmendem Alter, zunehmenden Fähigkeiten und zunehmender Differenzierung auch von ihnen lösen zu lassen (bis es ein eigenständiges Leben führt; vgl. dazu Stierlin 1975; Höhfeld 1993). Weder wird man diese Vorstellung in den Lebenserfahrungen vieler Menschen unserer Kultur wiederfinden, noch kann man dies in Analogie dazu bei den meisten professionellen Gruppen feststellen. Vielmehr überwiegen die Erlebnisse des

Überwechseln vom feuchten ins trockene Milieu bei der Geburt darstellt" (Janus 1991, S. 140 f.).

Zu-Früh-Losgelassen-Werdens (in dem man am Gruppenbeginn Trennungen, z.B. in Kleingruppen, inszeniert) ebenso wie die am Gruppenende zu beobachtenden Tendenzen, sich nicht von der Gruppe oder den Gruppenleitern lösen zu können (dürfen?). Häufig halten Gruppenteilnehmer am Fortbestand ihrer Gruppe fest, obwohl sie dem „Wachstumsplan" entsprechend schon längst „erwachsen", d.h. hier selbständig sein müßten. Ronald Laing hat dieses Bindungs-Trennungsproblem in einer szenischen Metapher so formuliert:

„Als Jack noch klein war
wollte er ewig bei seiner Mami sein
und hatte Angst, sie würde fortgehen
als er später etwas größer war
wollte er weit weg von seiner Mami sein
und hatte Angst, daß
sie ihn ewig bei sich haben wollte..." (Laing 1970, S. 20)

Helm Stierlin hat zwei polare Modi beschrieben, die wahrscheinlich weit häufiger in den familiären und gruppalen Beziehungen anzutreffen sind, als das idealtypische Entwicklungsschicksal, in dem abhängige Kleinkinder zu selbständigen Adoleszenten werden: den Bindungs- und den Ausstoßungsmodus: Wenn der Bindungsmodus dominant ist, „...befindet sich die Familie in der Gewalt zentripetaler Kräfte. Eltern und Kinder verhalten sich nach der unausgesprochenen Annahme, daß die wesentlichen Befriedigungen und Sicherheiten nur innerhalb der Familie erlangt werden können, die Welt außerhalb feindlich und erschreckend aussieht. Diese Annahme findet sich dann in den Einstellungen von Eltern wieder, die nur einen Ausweg sehen, wenn sie mit *ihrer eigenen* Entwicklungskrise konfrontiert sind: ihre Kinder noch fester an sich und das ‚Familienghetto' zu binden und die Selbständigkeit der Kinder um jeden Preis zu verzögern und zu verhindern." (Stierlin 1975, S. 50) Beim Ausstoßungsmodus hingegen erleben die Eltern die Kinder als hinderlich bei dem Versuch, aus ihrer Krise herauszukommen: „Im Gegensatz zu den ... bindenden Eltern stoßen diese Eltern ihre Kinder deshalb aus, weil sie die Kinder *nicht wollen*." (Stierlin 1975, S. 81)
Bindung und Ausstoßung sind nicht zuletzt deshalb wahrscheinlich zentrale Aspekte aggressiver Auseinandersetzung in und mit Grup-

pen, weil außerordentlich schwer zu unterscheiden ist, wer wann von wem abhängig ist – Gruppe und Gruppenleitung –, wer sich zu welchem Zeitpunkt in einer Krise befindet und wer dann wen ausstößt oder sich gegen eine Ausstoßung zur Wehr setzt.

Bion hat einen ähnlich polaren Gruppenzustand beschrieben, die „Kampf-Flucht-Gruppe". In seinem Konzept der drei Grundannahmen ist damit gemeint, *„daß die Gruppe sich zusammengefunden hat*, um gegen etwas zu kämpfen oder davor zu fliehen (Hervorhebung von mir, C.B.). Zu beidem ist sie unterschiedslos bereit ... In der Kampf-Flucht-Gruppe findet der Analytiker seine Versuche zur Aufhellung der Vorgänge durch die Mühelosigkeit behindert, mit der sich emotionelle Unterstützung für Vorschläge mobilisieren läßt, die entweder Haß auf alle psychologischen Schwierigkeiten ausdrücken oder aber Mittel zu ihrer Umgehung darstellen." (Bion 1971, S. 111f.) Mit anderen Worten: Die Gruppe schließt sich aggressiv gegen den Gruppenleiter zusammen oder die Teilnehmerinnen und Teilnehmer verbünden sich gegen einen Außenfeind. In jedem Fall aber vermeidet die Gruppe in diesem Zustand die Auseinandersetzung mit den Phantasien, die ihren Zusammenhalt bedrohen könnten.

Die Grundannahme der „Kampf-Flucht-Gruppe" ist nach meiner Erfahrung in einem „jungen" Stadium von Gruppen oder in regressiven Gruppenphasen besonders von Bedeutung. In diesen Stadien nämlich gibt es noch wenig Verbindendes zwischen Teilnehmerinnen und Teilnehmern bzw. kehren die symbiotischen, an die Leitung gerichteten Wünsche wieder. Hier ist die Aggressivität des einzelnen Gruppenmitgliedes in eine Bewegung der Gruppe eingebunden, einem Konflikt (mit den anderen Gruppenmitgliedern beispielsweise um die Leitung) auszuweichen (Flucht), die sich verweigernde Leitung mit den anderen aggressiv anzugehen oder zwischen den beiden Verarbeitungsformen hin- und herzupendeln.

Da in der pädagogischen Alltagspraxis nur selten die tiefenpsychologische Bedeutung von Gruppenprozessen erkannt wird, ist dort die Tendenz weit verbreitet, sich immer wieder neu diesen Abwehrmechanismus der Gruppe selbst zu produzieren, sei es
– daß man die Gruppe bewußt oder unbewußt in Abhängigkeit
   halten will (z.B. aus Angst vor der Gruppe; vgl. Klein 1989),

- daß man in der (in unserer Kultur gewohnten) Fixierung auf dyadische Beziehungsverläufe die Interaktionen zu den einzelnen Gruppenmitgliedern „privatisiert" („ich muß mal mit xy über sein aggressives Verhalten reden") und damit die Entwicklung der Gruppenbeziehungen systematisch verhindert oder
- daß die Gruppe die Abhängigkeit an einer Stelle erzwingt, an der ein Gruppenleiter sie partout nicht ertragen kann (etwa um seine Stabilität zu „testen"). Die institutionellen Arbeitsbeziehungen tragen das ihre dazu bei, Gruppenleiterinnen und Gruppenleiter selbst nur selten aus Abhängigkeitsgefühlen herauswachsen zu lassen und so ihren Klienten gegenüber das Gefühl von Unabhängig „vorleben" zu können, das auch die Gruppenmitglieder vielleicht erreichen möchten. Dies trifft insbesondere auf Pädagogik in beamtenrechtlichen Beziehungen zu. Dort ist die Abhängigkeit ja gewissermaßen ein geronnenes Versorgungsprinzip.

Männliche und weibliche Gruppenleitung

Die Metapher der „Schwangerschaft" und der „Geburt" der Gruppe ist deshalb nicht ganz unproblematisch, weil Gruppenleiterinnen und Gruppenleiter, also Männer und Frauen, wahrscheinlich ganz unterschiedliche Prädispositionen zu den Vorgängen um die Entwicklung neuen Lebens haben. Diese Problematik setzt sich im weiteren Entwicklungsschicksal einer Gruppe fort: Wie mütterlich bzw. väterlich soll oder muß Gruppenleitung sein? Kann sie das, z.B. einzeln besetzt, überhaupt? Die Gruppe wird jedenfalls in der Literatur als ein eher mütterliches Wesen (container-Analogie äquivalent zum „Bauch der Mutter", vgl. Bion 1990) empfunden. Oder aber der Gruppenleitung werden mütterliche Qualitäten abverlangt.
Wir stehen erst am Anfang der Auseinandersetzung um den männlichen und den weiblichen „Stil" von Gruppenleitung. Nur so viel läßt sich heute schon sagen, daß zumindest der Umgang mit Aggression entscheidend vom Geschlechterunterschied betroffen ist.

Zwei Fragestellungen dazu möchte ich hier andeuten:

- Wieso ist z.B. in Kindertagesstätten ein Dauerthema die Aggressivität der Jungen gegenüber den Harmoniewünschen der meist weiblichen pädagogischen Kräfte (vgl. Finger-Trescher 1993, S.215 ff.)? Sind die Mädchen weniger aggressiv, ist die Erscheinungsweise ihrer Aggression nicht vielleicht eine andere?
- Welche besonderen Beziehungskonstellationen ergeben sich aus der Zusammenarbeit von Leiterin und Leiter? Wie gestaltet sich z.B. die „Kooperation" in der Koleitung eines Mannes und einer Frau im Fall eines Konfliktes, wer wird sich mit wem gegen wen verbünden? Die Gruppe mit der Frau gegen den Mann (die „Mutter" mit den „Kindern" gegen den „Vater") oder muß die Leiterin („Mutter") die Gruppe („Kinder") vor der Aggressivität des Leiters („Vaters") schützen? Oder: Muß der Leiter („Vater") die Gruppe („Kinder") aus der Bindung an die Leiterin („Mutter") (er)lösen?

Eine Supervisionssitzung, in der es vorrangig um aggressive Jungen ging, endete mit dem Resümee einer Teilnehmerin, man müsse als Frau von der Durchsetzungskraft der (kleinen) Männer lernen und deshalb wolle sie deren Aggression ab sofort auf keinen Fall mehr dulden – „Frauen verstehen unter Aggression eher ‚Nein', d.h. sich dem anderen gegenüber abzugrenzen. Für die Jungen bedeutet Aggression eher ‚Ja', d.h. an jemanden heranzugehen, sich auseinanderzusetzen." (aus dem Supervisionsprotokoll einer Teilnehmerin)

Die wenigen Anhaltspunkte für männliche und weibliche Gruppenleitung lassen vermuten, daß in der Tat von Leiterinnen eher mütterliche und von Leitern eher väterliche Funktionen erwartet werden. Roswitha Königswieser hat in dem Titel eines Aufsatzes zu Gruppe und Geschlecht die entsprechenden Übertragungsphantasien an die Gruppenleiterin durch die verschiedenen Rollen charakterisiert, die ihr als Trainerin in Gruppen zugeschrieben werden: „Mutter, Hexe oder Trainerin". (Königswieser 1981; vgl. auch Flaake 1989; Rost 1987)

Hans-Georg Trescher und Urte Finger-Trescher sprechen im Zusammenhang mit einer „Optimalstrukturierung" zur gesunden bzw. gesundenden menschlichen Entwicklung von der elterlichen Funktion des „Haltens" und der familiären Dreiecks-Struktur, die es dem Kind ermöglicht, „gut" und „böse" als gleichermaßen akzeptable Gefühlsqualitäten zu integrieren anstatt abzuspalten (etwa mit dem Mittel der Projektion): „Das Kind kann seine gute Beziehung zum Vater aufrechterhalten und damit auch sein positives Selbstbild, wenn es in einem Konflikt mit der Mutter von Haß und ‚bösen' Gefühlen überschwemmt wird. Diese werden gleichsam neutralisiert. Ich- und Selbstrepräsentanz bleiben unbeschädigt, der Haß auf die ‚böse' Mutter und die Liebe zur ‚guten' Mutter werden nun nicht mehr als alternierende, einander ausschließende Erlebnisdimensionen erfahrbar, sondern als Anteile der libidinösen Beziehung dieses Kindes zu dieser bestimmten Mutter erlebt." (Trescher/Finger-Trescher 1992, S. 96) Leider müssen wir davon ausgehen, daß nur in ganz seltenen Fällen dieses idealtypische Modell in der Lebenswirklichkeit anzutreffen ist.

Übertragen auf die Gruppensituation bietet das Dreieck Teilnehmer-Leitung-Gruppe eine ähnliche Integrationsmöglichkeit ambivalenter Gefühle, vorausgesetzt, der „container" Gruppe verbleibt nicht in „reiner Mütterlichkeit", sondern bietet sich in der Struktur für diese Integration an. Auch dies ist in der pädagogischen Praxis eher die Ausnahme. Vielmehr wird z.B. bei der Suche nach Erklärungen für das aggressive Verhalten von „Außenseitern" immer wieder auf die familiäre Sozialisation verwiesen. Es wird nicht gesehen, daß im Dreieck Leiterin/Leiter-Gruppe-„Außenseiter" die mütterliche Funktion des Haltens mit der väterlichen Haltung des Strukturierens (erkennbar etwa an Ausgrenzungsphantasien) heftig und meist unversöhnlich konkurriert. Die Konflikte in Gruppen eskalieren dann meist auch hin zu einem Machtkampf um die Gruppe. Der Außenseiter kann oft erfolgreich einen wichtigen Teil der Gruppe um sich scharen, der bereit ist, um den Preis der Opferrolle sich seinen Macht- und Gewaltphantasien zu beugen. Ich werde später noch einmal im Detail darauf eingehen.

Bleiben wir bei der kindlichen Entwicklung und den mütterlichen Funktionen in der ersten Lebensphase bis hin zum Trotzalter, der ersten aggressiven Auseinandersetzung um Autonomie zwischen Eltern und Kind, analog zwischen Leitung und Gruppe. Es scheint so, als sei Aggression in dieser Zeit eher ein Ausdruck für „frustrierte"

Bedürfnisse, was dafür spricht, Gruppen in diesem Stadium zu „pflegen". Andererseits ist nun aber unübersehbar, daß man es bei Gruppen von Erwachsenen ja nicht mit kleinen Babys zu tun hat, selbst wenn sich manche Gruppenmitglieder tatsächlich manchmal so benehmen mögen. „Pflege" kann ja auch etwas Unangenehmes bedeuten, z.B. daß die bereits längst entwickelte und erprobte Autonomie von einigen oder gar allen Gruppenmitgliedern als bedrängt oder gar beschnitten erlebt wird, etwa durch immer neue Spielangebote oder gruppendynamische settings (vgl. Giere 1979, S. 110; 1981). Denn wenn die Gruppe sich auch subjektiv im Stadium früher Abhängigkeit befindet, so sind doch ihre Mitglieder in Wirklichkeit Erwachsene, vielleicht nicht weniger selbständig als die Gruppenleitung.

Man kann leicht sehen, wie hier Grundlinien einer aggressiven Grundspannung angelegt sind: Die Regression der Gruppe von Erwachsenen auf das Stadium von Abhängigkeit, sei es fachlicher Art (weil man so viel weniger weiß als die Leitung), sei es psychosozialer Art (weil man so viel weniger kann als die Leitung), impliziert gleichzeitig den unbewußten Protest dagegen. Er wird vor allem dann virulent, wenn der Entwicklungsstand der Gruppe aus den Gefühlen einzelner Gruppenmitglieder abgeleitet wird (zum Beispiel das aggressive Schreien des „Babys" im Fallbeispiel auf S. 50). Er kann sich als Widerstand gegenüber Aufforderungen ebenso artikulieren wie durch das Gegenteil: Die Gruppe erwartet genaue Anweisungen von der Leitung. Hier liegen große Verführungen, auf solche Protesthaltungen einzugehen, um einer aggressiven Auseinandersetzung mit der Gruppe auszuweichen. Meist wird nicht erkannt, daß ein wesentliches Motiv für solche Angebote seitens der Leitung die befürchtete Aggressivität der Gruppe ist, die manchmal geradezu Vernichtungsphantasien auslösen kann. Als Verarbeitung von Angst vor der Gruppe bieten sich „gerne" settings an, die die Teilnehmer in feste Beziehungsrituale verwickeln.

Vom Kleinkind zur wachsenden Selbständigkeit

Die „Kleinkindphase" der Gruppe, die Dieter Sandner als die prä-ödipale Phase bezeichnet hat, ist die Phase, in der die Gruppe „sprechen" lernt (vgl. Sandner 1978). Die Beziehungen untereinander werden – sofern man dies als Gruppenleiterin oder Gruppenleiter unterstützt – zunehmend der sprachlichen Reflexion zugänglich. Affekte dagegen bleiben zunächst vor- oder gar unbewußt. Sie spiegeln sich zwar in sprachlichen aggressiven Wendungen oder in Beiträgen zu aggressiven Entscheidungen gegen einzelne Gruppenmitglieder oder Teilgruppen. Sie werden aber, wenn man sie bewußt als aggressiv rückmeldet, in diesem Stadium des Gruppenprozesses eher „verharmlost", ignoriert oder gar geleugnet (vgl. Freud o. J.)

Vor allem der Mechanismus der projektiven Identifizierung (vgl. Finger-Trescher 1987; 1991, S. 92 ff.) wird häufig genutzt, die eigenen aggressiven Gefühle in der Identifikation mit anderen, offen aggressiven Gruppenmitgliedern wiederzuerleben (Stellvertreter): Aggressive Wünsche, die zu beängstigend sind, als daß sie offen ausgelebt werden dürften, werden in ein Gruppenmitglied oder Teile der Gruppe hineinprojiziert und – sollte sich auf den ersten Blick kein geeignetes Objekt in der Gruppe befinden – so lange daraufhin gearbeitet (z.B. verbales sticheln, intrigieren o. ä.), bis diese Gefühle von anderen agiert werden. Damit ist eine „heimliche" Identifikation für den Projizierenden möglich, die ihn selbst „schuldfrei" bleiben läßt.

Dieser Mechanismus ist deshalb als zentral anzusehen, weil mit ihm u.a. auch erklärbar wird, wieso anscheinend wenig oder gar nicht aggressive Gruppenmitglieder einem „Täter" um den Preis der „Opferrolle" folgen und (heimlich) seine Aggressivität anstacheln. Während die Identifikation mit dem Aggressor von eigenen Schuldgefühlen freihält, ist die Projektion nach außen dagegen der Versuch einer Verarbeitung beängstigender Gefühle in der Gruppe (z.B. mangelnde Selbstwertgefühle etwa bei dissozialen Jugendlichen) durch die Wendung von Aggressivität gegen einen Außenfeind. Hier bleibt die gesamte Gruppe schuldfrei, weil im Innenverhältnis der Teilnehmer untereinander „aggressionslos": Sie verbünden sich zur gemeinsamen Abwehr ihrer aus zum Teil kompromißlosen Unterschieden herrührenden unbewußten Aggressionen gegeneinander. Dies erklärt, warum dieser Abwehrmechanismus auf der ganzen Welt so beliebt ist.

Typisch für projektive Identifikation und Projektion ist die Spaltung zwischen extremen Zuschreibungen: aggressiv und harmonisch, Täter und Opfer, gut und böse. Im ersten Fall ist ein Gruppenmitglied oder eine Teilgruppe aggressiv, Täter oder böse, während der Rest sanft, Opfer und gut ist. Im zweiten Fall gilt innerhalb der Gruppe alles als gut und sanft und hat unter der aggressiven Außenwelt in Form etwa anderer Gruppen oder Gruppierungen als Opfer zu leiden.

Ein Beispiel für den projektiven Umgang mit Angst und den aggressiven Abwehrgefühlen lieferte eine Sozialpädagogin aus einem Kindertagesheim während einer Supervisionssitzung, die auf Band dokumentiert ist und auf die ich deshalb etwas ausführlicher eingehen möchte, weil sich hier die Position der Gruppenleitung im Zusammenhang mit der projektiven Identifizierung verdeutlichen läßt:

„Ja, der Freitag hat sich eigentlich von Anfang bis Ende derart gestaltet, daß Hugo in einer Tour provoziert hat, in erster Linie die Kinder und über die Kinder natürlich uns. Er konnte es nicht zulassen, daß irgendwelche Kinder irgendetwas Schönes miteinander gespielt haben. Er mußte sich dazwischen werfen, er mußte kaputt machen ... sowohl die Spiele der Kinder als auch Spielmaterial. Es reihte sich eigentlich ein Vorkommnis an das andere. Es ist dann zum Schluß derart eskaliert, daß die Kinder angefangen haben, erstmalig ihn ein Stück weit auszugrenzen. Also es war bis dahin noch nie vorgekommen. Die haben sich eigentlich von ihm immer unter Druck setzen lassen, erpressen lassen. Es war erstmalig eine Situation da, wo er ein Stück weit Außenseiter wurde durch die Gruppe selbst. Wir haben das sehr interessiert beobachtet und waren eigentlich auch ganz glücklich darüber, daß die Kinder selber mal ein Stück weit in dieser Richtung agiert haben..."

Hugo zertrümmerte im Verlaufe dieser Entwicklung eine Tür und wurde so brutal gewalttätig, daß man um Leib und Leben fürchten mußte. Die Gruppenleiter sahen sich genötigt, ihrerseits zum Schutz der Gruppe und der Einrichtung gegen Hugo ebenfalls brachiale Gewalt anzuwenden.

Da gibt es einen (oder vielleicht auch eine kleine Gruppe), prädestiniert zum Außenseiter, der die Gruppe traktiert, dann einige eher hilflose Versuche, ihn zu integrieren, und schließlich die Ausgrenzung durch Gruppe und Gruppenleiter. Dies alles verknüpft mit einem eskalierenden Maß an Gewalt und Gegengewalt zwischen Hugo und den Gruppenleitern bis hin zur Gefahr ernsthafter und gravierender Verletzungen und Zerstörung. Was aber veranlaßt Hugo zu diesem Verhalten und prädestiniert ihn zu dieser Gruppenposition, die er übrigens nicht das erste Mal innehat?

Hier ein paar zentrale Ereignisse in Hugos Lebensgeschichte, die Aufschluß darüber geben können: die Mutter Portugiesin, der Vater Franzose, ein Alkoholiker, der seine Frau häufig und heftig schlägt, Hugo in den ersten 6 Lebensjahren in drei portugiesischen Pflegefamilien, dann der Mutter nach Deutschland nachgereist, die sich inzwischen von Hugos Vater getrennt und eine neue Beziehung zu einem Italiener aufgenommen hat. Zur Zeit steht eine Heimeinweisung für Hugo an, da ihn die Mutter nicht länger zu Hause ertragen kann. Hugo ist also für die Rolle desjenigen am ehesten prädestiniert, der Trennungsgefahr signalisiert. Als scheinbarer Außenseiter drückt er stellvertretend für die Gruppe etwas aus, das zur Gruppe gehört, dort aber verpönt ist und deshalb als getrennt von der Gruppe stigmatisiert wird.

Die Außenseiterproblematik in pädagogischen Institutionen ist so typisch, daß sie möglicherweise einen institutionellen Grundkonflikt abbildet: Der harmonische Teil der Gruppe ist sich mit den Gruppenleitern so einig (und die Gruppenleiter mit ihm), daß die in der Gruppe entstehenden destruktiven Kräfte (etwa auf Grund einer Notsituation, in die die Gruppe gerät) unbewußt und unerkannt an das Gruppenmitglied delegiert werden, das sich von seinen lebensgeschichtlichen Erfahrungen her am ehesten dafür eignet. Wie verhält sich dies nun im Fall Hugo?

Alle Gruppenmitglieder bringen verschiedene Eigenschaften in die Gruppe mit ein, die die Gruppe mehr oder weniger gut nutzen kann. Der Außenseiter Hugo besitzt die Fähigkeit, das Trennungsdrama und die dazu gehörige Härte und Brutalität, die Kinder in Trennungen erfahren haben, besonders gut reinszenieren zu können, und zwar an der Stelle, an der die Gruppe sich höchstwahrscheinlich in einem realen Trennungskontext befindet. Betrachten wir unter diesem Gesichtspunkt noch einmal die Fallgeschichte:

Nicht zufällig wird zur Darstellung des Problemkindes Hugo die Szene eines Freitags gewählt, des Tages, nach dem die für die Kinder vergleichsweise harmonische Alternative zum Elternhaus, der Tagesheimaufenthalt in familienähnlichem Milieu, für diese Woche beendet wird. Für die meisten Kinder dieses Heimes beginnt nun das Wochenende in Hoffnungslosigkeit und Chaos. Die wöchentliche Trennung steht an. Als Reaktion darauf, für das Wochenende von der Institution (respektive der Gruppenleiterin und dem Gruppenleiter) im Stich gelassen zu werden, baut ein Teil der Gruppe Höhlen und schließt sich im Badezimmer ein, während Hugo mit Wut und Destruktion reagiert. Die Gruppe spaltet quasi die regressiven und die aggressiven Gefühle auf, und zwar so, daß der ihnen gemeinsame Auslösereiz auf den ersten Blick nicht erkennbar wird. Die „guten" Kinder übernehmen die in der Institution gern gesehenen Aktivitäten, während Hugo sich zum Sündenbock für die Gefühle hergibt, die als hochgradig verpönt gelten. Alle Kinder außer Hugo können schuldfrei bleiben.

Hugo hat damit für die Gruppe eine höchst wichtige Funktion. Wenn wir das Gruppengeschehen als ein Drama auffassen, dann geht es hier wohl um die unbewußte Inszenierung von Trennungsangst, für die Hugo offenbar der beste Protagonist der Gruppe ist (ein Ausländer mit extremen Trennungserfahrungen). Die Gruppenleiter sind dagegen die Agenten der bevorstehenden Trennung und von daher am stärksten in den Verursachungs- und „Schuldzusammenhang" eingebunden. Sie können wahrscheinlich deshalb am wenigsten sehen, worum es bei Hugos Destruktivität wirklich geht. Sie ist ja insofern auch ein Stück weit ihre eigene, indem sie das Maß ihrer Wut enthält, das spiegelbildlich über ihre pädagogischen Schwierigkeiten mit der Gruppensituation der Trennung entsteht. Nur sind sie (aus pädagogischen Gründen) noch viel stärker als die Kinder gehindert, diese Wut so ungehemmt wie Hugo agieren zu können.

Während sich nämlich die regressiven Aktionen der Gruppe recht gut in die pädagogischen Freitagsphantasien integrieren lassen (man kann sich gut vorstellen, daß sich auch die Gruppenleiter auf ihre „Höhle" des Wochenendes freuen), gelingt dies mit Hugos Destruktivität oder, wie wir jetzt sagen müßten, mit der Destruktivität der Gruppe einschließlich der Gruppenleiter – stellvertretend durch Hugo agiert – nicht. Vielmehr eskalieren Hugos Gewalt und spiegelbildlich die Gegengewalt der Gruppenleiter zu einem fast unerträglichen Ausmaß. *Beide* werden durch die Gruppe unterstützt, die ja tatsächlich sowohl von Hugos Gewalt als auch von der drohenden Trennung durch die Gruppenleiter betroffen ist.

Wie einig sich die Gruppe mit Hugos Destruktivität ist, wird erst am Ende des Freitags sichtbar, als die Gruppenleiter einen Teil der Kinder, darunter auch Hugo, nach Hause fahren: „Wir waren dann die Buhmänner und das arme Hugolein, Hugo hier und Hugo dort. Wir haben nämlich im Anschluß daran die Kinder nach Hause gefahren, und es war sowohl in meinem Auto so als auch in seinem Auto, daß die Kinder wirklich Hugo in den Hintern reingekrochen sind. Die haben ihm also Friedensangebote gemacht noch und nöcher, haben ihn betüdelt, also wirklich Hugolein, so ging das dann in dem Bus. Er saß mit zwei Mädchen in der Mitte dann da, was mich natürlich noch wütender gemacht hat. Also ich habe es nicht fassen können."

Damit durchbrechen die Gruppenmitglieder das gemeinsame Komplott der Ausgrenzung, sie werden geradezu zu Verrätern an den pädagogischen Vorstellungen von Harmonie und die abgespaltene Wut der Gruppenleiter fällt auf sie selbst zurück: Nun erst sind diese auch auf die „braven" Kinder wütend. Der reale Hintergrund aber, nämlich die Trennungssituation, ist an der Stelle, an der die Trennung tatsächlich stattfindet, vollkommen aus dem Blickfeld geraten.

Die Revolte

Trennungssituationen können entwicklungsunabhängig vom Anfang der Gruppe bis zu ihrem Ende, an dem ja eine tatsächliche Trennung ansteht, „szenische Auslösereize" (vgl. Trescher 1987) für höchste und möglicherweise prototypische Aggressivität darstellen. Aggressive Auseinandersetzungen um Autonomie, um Identifikation und Abgrenzung sind dagegen eher entwicklungs- und phasenspezifisch. So ist die ödipale Phase der Gruppe meist gekennzeichnet durch eine intensive Auseinandersetzung mit dem Gruppenleiter. Idealisierungen oder auch Gegenidentifikationen durch die Gruppenmitglieder gewinnen an Bedeutung. Plötzlich werden in der Gruppe z.B. Details der Kleidung der Gruppenleiterin oder des Gruppenleiters wahrgenommen. Manche beginnen, damit zu experimentieren, „wie weit sie bei ihm bzw. ihr gehen" können – immer das andere Auge auf die Gruppe gerichtet. Die Autonomie der Gruppe steht auf dem Spiel.

In dieser Phase hat sich meist entschieden, welchen „roten Faden" eine Gruppenleiterin oder ein Gruppenleiter durch Methode, persönlichen Stil oder Aufgabenstellung in das Gruppenschicksal integriert hat. Das heißt nicht, daß die Auseinandersetzung mit der Autoritätsposition der Gruppenleiterin oder des Gruppenleiters nicht mehr zur Disposition stünde. Die „Revolte" der Gruppe, wie sie in dieser Entwicklungsphase in Selbsterfahrungsgruppen häufig beobachtet wurde, kann als ein aggressiver Ausdruck ödipalen Autonomie-Strebens der Gruppe gewertet werden (vgl. Slater 1970). Die Gruppenleiterin oder den Gruppenleiter zu „stürzen", es wenigstens zu versuchen (und auf seine Stärke zu hoffen, mit der er oder sie standhält), ist wahrscheinlich ein wichtiges Durchgangsstadium für eine positive Identifikation.

Demgegenüber kennzeichnet die pubertäre Revolte zunehmende Autonomiebestrebungen im Bereich der sexuellen Beziehungen innerhalb der Gruppe sowie das Wiederaufleben von kindlichen Allmachtsphantasien. Der informelle Bereich des Gruppenlebens, also die Lebenssituationen der Gruppe, die sich der direkten Intervention der Gruppenleiter entziehen, spielt dabei eine herausragende Rolle. Nicht umsonst wird in der analytischen Gruppenpsychotherapie Wert darauf gelegt, daß die Gruppenmitglieder privat möglichst keinen Kontakt miteinander haben, sichert dies doch ein Höchstmaß therapeutisch wirksamer Regression durch die Aufrechterhaltung der Abhängigkeitsphantasien in der Gruppe.

An dieser Thematik zeigt sich deutlicher als in der prä-ödipalen Phase die Bedeutung des Geschlechts der Gruppenleiter – letztlich auch im Umgang mit Aggressivität. Ist diese nach außen gewendet, dann wird der „Kampf" gesucht (vielleicht auch nur als „Turnier", um z.B. sexuelle Spannungen in der Gruppe rituell zu verarbeiten). Die Aggressivität am anderen, dem weiblichen Pol artikuliert sich vielleicht eher in Harmonisierungstendenzen, in denen aggressive „Nadelstiche" verborgen sind. Auch hierzu wieder ein Fallbeispiel, das darüber hinaus den prozeßhaften Kontext der Aggressionsentwicklung aufzeigt, also von dem frühen Stadium der Gruppe angefangen bis zu ihrem Ende:

Die 28 Teilnehmerinnen und Teilnehmer eines einwöchigen Lehrerfortbildungsseminars bildeten zu Beginn drei etwa gleich große Gruppen, zwei Männern und einer Frau als Gruppenleiterin bzw. Gruppenleiter zugeordnet. Das Seminar fand im Wechsel zwischen Kleingruppenarbeit vormittags und Plenum nachmittags statt. Eine Abendsitzung diente zur Reflexion des Tagesgeschehens. Während des Plenums nach der vierten Kleingruppensitzung, also in einer noch frühen Phase des Seminars, führten die drei Gruppen den Stand ihres Gruppenprozesses szenisch vor. Sie hatten sich dazu in Abwesenheit der Gruppenleitung einzeln vorbereitet. Eine der Gruppen stellte zunächst einen Stuhl in die Mitte des Plenumskreises, während einer der Teilnehmer sich mehrere Kleidungsstücke der übrigen Gruppenmitglieder übereinander anzog. Dann setzte er sich eine Krone aus Papier auf den Kopf, stieg auf den Tisch und verharrte dort wie ein Denkmal. Es war dies der Teilnehmer, der in allen weiteren Plenumssitzungen gegenüber seinen Gruppenmitgliedern am deutlichsten in Erscheinung trat. Diese legten ihm zu Füßen mehrere Papierrollen, auf die sie nach einem Vorschlag der Gruppenleiterin in der ersten Kleingruppensitzung problematische Szenen aus ihrem Schulalltag gemalt hatten. Sie gingen nun mit Geräuschen und Gebärden des Frierens um den Tisch herum, bis sich schließlich eine Teilnehmerin demütig dem „König" zuwandte. Huldvoll verteilte dieser die Papierrollen und begab sich dann in all seiner Kleidung wieder in seine alte Pose. Etwas ratlos hielten die Teilnehmerinnen und Teilnehmer die Papierrollen in den Händen, wandten sich vom Tisch ab, um sich in einiger Entfernung zu zweien bzw. zu dritt aneinandergeklammert auf dem Boden niederzulassen. Damit beendete die Gruppe ihr Spiel. In der sich anschließenden Reflexion wurde die Gruppe von Teilnehmerinnen und Teilnehmern der anderen Gruppen mehrmals gefragt, ob im König die Gruppenleiterin dargestellt worden sei bzw. ob das Spiel das Macht-Abhängigkeitsverhältnis der Leiterin zur Gruppe ausgedrückt habe. Darauf entgegnete die Gruppe einhellig, ihre Darstellung habe zwar etwas mit Macht, keinesfalls aber mit ihrem Verhältnis zur Leiterin zu tun gehabt, eigentlich hätte jedes Gruppenmitglied damit gemeint sein können. Soweit diese Plenumssitzung. Einer zweiten szenischen Darstellung dieser Gruppe am letzten Abend des

Seminars, also zwei Tage später, ging ein Bericht bzw. ein Spiel der anderen beiden Gruppen voran, die der Darstellung der Gruppe, um die es mir hier geht, eine „Schlüsselfunktion" zuwiesen. Wieder waren alle drei Gruppen aufgefordert, ohne die Gruppenleitung und unabhängig voneinander das Plenum in der bekannten Weise vorzubereiten. Eine Gruppe teilte jedoch zu Beginn des Plenums mit, sie habe einen so massiven Konflikt zwischen zwei Männern in der Gruppe klären müssen, daß dabei die gesamte Vorbereitungszeit „draufgegangen" sei. Nachdem dies vom Plenum ohne Kommentar hingenommen worden war, spielte die zweite Gruppe eine GEW-Sitzung, in der eine Teilnehmerin bezeichnenderweise eine „Friedensaktion" planen und durchsetzen wollte. Das Spiel der Gruppe endete damit, daß sich keines der Gruppenmitglieder mit einem bestimmten Vorschlag durchsetzen konnte und die Planung der Aktion auf einen imaginären nächsten Termin verschoben wurde. Der Leiter dieser Gruppe forderte nun das Plenum auf, doch noch einmal dasselbe zu spielen, und zwar mit dem Vorschlag an jede Teilnehmerin und jeden Teilnehmer, sich dieses Mal mit ihrer bzw. seiner Idee einer Friedensaktion unbedingt durchsetzen zu wollen. Aus der dritten Gruppe setzte sich sofort der Teilnehmer in die Mitte, der im früheren Spiel den „König" dargestellt hatte. Er versuchte nun mit den anderen, die sich sehr schnell dazugesellten, das Durchsetzungsspiel zu wiederholen. Kein Wort der Plenumsteilnehmer mehr dazu, daß die erste Gruppe gar nichts vorbereitet hatte, kein Wort von den Teilnehmerinnen und Teilnehmern der dritten Gruppe, die ihr vorbereitetes Spiel noch nicht hatten präsentieren können und von denen man doch hätte annehmen müssen, daß sie darüber gekränkt seien. Als die Plenumszeit fast vorbei war, intervenierte der andere Leiter, daß die Spiele im bisherigen Plenumsverlauf die aktuelle Situation gespiegelt haben könnten: Etwas Wichtiges müsse wohl auf einen anderen Termin verschoben werden. Das Plenum wurde hellhörig und begann nun, die erste Gruppe über den Konflikt zwischen den beiden Männern der ersten Gruppe auszufragen. Es kam heraus, daß es diesen Männern um die Frauen in der Gruppe gegangen sei, und es fiel der Begriff „Hahnenkampf" . Die Gruppe konnte aber keine befriedigende Antwort darauf geben, wieso in Abwesenheit ihrer Leiterin ein so ernsthafter Konflikt hatte bearbeitet werden können, und zwar mit Erfolg, wo man doch davon ausging, daß Auseinandersetzungen über solche Konflikte nur mit Gruppenleitung möglich seien[3]. Daß es also bei dem Konflikt in der ersten Gruppe um das (Macht)-

---

3 Wahrscheinlich ist der bei Kindern im Alter zwischen 8 und 12 Jahren häufig zu beobachtende „Hahnenkampf", bei dem eine anfeuernde Gruppe um zwei sich prügelnde Gruppenmitglieder herumsteht, auf ein anderes Gruppenmotiv zurückzuführen. Es kann sich dabei um den Kampf der „Häuptlinge" zweier Gruppen ebenso handeln wie um den Kampf des einen Teils der Gruppe gegen einen anderen. Im Kontext pädagogischer Institutionen wäre eine dritte Variante der „Test", wie der bzw. die verantwortlichen Erwachsenen mit den sich streitenden Anteilen in der Gruppe verfahren. Da die häufigste pädagogische Reaktion in dem Versuch besteht, die „Streithähne" zu trennen und den „Brutaleren" zu bestrafen, wird das Motiv der Gruppe, die

Verhältnis zur Leiterin ging, war heraus. Warum aber sollte dieses Thema im Plenum als „Friedensaktion" verschoben werden, wie es die zweite Gruppe darstellte? Jemand kam 5 Minuten vor Schluß des Plenums auf die Idee, daß der „Schlüssel" zu dieser Frage im Spiel der dritten Gruppe verborgen sein müsse, die zwar einen symbolischen Durchsetzungsversuch in der Person des „Königs" gestartet hatte (um zu ihrem Recht zu kommen), bisher aber noch nicht auf der Präsentation ihres Spiels bestanden hatte. Man war sich so einig, das Spiel dieser Gruppe sehen zu wollen, daß die üblicherweise als Kleingruppensitzung geplante Abendphase zu einer weiteren Plenumssitzung umfunktioniert wurde. Dort spielte nun die dritte Gruppe, etwas widerstrebend (weil tatsächlich gekränkt, daß sie so „übergangen" worden sei), folgende Szene: Es ist Klassenfest. Ein Schülerpärchen sitzt schmusend auf einem Stuhl, bezeichnenderweise der „König" und eine Teilnehmerin. Die anderen Schülerinnen und Schüler „hängen lustlos herum". Ein Lehrer geht ermunternd durch die imaginäre Klasse. Eine Lehrerin kommt dazu, ist über das knutschende Pärchen entsetzt und fordert den Klassenlehrer zum Eingreifen auf. Der wiegelt ab, woraufhin sich die Lehrerin zum Direktor begibt. Dieser kommt hinzu, treibt das Pärchen und damit das Klassenfest (die Gruppe?) auseinander. In der sich anschließenden Reflexionsphase wurde heftig über das Verhältnis von Macht und Sexualität, von Autorität und das Verhältnis von Männern zu Frauen geredet. Phantasien über Beziehungswünsche zu der Gruppenleitung und zu den Gruppenmitgliedern untereinander wurden geäußert, und zugleich wurde ein Teil des Großgruppenprozesses plötzlich als Abhängigkeit der Beziehungen in der Gruppe von den Personen in der Gruppenleitung sichtbar und reflektierbar.

Ablösung und Verselbständigung

Es ist in der psychoanalytischen Diskussion um die menschliche Entwicklung im Modell der Freud'schen Phasenlehre häufig die kritische Frage gestellt worden, ob der Ödipus-Komplex in unserer Kultur überhaupt positiv verarbeitet werden könne. Mit anderen Worten: Können wir davon ausgehen, daß die weiteren Entwicklungsphasen bis hin zur Adoleszenz tatsächlich zu einem zufriedenen Erwachsenen führen, der nicht den „Rest" seiner „verbliebenen" Kindlichkeit in seine erwachsenen Beziehungen als neurotische

möglicherweise die aggressive Auseinandersetzung inszeniert hat, nicht erkannt. Damit bleibt aber auch die aggressive Spannung der beiden Gruppenanteile erhalten und kann jederzeit in einem neuen Stellvertreterkampf eskalieren; vgl. dazu auch die vorigen Ausführungen zur projektiven Identifikation.

Wendungen mit einbringt (Fürstenau 1973, S. 38; vgl. auch Bernfeld 1970; Brück 1978, S. 37 ff.)? Oder: Sind die Wünsche, die wir an unsere Partner richten, erwachsene Wünsche? Oder sind es nicht oft verdeckte Wünsche an die Mutter oder den Vater von einst, von denen man sich nur unvollkommen hat ablösen können (vgl. z.B. Bly 1991; Chodorow 1985)?

Ähnlich hat sich Dieter Sandner gefragt, ob die Gruppen nach der Überwindung der ödipalen Phase (so denn eine Gruppenleiterin oder ein Gruppenleiter die entsprechende Auseinandersetzung zuläßt bzw. fördert) zu einem „erwachsenen" selbst-reflexiven Stadium gelangen, in dem sie fähig sind, sich über alle Aspekte der Gefühlswelt ihrer Beziehungen zu verständigen – über die aggressiven Gefühle ebenso wie über die sexuellen. Angesichts der gesellschaftlichen Praxis in sozialen Berufen muß man an dieser Entwicklungsmöglichkeit zweifeln. Die Fähigkeit, mit gesellschaftlichen Beziehungen offen umzugehen, ist wenig verbreitet. Allzu oft habe ich erlebt, wie in pädagogischen Arbeitsfeldern eher nach den Erfahrungen der eigenen, meist schmerzhaften Kindheit gehandelt wird als nach den psychologischen Erkenntnissen, wie sie in der Ausbildung vermittelt wurden. Wenn man mit einem institutionsanalytischen Blick an professionelle Beziehungsverläufe herangeht, könnte man meinen, daß im Vordergrund institutionellen Handelns eher das Agieren kleinkindlicher Autonomiebestrebungen als eine sachrationale Kooperation steht (vgl. Mentzos 1988; Schuchardt/Büttner 1990). Man muß wohl davon ausgehen, daß die Beziehungen in der Erwachsenenwelt eher der kleiner „groß gewordener" Kinder gleicht, deren Aggressivität sich ähnlich ungebrochen am Konflikt mit sozialen Regeln und Normen äußert wie beispielsweise bei den Kleinsten tagtäglich im Sandkasten.

Vollendete Ablösung setzt einen gelungenen Abschied voraus: die Trauer, aber auch die Wut, nicht mehr „Kind" sein zu dürfen und zu wollen. Auch dies ist in unserer (Beziehungs-)Kultur kein selbstverständlicher Entwicklungsabschnitt, in dem Kinder ebenso wie die Eltern die volle Unterstützung der mit ihnen lebenden Menschen bekämen (vgl. z.B. Kübler-Ross 1979). So ist der schwierigste Abschnitt für die Gruppenleitung der des Abschieds. Ob es sich um einen von außen gesetzten Zeitpunkt handelt oder ob eine Gruppe an dem Punkt auseinandergeht, an dem kein weiteres gemeinsames Wachstum mehr möglich erscheint – der Umgang mit den in diesem Stadium relevanten Gefühlen ist so etwas wie „höhere Mathematik" des Umgangs mit Gruppen. Dies ist nicht weiter verwunderlich in einer allgemeinen Beziehungskultur, in der der Tod verleugnet und vieles dafür getan wird, das Leben nach Möglichkeit zu verlängern oder gar in einer Phase der ewigen Jugend zu verbleiben.

Der Abschied in Gruppen ist in ganz besonderem Maße mit aggressiven Gefühle affiziert, wenn ihm im Prozeß nicht die Bedeutung beigemessen wird, die ihm zukommt, z.b. als Notwendigkeit einer kollektiven Trauer. Man kann die Wucht der Aggressivität, die mit Abschied oder Trennung verknüpft ist, daran erkennen, wie Gruppen auf abrupte, unvorhergesehene Trennungen reagieren (vgl. z.B. Trescher 1983, S. 197 ff.). Die Wut über die Gruppenphantasie, verlassen worden zu sein, kann derart destruktive Ausmaße annehmen, daß die Bedeutung der Gruppenleiterin oder des Gruppenleiters von der Gruppe häufig maßlos überhöht wird. Umgekehrt haben Gruppenleiterinnen und -leiter vor allem bei besonders schwierigen oder besonders gelungenen Gruppen ebenfalls Trauer- und Abschiedsarbeit nötig. Auch sie sind ja in die kollektiven Gefühlsprozesse um „Geburt" und „Tod" als Teil der Gruppe einbezogen. Die aggressiven Gefühle, die bei Abschied und Trennungen entstehen können, werden häufig fehlinterpretiert, etwa als Widerstand oder Kritik der Gruppe an Planungs- und Gestaltungsprozessen. Von solchen Gefühlen sind Teilnehmerinnen und Teilnehmer ebenso wie Gruppenleiterinnen und Gruppenleiter betroffen:

Am Ende einer Fortbildungsstudie, und zwar ausgerechnet in der letzten halben Stunde der fachöffentlichen Abschlußtagung (Fortbildungsteilnehmerinnen und -teilnehmer sowie Gäste) gerieten die beiden Frauen des vierköpfigen Leitungsteams in heftigen Streit. Es ging dem Anschein nach darum, daß die eine der anderen vorwarf, sich mit ihrem während der Tagung angebotenen Arbeitsgruppenthema zu sehr in den Vordergrund des Schlußplenums gebracht zu haben (Thema: Persönliche Biographie und Institution). Die ansonsten relativ spannungsfrei verlaufenen Fortbildungsveranstaltungen der Studie (vgl. Büttner 1994) fanden also ihren Abschluß in einem aggressiven Eklat, der erst im Nachhinein, also ohne Teilnehmerinnen und Teilnehmer, geklärt werden konnte. Der eigentliche Grund für die Aggression in der Schlußsituation lag wahrscheinlich im

„mißglückten" Abschied: So waren zwar alle Teilnehmerinnen und Teilnehmer offiziell verabschiedet worden. Es hatte aber keine Feier gegeben, bei der alle vier Gruppenleiterinnen und -leiter anwesend gewesen waren. Auch hatte einer der Leiter, ein erfahrener Organisationsberater, entgegen seiner sonst üblichen Vorgehensweise, kein spezielles Abschiedsritual vorgeschlagen, wie es einer zweijährigen Zusammenarbeit mit einer festen Gruppe angemessen gewesen wäre. Der aggressive Mißklang läßt sich so also auch als eine durch die beiden Leiterinnen ausgedrückte Wut über den mißglückten Abschied verstehen. Er enthält jedenfalls deshalb mehr als den Zorn der beiden Frauen übereinander, weil eigentlich alle vier Leitungspersonen, also auch die Männer, für den Ablauf der letzten halben Stunde verantwortlich waren, in die zweifellos das Abschiedsritual hineingehört hätte. Interessanterweise waren beide Frauen nicht dazu bereit, im Rahmen einer Veröffentlichung des Studienverlaufs (in der durchaus sehr subjektive Dinge zur Sprache kommen) auf diesen Schlußpunkt aufmerksam zu machen. Hier hätte eine hervorragende Möglichkeit bestanden, den Zusammenhang zwischen weiblicher und männlicher Verantwortung und die Delegation des Scheiterns an die Frauen aufzuzeigen. Nein, die Studie sollte „schön" und harmonisch geendet haben. Somit fiel die Wut über den Abschied – versteckt im Streit der Frauen – den weiblichen Harmonisierungstendenzen zum Opfer, die damit zum zweiten Mal „Opfer" ihres eigenen Umgangs mit Aggression geworden waren.

Da die meisten Gruppen in ihrer Entwicklung kaum bis zu einem ödipalen, geschweige denn einem selbstreflexiven Stadium gelangen, kann man fast immer davon ausgehen, daß bei heftiger Aggressivität in der Gruppe oder bei einem einzelnen Gruppenmitglied wahrscheinlich eine Trennungssituation agiert wird, die mit der Angst vor völligem Verlust der Gruppe bzw. deren „Tod" einhergeht. Je früher eine solche Erfahrung in einer Gruppe gemacht wird, desto destruktiver wirkt sich diese Aggressivität wahrscheinlich aus.

Die regressiven Tendenzen in Gruppen sind auch und gerade im Zusammenhang mit Aggressivität von besonderer Wichtigkeit. Gerade wenn in einer Gruppe Menschen versammelt sind, die über wenig Entwicklungsmöglichkeiten verfügen, sei es, daß ihre Ich-Kräfte aufgrund ihrer Lebensgeschichte wenig ausgebildet sind, sei es, daß sich die von den Eltern erwartete Liebe in Kälte oder gar Haß verkehrt hat – die Regression auf ein frühes Stadium von Abhängigkeit kann Aggressivität freisetzen, die aussieht, als hätten die Gruppenmitglieder jede Empathie für die Opfer ihrer Aggressionen verloren, ja als sei das Opfer um so lieber, je leichter es sich mißhandeln ließe (vgl. Benjamin 1990).

In diesem Zusammenhang muß auch gesehen werden, daß vor allem Kindergruppen im Anfangsstadium Gruppenleiterin oder Gruppenleiter „testen", wie „böse", d.h. wie aggressiv sie sein dürfen und dennoch angenommen werden. Fast immer wenn die Gruppenleitung eine permissive Atmosphäre in Kinder- und Jugendgruppen etabliert, ergeben sich Phasen ganz heftiger Aggressivität („Ruderphasen", wie sie der Hilfsschullehrer Jürg Jegge in der Arbeit mit seinen Klassen bezeichnet hat; Jegge 1976). Sie sind wesentlich für die Stabilität der Gruppe und den Platz, den das einzelne Gruppenmitglied in ihr braucht.

Nichts erscheint mir für die Gruppe hilfreicher, und zwar sowohl für ihr psychosoziales Klima als auch für ihre Arbeitsfähigkeit, als daß zunehmend Möglichkeiten entwickelt und gefördert werden, aggressive Spannungen auszutragen. Dazu bieten sich symbolische Darstellungen (etwa durch die in der Gruppe benutzten Metaphern) ebenso an wie Rituale, deren Bedeutung um so geringer wird, je weiter sich eine Gruppe auf ihr Ende hin entwickeln kann. Solange die Aggressivität einzelner Gruppenmitglieder probeweise als die Aggression der Gesamtgruppe verstanden werden kann (und nicht als Einzelproblem pathologisiert werden muß), sind für eine solche Entwicklung gute Voraussetzungen gegeben. Entscheidend für eine Hilfestellung durch die Gruppenleitung ist dabei, wie sie selbst als Modell handelt und ob und wie sie Tendenzen bestärkt, die Aggressivität der Gruppe ebenso wachsen zu lassen wie ihre anderen Gefühle.

Literatur

Ammon, G.: Gruppendynamik der Aggression, Berlin 1971
Argelander, H.: Gruppenprozesse. Wege zur Anwendung der Psychoanalyse in Behandlung, Lehre und Forschung, Reinbek 1972
Benjamin, J.: Die Fesseln der Liebe, Frankfurt 1990
Bernfeld, S.: Sisyphos oder die Grenzen der Erziehung, Frankfurt 1970
Bion, W. R.: Erfahrungen in Gruppen, Stuttgart 1971
ders.: Lernen durch Erfahrung, Frankfurt 1990
Bly, R.: Eisenhans. Ein Buch über Männer, München 1991
Brück, H.: Die Angst des Lehrers vor seinem Schüler, Reinbek 1978

Büttner, C. (Hg.): Leitungsfunktion und Lebensgeschichte. Frauen und Männer in Kindertageseinrichtungen, Berlin 1994

Chodorow, N.: Das Erbe der Mütter. Psychoanalyse und Soziologie der Geschlechter, München 1985

Finger-Trescher, U.: Trauma, Wiederholungszwang und projektive Identifizierung, in: Trescher, H.G./Reiser, H. (Hg.): Wer Wer braucht Erziehung? Mainz 1987

Finger-Trescher, U.: Wirkfaktoren der Einzel- und Gruppenanalyse, Stuttgart 1991

dies.: Grundlagen der Arbeit mit Gruppen – Methodisches Arbeiten im Netzwerk der Gruppe, in: Muck, M./Trescher, H.-G. (Hg.): Grundlagen der Psychoanalytischen Pädagogik, Mainz 1993, S. 205 – 236

Flaake, K.: Geschlechtsneutralität als Mythos, in: Gruppenpsychotherapie und Gruppendynamik, 2/1989, S. 99 – 109

Foulkes, S. H.: Praxis der gruppenanalytischen Therapie, München 1978

Freud, A.: Das Ich und die Abwehrmechanismen, München o.J.

Freud, S.: Die Traumdeutung, GW II/III (1900), Frankfurt 1972

Fürstenau, P.: Probleme der vergleichenden Psychotherapieforschung, in: Bachmann, K. H. (Hg.): Psychoanalyse und Verhaltenstherapie, Frankfurt 1973, S. 18–57

Giere, W.: Politische Dimensionen gruppendynamischer Lernverfahren, in: Geißler, K. A. (Hg.): Gruppendynamik für Lehrer. Was Lehrer verändern können, Frankfurt 1979, S. 105 – 122

ders..: Der Trainer und die Macht, in: Bachmann, C. H. (Hg.): Kritik der Gruppendynamik. Grenzen und Möglichkeiten sozialen Lernens, Frankfurt 1981, S. 157 – 182

Grof, St.: Topographie des Unbewußten, Stuttgart 1978

Heigl-Evers,. A.: Konzepte der analytischen Gruppenpsychotherapie, Göttingen 1972

Höhfeld, K.: Trennung und Ablösung in der ambulanten Gruppenpsychotherapie, in: Gruppenpsychotherapie und Gruppendynamik 1/1993, S. 53 – 62

Janus, L.: Die Psychoanalyse der vorgeburtlichen Lebenszeit und der Geburt, Pfaffenweiler 1990

ders. : Prä- und perinatale Aspekte in Freuds Krankengeschichten des Kindes- und Jugendalters, in: Büttner, C./Elschenbroich, D./Ende, A. (Hg.): Aller Anfang ist schwer. Die Bedeutung der Geburt für psychische und historische Prozesse, Weinheim 1991, S. 124 – 143

Jegge, J.: Dummheit ist lernbar. Erfahrungen mit Schulversagern, München 1976

Klein, I.: Gruppenleiten ohne Angst, München 1989

König, K.: Zur Vorbereitung und Einleitung einer analytischen Gruppenpsychotherapie, in: Gruppenspsychotherapie und Gruppendynamik 2/1990, S. 101 – 122

Königswieser, R.: Mutter – Hexe – Trainerin. Was spielt sich ab, wenn eine Frau das Training leitet? In: Gruppendynamik 3/1981, S. 193 – 207

Kübler-Ross, E.: Leben bis wir Abschied nehmen, Stuttgart 1979

Kutter, P.: Aggression als Trieb- und Objektschicksal, in: Finger-Trescher, U./Trescher, H.-G. (Hg.): Aggression und Wachstum, Mainz 1992, S. 11 – 22

Laing, R.: Knoten, Reinbek 1972

Mentzos, St.: Interpersonale und institutionalisierte Abwehr, Frankfurt 1988

Nolting, H.-P.: Lernfall Aggression: Wie sie entsteht, wie sie zu vermindern ist, Reinbek 1983

Pagès, M.: Das affektive Leben der Gruppen, Stuttgart 1974

Petzold, H./Scharfe, H. (Hg.): Kreative Aggression. Festschrift für George Bach, Paderborn 1985

Rost, Als männlicher Leiter in einer Frauengruppe, in: Gruppendynamik 1/1987, S. 61 – 72

Sandner, D.: Psychodynamik in Kleingruppen, München 1978

ders.: Analyse der Gruppe als Ganzes – eine umstrittene Perspektive, in: Kutter, P. (Hg.): Methoden und Theorien der Gruppenpsychotherapie. Psychoanalytische und tiefenpsychologische Perspektiven, Stuttgart 1985, S. 69 – 92

Schuchardt, C./Büttner, C.: Institutionsanalytische Annäherungsversuche an sozialpsychiatrische Arbeitsbedingungen, in: Büttner, C./Finger-Trescher, U./ Scherpner, M. (Hg.): Psychoanalyse und soziale Arbeit, Mainz 1990

Selg, H. (Hg.): Zur Aggression verdammt? Stuttgart 1982

Slater, P. E. Mikrokosmos – Eine Studie über Gruppendynamik, Frankfurt 1970

Stierlin, H.: Eltern und Kinder, Frankfurt 1975

Trescher, H.-G.: Wer versteht kann (manchmal) zaubern, in: Leber, A. u. a.: Reproduktion der frühen Erfahrung, Franfurt 1983, S. 197 – 211

ders.: Bedeutung und Wirkung szenischer Auslösereize in Gruppen, in: Büttner, C./Trescher, H.-G. (Hg.): Chancen der Gruppe, Mainz 1987

Trescher, H.-G./Finger-Trescher, U.: Setting und Holding-Function. Über den Zusammenhang von äußerer Strukturbildung und innerer Struktur, in: Finger-Trescher, U./Trescher, H.-G. (Hg.): Aggression und Wachstum, Mainz 1992

Volmerg, U.: Gesellschaftliche Verhältnisse und individuelles erhalten, in: Friedensanalysen 5, Frankfurt 1977, S. 17-84

2. Instinkttheorie

Sie wurde von dem Verhaltensforscher Konrad Lorenz (1903-1989) begründet, der in seinem Buch „Das sogenannte Böse" schreibt: „Aggression (ist der) auf den Artgenossen gerichtete Kampftrieb von Tier und Mensch." (Lorenz 1963, S. 7) Aggression wird definiert als endogener Instinkt, was Lorenz in Übereinstimmung brachte zu Freuds Triebtheorie, wobei er dessen Begriff des Todestriebes, der allen lebenserhaltenden Instinkten als zerstörendes Prinzip polar gegenübersteht, ablehnt. Für Lorenz gilt, daß der Aggressionstrieb bei Mensch und Tier einer wichtigen Überlebensfunktion dient. Bezogen auf das Tierreich konnte er die lebenserhaltende Funktion durch Beobachtungen nachweisen. (vgl. Klessmann 1992, S. 40f)

Der Aggressionsinstinkt wirkt zwangsläufig, ist also nicht situativ veränderbar. Seine Energie kumuliert immer wieder und muß deshalb jeweils neu entladen werden (hydraulisches Modell). Die Hypothese vom unveränderbaren Aggressionsinstinkt, der sich von Zeit zu Zeit endladen muß, überträgt Lorenz auf den Menschen, allerdings mit dem besonderen Aspekt, daß die im Tierreich entwickelten Hemmungsmechanismen beim Menschen nicht vorkommen und daher die Aggression so gefährlich ist. Aus diesem Grund muß man seiner Ansicht nach Möglichkeiten der Entladung der Aggression in ritualisierter Form – wie im Sport – fördern. (vgl. Legewie/Ehlers 1992, S. 237)

Gegen die Hypothese vom angeborenen und durch die Erziehung nicht beeinflußbaren Aggressionsinstinkt sprechen jedoch verschiedene Experimente anderer Verhaltensforscher. Die Übertragung von Beobachtungen aus dem Tierreich auf den Menschen gilt zudem als fragwürdig, denn der Mensch hat keine vergleichbaren Instinkte, höchstens noch Instinktfragmente, die durch sozio-kulturelle Lernprozesse überlagert sind. Auch das hydraulische Modell der Energieansammlung und -entladung wird durch experimentelle Studien aus der Verhaltensforschung nicht bestätigt. Darüberhinaus kann inzwischen durch anthropologische Studien belegt werden, daß die Theorie der „natürlichen" Aggressionsneigung des Menschen ein Mythos ist, der die Ursachen von Sadismus und Zerstörungswut nicht erklären kann. Denn Kulturanthropologen haben Gesellschaften entdeckt, in denen die Menschen aggressionslos im oben gemeinten Sinne zusammenleben. (vgl. Legewie/Ehlers 1992, S. 238)

Literatur

Klessmann, M., Ärger und Aggression in der Kirche, Göttingen 1992
Legewie, H./Ehlers, W., Knaurs moderne Psychologie, München 1992
Lorenz, K., Das sogenannte Böse, Wien 1963

Christel Wagner / Klaus-Volker Schütz

Geb. 1946. Verschiedene psychothera-
peutische Ausbildungen, zuletzt In-
tegrative Körperpsychotherapie bei
George Downing. TZI-Ausbildung. Arbeitet als Psychotherapeutin in eigener
Praxis und leitet Gruppen in der Erwachsenenbildung.

Geb. 1956. Dr.theol. Evang. Theologe
und Pastoralpsychologe. Mitglied der
Deutschen Gesellschaft für Pastoralpsychologie (DGfP), Sektion Gruppendy-
namik/Sozialpsychologie. TZI-Grup-
penleiter (Diplom), körperpsychothera-
peutische Ausbildung.

Früchte des Zorns
Gruppe, Gruppenleitung und Aggression

> Was kriechet unde flieget / und Bein zur Erde bieget,
> das sah ich unde sag euch das: / Der keines lebet ohne Haß.
> (*Walter von der Vogelweide, Ich hört ein Wasser rauschen*)

1. Das Phänomen

Jeder[1], der mit Gruppen arbeitet, kennt Phasen aggressiver Auseinandersetzungen. Sie zu leugnen, hieße, die Augen vor einem vitalen

---

[1] Des Sprachflusses und der Lesbarkeit wegen verwenden wir jeweils die
männliche Form. Die Aussagen betreffen Gruppenleiterinnen und Teilnehmerinnen gleichermaßen, wobei wir uns darüber im klaren sind, daß es durchaus
geschlechtsspezifische Unterschiede gibt, die zu bedenken sind.

Antrieb im menschlichen Leben zu verschließen. Aggressiv zu fühlen und zu handeln ist eine angeborene Bereitschaft *und* ist erlernt. Was wir als aggressiv empfinden und wie wir damit umgehen, wenn uns jemand mit Ärger und Zorn entgegenkommt (oder inwieweit wir selbst angriffslustig handeln), hängt von einer Fülle von Erfahrungen ab, die wir aus unserer Lebensgeschichte mitbringen. Wie jede Lebensäußerung kann auch die Aggression gesund sein oder krank, integriert, sozialisiert oder desintegriert, abgespalten und destruktiv. Wie dem auch sei: zunächst einmal ist die Fähigkeit zur Aggression nichts anderes als die Möglichkeit, energiegeladen und selbstbehauptend aktiv zu werden. Als Antrieb ist die Aggression weder gut noch schlecht: sie *ist* einfach.

Trotzdem unterliegt der konkrete Vollzug der Aggression im Fühlen und Verhalten unserer Bewertung: das aktive Herangehen an die Objekte der Umwelt, das Zupacken und Begreifen, das Zugehen auf Menschen und Situationen, das alles erleben wir als positive Schritte auf dem Weg zur Individuation. Feindselige Angriffe, zerstörerisches Handeln und anderes, was in dieser Richtung liegt, lehnen wir dagegen in der Regel als destruktiv und damit böse ab.

Dabei stoßen wir allerdings auf das Problem, daß ja auch das, was zunächst destruktiv ist, im Endeffekt „gut" sein kann, denn: ohne Abriß kein Neubau. Mitunter muß Altes zerstört werden, damit Neues entstehen kann.

Aggression kann Selbstbehauptung bedeuten, wir benötigen sie zur Entfaltung von Autonomie und Durchsetzungsfähigkeit. Aggression ist notwendig, um Hindernisse zu überwinden, die der Trieb- und Wunscherfüllung entgegenstehen. Aggression kann aber auch eine natürliche Reaktion auf Unlustgefühle sein, auf Situationen, in denen man sich unzufrieden fühlt, auf Enttäuschungen, Kränkungen oder Verluste. „Es ist bekannt, daß in früheren Zeiten Könige und andere Potentaten es sich leisten konnten, den Überbringer einer schlechten Nachricht sofort töten zu lassen" (Mentzos 1984, S. 184f).

Wut und Haß können mobilisiert werden durch enttäuschte Liebe, durch ertragene Feindseligkeit, durch Einschränkungen der Lebensmöglichkeit. Aggression kann vorausgreifen und vorwegnehmen: die Identifikation mit dem Angreifer dient dem Schutz vor der eigenen

Angst. Aggression kann Gefühle niederhalten, die mit einem Tabu belegt sind: Zärtlichkeitswünsche, sexuelle Bedürfnisse, Trauer und Schmerz.

2. Wie begegnet uns die Aggression in Gruppen?

Aggression ist im Leben von Gruppen notwendig. Ohne sie gäbe es keine Entwicklung, keine Klärung, kein Vorwärtskommen im Prozeß. Wo Menschen aufeinander zugehen (aggredi, lat. hinzugehen, sich an jemanden wenden – aber auch: angreifen), besteht immer auch die Möglichkeit, daß sie aneinandergeraten, und es kann zu Ärger, Groll, Zorn, Haß und Angriff kommen.

Aggressive Affekte begegnen uns als Bereitschaft in der Aktion; sie begegnen uns aber auch in ihrer gehemmten und/oder verleugneten Form. Das Aggressionspotential in einer Gruppe kann hoch, niedrig oder scheinbar nicht vorhanden sein. Es gibt Gruppen, in denen viel über Aggression gesprochen wird, in denen tatsächlich ausgedrückte Aggression aber selten vorkommt. Haß, Zorn, Wut, Ärger, Groll, Gereiztheit und allgemeine aggressive Erregung sind offensichtliche und voneinander doch verschiedene Formen dessen, was wir Aggression nennen. Verärgerung, Unwille, Verdrossenheit, Entrüstung, Empörung, Ironie, Sarkasmus, Schadenfreude und das Vorurteil sind weitere Varianten. Auch die Verweigerung kann ein Ausdruck der Aggression sein. Aggression kann gezielt und gerichtet sein. Sie kann sich aber auch diffus und ungerichtet gestalten.

Aggressive Affekte können Individuum und Gruppe in einem solchen Maß überschwemmen, daß elementare Ängste ausgelöst werden und eine tiefe Bedrohung empfunden wird. Sie können lähmen, sie können die Interaktion aber auch beleben, als wäre die Gruppe durch den aufgekommenen Streit aus einem langen Dornröschenschlaf erwacht.

Es gab Zeiten in der Arbeit mit Selbsterfahrungsgruppen – Anfang bis Mitte der siebziger Jahre –, da waren Wutausbrüche geradezu erwünscht, als könnten sie ein Gradmesser dafür sein, daß die Interaktion „intensiv" verläuft und für den einzelnen wesentliche

Veränderungsprozesse angestoßen werden. Ein hohes Aggressionspotential und die manifeste Aggression ist im subjektiven Empfinden mit einem Gefühl von „Ladung" verbunden. „Ich bin geladen!", ist die alltagssprachliche Variante dessen, was wir empfinden, wenn wir uns als aggressiv erleben. In der Folge wird das intensive Ausleben gerade der Wut oft als „Entladung" erfahren.

Vier Ebenen oder Schauplätze kann man unterscheiden, auf denen sich die Aggression als Gruppen-Phänomen gestaltet: *die individuelle oder Ich-Ebene, die interaktionelle oder Wir-Ebene, die thematische oder Inhalts-Ebene sowie die Globe- oder Umfeld-Ebene.*

2.1 Individuum

Mitteilungen auf der verbalen Ebene sind vielleicht die offensichtlichste Art, in der aggressive Affekte in unseren Gruppen zum Ausdruck kommen, wobei unterschiedliche Formen nah beieinander stehen. So können *direkte Äußerungen gegenüber anderen* Beiträge sein, in denen Teilnehmer sich Platz schaffen und Luft machen oder durch die ein einzelner im Sinne von Selbstbehauptung Raum gewinnt. Gleichzeitig finden sich aber auch Vorwürfe, Anklagen, Schuldzuweisungen, Zurückweisungen und entwertende Bemerkungen. Mitteilungen auf der verbalen Ebene können sich auch *direkt gegen die eigene Person* richten und die Form von autoaggressiven Beiträgen wie Selbstvorwürfe und Selbstentwertungen annehmen. Auf der anderen Seite können aggressive Anteile im Ausdruck aber auch *indirekt gegen andere* gerichtet sein: Ironie, Vorführung eigenen Leidens und versteckte Vorwürfe wären hier zu nennen. Nicht selten findet man beim einzelnen auch *indirekte Äußerungen gegen sich selbst*, z.B. typische „Helfer"-Äußerungen und unterschwellige Selbstentwertung („Ich bin unbedeutend – du bist wichtig"). Gesprächsbeiträge, die der Abwehr von Angst, Trauer und anderen Gefühlen dienen, gehören in die gleiche Kategorie.

Freilich finden nicht alle Ausdrucksformen aggressiver Einstellungen und Gefühle auf der verbalen Ebene statt. Der gut ausgebildete Gruppenleiter wird sein Augenmerk gerade auch auf *Mitteilungen*

und Empfindungen auf der paraverbalen und Körper-Ebene richten. Als
typisch wären zu nennen:
- Schweigen
  „Hart-näckiges" Schweigen, Verweigerungsschweigen,
  vorwurfsvolles Schweigen;
- Lachen
  Auslachen, Weg-Lachen, ironisches Lächeln, hämisches Grinsen,
  verletzender Sarkasmus;
- Unruhe
  Stereotyp wiederholte Körperbewegungen, Schaukeln auf dem
  Stuhl,
  körperlich in Szene gesetztes Desinteresse;
- Stimmlicher Ausdruck
  Offensichtlich feindselige Tonlage, aggressiver Unterton, „scharfe"
  Stimme,
  laute und erregte Tonlage, anklagende und vorwurfsvolle Stimme,
  Tonlage, die vermittelt: „Ich dulde keinen Widerspruch!", indirekt
  aggressive Tonlage: leise jammernd, vorwurfsvoll und leidend,
  ironisch, spitz;
- Körperausdruck im Hinblick auf andere
  Körperausdruck, der mittelbar und unmittelbar gegen andere
  gerichtet ist,
  Drohgebärden, „Zähne zeigen", „blitzende" Augen, sich
  vordrängeln, den anderen den Platz wegnehmen, indirekt feindseliger Körperausdruck gegenüber anderen (sich abwenden, den
  anderen den Rücken zukehren, die „kalte Schulter" zeigen);
- Autoaggressive Formen des Körperausdrucks
  Gegen sich selbst gerichtete Formen körperlicher Aktion wie
  Beißen, Kratzen, Nägelkauen, Haareausreißen, das Ausharren in
  unbequemen, schädlichen, „eingefrorenen" Körperhaltungen und
  andere autoaggressive Handlungen;
- Phantasiebildung
  „böse", haßerfüllte Gedanken und Phantasien, die sich gegen
  andere oder sich selbst richten.

2.2 Interaktion

Der zweite Schauplatz im Hinblick auf die aggressiven Affekte ist das *Wir der Gruppe*. Möglicherweise sind Spannungen zwischen einzelnen Teilnehmern zu bemerken (Konkurrenzen, Rivalität, „Geschwisterneid"). Zudem können Auseinandersetzungen ganz verschieden gerichtet sein: sie können zwischen einem oder mehreren einzelnen und der Gruppenmehrheit stattfinden und/oder zwischen Mehrheit und Minderheit. Auch Konflikte zwischen Untergruppen gehören in dieses Gebiet: Konflikte zwischen verschiedenen Berufsgruppen, zwischen Teilnehmerinnen und Teilnehmern von unterschiedlichem Ausbildungsstand, zwischen Männern und Frauen, zwischen Mitgliedern von unterschiedlicher sozialer Herkunft, Rolle, Status und Bildung oder zwischen Menschen, die zu unterschiedlichen Generationen gehören. Zudem finden auf dieser Ebene Kämpfe um die Rangplätze im Gruppengefüge statt und inszenieren sich Konflikte um Regeln, Einstellungen, um Verabredungen und um die Normen und Ziele, die im Zusammenleben gelten. Ein weiterer Aspekt sind aggressive Affekte im Rahmen der Beziehungsregelung zu den Gruppenleitern.

2.3 Thema

Auch die *thematisch-inhaltliche Ebene* kann Ansatzpunkt aggressiver Affekte sein. Mal kommen Meinungsverschiedenheiten auf bezüglich der Inhalte, die eine Gruppe behandelt, mal äußert man sich direkt oder indirekt gegen Themenwahl und Themenstellung, kritisieren einzelne oder mehrere Teilnehmer Unterthemen, die zur Bearbeitung vorgeschlagen sind. Daneben kann die aggressive Abwehr bestimmter Themenkomplexe zeitweise eine große Rolle im Gruppenleben spielen.

2.4 Globe

Keine Gruppe existiert im luftleeren Raum; jede Form der Gruppenarbeit ist an bestimmte *Umfeldbedingungen* gebunden, die die jeweilige

Situation wie Zwiebelschalen umschließen – Bedingungen, mit denen die Teilnehmerinnen und Teilnehmer (bewußt oder unbewußt) umgehen und zu denen sie sich in Beziehung setzen. Auch hier findet sich eine Folie für den Ausdruck aggressiver Affekte. So etwa können Institution, Räumlichkeit, Sitzgelegenheit, Sitzordnung und die unmittelbare Umgebung Konflikte verursachen. Aber auch feindselige Bemerkungen gegen das Umfeld, aus dem Teilnehmer stammen, gehören in diese Kategorie, sowie Wut, Ärger und Groll bezüglich der Stellung zu realen oder phantasierten Außenpersonen, Außengruppen und Einrichtungen sozialer Natur.

Neben diesen mehr oder weniger erkennbaren Formen ist jedem Leiter auch die *Vermeidung und Verdrängung aggressiver Regungen* bekannt. Mitunter scheint es, als hätten wir in Gruppen öfter mit den Folgen der Hemmung zu tun als mit dem, was an den aggressiven Affekten offensichtlich ist.

3. Zentrale Themen

Es ist vielleicht deutlich geworden, daß immer mehrere Ebenen berührt sind, wo wir es in unseren Gruppen mit aggressiven Affekten zu tun haben. Oft kann man diese erst im Nachhinein auseinanderhalten. Die Aggression findet in der Regel auf verschiedenen Schauplätzen *gleichzeitig* statt, wie bei einer Inszenierung, bei der mehrere Bühnen simultan benutzt werden, um ein Drama aufzuführen. Dabei kann dieses Drama sehr unterschiedliche Namen haben und sich um verschiedene Themen drehen. Im folgenden wollen wir versuchen, einige der *zentralen Themen* zu benennen, die sich auf diesen Schauplätzen gestalten und die über die behandelten Inhalte miteinander verbunden sind (vgl. u.a. Riviere 1983).

3.1 Gier

Die Gier soll an erster Stelle genannt sein, weil sie in all ihren Schattierungen – vom Begehren bis hin zum unstillbaren Habenwollen – ein wichtiges aggressives Lebensthema darstellt.

Begehren – das leidenschaftliche Verlangen nach einem Ziel – ist lebensnotwendig. Wir begehren die Nahrung, die Erfüllung, die Liebe, die Ruhe, den Schlaf. Das Begehren treibt uns voran, Bekanntes zu verlassen und Neuland zu erobern. Begehren ist Freude am Abenteuer und Entdeckerlust, wie sie uns bei Kindern begegnet, die zum ersten Mal auf den eigenen Beinen stehen, die Spaß am Gehen als einer neuen Bewegungsart entwickeln und die dadurch den Radius der Welt, die ihnen erreichbar ist, Tag für Tag um neue Sphären erweitern. Das Begehren ist eine mächtige Antriebskraft. Wenn ich mein Begehren nicht spüren kann, wird mein Leben grau, langweilig und ereignisarm – in der Liebe und in der Arbeit.

Worin nun unterscheidet sich die Gier vom Begehren? Die Gier ist geprägt von Ungeduld; der gierige Hunger kann nicht warten, er will sofort, unmittelbar, auf der Stelle befriedigt werden. In der Gier wollen wir verschlingen, wollen wir uns des begehrten Objektes in einem Zug bemächtigen und gestatten wir uns nicht, es geduldig zu genießen. Ein Gefühl von innerer Leere kann uns Angst machen, besonders wenn wir nicht mehr spüren, wonach wir uns sehnen und was wir zur Erfüllung begehren. Dann kann es passieren, daß wir etwas gierig verschlingen, ohne sorgfältig zu prüfen, ob es die richtige und bekömmliche Speise ist. Gier in dieser Hinsicht läßt uns unbefriedigt, ungesättigt und vermag die Angst vor Leere nur kurzfristig zu betäuben.

3.2 Abwertung

Die Abwertung mindert die Bedeutung des Gegenübers – bewußt oder unbewußt –, um die eigene Existenz zu sichern. Der Fuchs in der bekannten Fabel, der dem Raben die Trauben madig macht, indem er sie „sauer" nennt, wertet den Besitz des anderen ab und entwertet damit den Gesprächspartner selbst. Fraglos würde auch er die Trauben gern genießen. Aus irgendwelchen Gründen scheint er aber unfähig oder scheint es ihm verboten, sein Bedürfnis direkt zu artikulieren. Ein innerer Zensor hat sich dazwischen geschoben. So erweckt der Protagonist einen selbstbestimmten Eindruck, obwohl er durch die eigene Bedürftigkeit im Grunde tief verunsichert ist.

Das „Fuchs-und-die-Trauben-Spiel" inszeniert sich in unserem Alltag in immer wieder neuen Varianten. Wie es scheint, können wir Enttäuschungen damit besser ertragen, ohne dabei auf andere allzu bedürftig und verletzlich zu wirken. Wir kompensieren auf diesem Wege Frustration und Unbehagen sowie Ängste verschiedener Stärke und Art. Die Übergänge vom Herunterspielen einer drohenden Gefahr bis hin zur Abwertung oder gar Verachtung eines (real oder phantasiert) gefährlichen Feindes sind fließend, aber in all diesen Variationen dient die Abwertung der Abwehr von Angst.

Der Modus der Abwertung kann uns zum Lächeln verleiten, wenn wir ihn an anderen erleben (wie es ja auch die übliche Reaktion auf die Fabel zeigt). Die Abwertung wird jedoch bedrohlich, wenn Rache und Vergeltung mit ins Spiel kommen. Aus Abwertung wird dann Verachtung – eine Flucht nach vorn, in einem Moment, in dem wesentliche Bedürfnisse in Form und Umfang nicht zu verwirklichen sind.

3.3 Neid

„Ein freier Mensch ist nicht neidisch", sagt Hegel und hat damit sicher recht. Die Unfreiheit des Neides besteht in einer ähnlichen Art Mißgunst, wie sie für die Abwertung typisch ist. Wie die Abwertung wurzelt auch der Neid in Bedürftigkeit. Biographisch gesehen, verweist uns der Neid an jene frühen Zeiten in unserem Leben zurück, als wir im Zusammenhang der Nahrungsaufnahme zum ersten Mal den Unterschied zwischen lustvollem Behagen und schmerzvoller Unlust empfanden. Da unser Bedürfnis, gehalten und gestillt zu werden, nicht immer gleich erfüllt werden konnte, bleibt auch in unserem späteren Leben eine tiefe Sehnsucht erhalten, Gefühle des Mangels und der Einsamkeit durch Prozesse des Nehmens und Erwerbens auszugleichen.

Es ist die Grundgefahr im Leben jedes Säuglings, nicht genug gestillt zu werden und in der Mangelsituation zu sterben. „Bekommen" und „In-Kontakt-Kommen" bedeutet Sicherheit und Leben, „Nicht-Be-kommen" und „Kontaktlosigkeit" bedeuten Vereinsamung, Lebensbe-drohung und Tod. Der Neid als betontes Verlangen ist vor diesem

Hintergrund als eine probate Abwehr gegen die Desintegration der Persönlichkeit zu verstehen. Gefühle des Neids können Empfindungen quälender Mißgunst sein, die, wenn sie sich zu einer Grundausrichtung verdichten, dem Betreffenden an einer entscheidenden Stelle die Lebensfreude nehmen. Wer neidet, stellt Vergleiche an. Wer ständig neidet, lebt in einer Welt des fortdauernden Vergleiches, die von Haben-Wollen und Festhalten geprägt ist und in der die Fähigkeit zum spontanen und unmittelbaren Kontakt verlorengegangen ist.

3.4 Rivalität

„Konkurrenz belebt das Geschäft", sagt das Sprichwort, das eines der Grundprinzipien der freien Marktwirtschaft in Kurzform benennt. Das Rivalisieren scheint tatsächlich ein mächtiger Antrieb im Gestalten unserer Welt zu sein. Seit Kain und Abel sind uns aber auch die Schattenseiten der Rivalität bekannt. „Gekonnte" Rivalität ist für unser Zusammenleben nützlich, „ungekonnte" Rivalität kann es zerstören, so daß es in Haß und Verleumdung zerfällt. Mit der Rivalität betreten wir die geschwisterliche Ebene im Chor der aggressiven Kräfte. Wir begegnen hier einem Gestaltungswillen, der sich entwickelt, indem er sich mit anderen mißt. Wir begegnen unter Umständen aber auch überentwickelten Konkurrenzen, die eine andauernde Belastung sind. Es ist immer die Frage, worauf sich ein Wettbewerb bezieht, und ob noch Bewußtheit über sein Ausmaß und Realitätskontrolle vorhanden ist.
Der „rivalis", vom lateinischen Wortstamm her, ist derjenige, der an einem Wasserkanal auf den Äckern der Mitberechtigte ist. Wo Rivalität diese Wurzel der gemeinsamen und gleichberechtigten Partizipation noch mitempfinden kann, sind die Dinge noch „im Fließen". Wo dagegen der Rivale nur noch als Gegenspieler und Nebenbuhler gesehen wird, sind Verurteilung, Denunzierung und Intoleranz nicht mehr weit.

3.5 Eifersucht

Was wir gemeinhin Eifersucht nennen, ist nichts anderes als die gesteigerte Furcht, einen Vorteil, insbesondere die Liebe einer Person, mit einem anderen teilen oder ihn diesem gar gänzlich überlassen zu müssen. Eifersucht ist Rivalität in der Liebe. Ihre Genese verweist auf die Liebe zur frühen Beziehungsperson, die in der Regel die Mutter ist.

Die Eifersucht ist ein reaktives Phänomen, setzt sie doch das Handeln eines anderen voraus bzw. nährt sie sich aus spezifischen Phantasien darüber. Sie ist immer mit einem Gefühl der Demütigung verbunden, von dem sie ihren Ausgang nimmt. Die Eifersucht in einem tieferen Sinn ist nicht zu verstehen, wenn man das Phänomen der Projektion nicht kennt. Das in einer Beziehung erschütterte Selbstvertrauen weckt frühe Erinnerungen, wie sie für das Leben des Kindes zentral sind: Erinnerungen an die Grundangst, als Person nicht geliebt zu werden, nicht liebenswert zu sein. Für den Säugling bedeutet dies eine Lebensgefahr, weil sie sowohl den psychischen als auch den physischen Tod bedeuten könnte. Allein die Qual, die die Erinnerung an solche Ängste für das Seelenleben bedeutet, macht plausibel, warum die Eifersucht auch im Erwachsenenleben so bitter und schmerzvoll ist. Die frühen Wutzustände, die sich im Säuglingsalter auf der Folie einer vollkommenen Abhängigkeit gestalten und die wiederbelebt werden, führen zu archaischen aggressiven Affekten, die, weil sie kaum zu ertragen sind, nicht bei sich selbst, sondern im Rivalen entdeckt werden.

Damit ist die Projektion vollzogen: Ich hasse am anderen, was ich an Erlebensqualitäten in mir selbst nicht zulassen kann. Eifersucht heißt, daran zu zweifeln, daß man liebenswert ist. Und doch gilt auch, was Augustinus zu diesem Thema sagt: „Wer nicht eifersüchtig ist, der kann auch nicht lieben".

3.6 Die Suche nach dem Sündenbock

Kulturgeschichtlich stammt die Vorstellung vom Sündenbock aus dem alten Israel. In Leviticus 16, 20-22 ist der Brauch, der mit ihr verbunden ist, im Zusammenhang anderer Reinigungs- und Entsühnungsrituale wie folgt beschrieben:

„Und wenn er (Aaron, der Bruder des Mose) die Entsühnung des Heiligtums vollbracht hat (...), so soll er einen lebendigen Bock herzubringen. Dann soll Aaron seine beiden Hände auf dessen Kopf legen und über ihm bekennen alle Missetat der Kinder Israel und alle ihre Übertretungen, mit denen sie sich versündigt haben, und soll sie dem Bock auf den Kopf legen und ihn durch einen Mann, der bereit steht, in die Wüste bringen lassen, daß also der Bock alle ihre Missetat auf sich nehme und in die Wildnis trage; und man lasse ihn in die Wüste.“

Wir haben es hier mit einem kathartischen Prozeß zu tun, der der Reinigung und Entsühnung dient und der dazu eine Symbolhandlung gebraucht. Um die Menschen zu retten und um sie von ihrer Schuld zu befreien, wird der symbolisch mit den Sünden beladene Bock in die Wüste geschickt, womit gemeint ist: in die Arme des Widersachers Gottes selbst.

Dieses „den anderen in die Wüste schicken“ ist sprichwörtlich geworden, und die Inszenierung ist so einprägsam, daß sich der Begriff des Sündenbockes einen festen Platz in unserer Alltagssprache erobert hat. Die Sündenbocksuche ist ein so allgegenwärtiges Phänomen im Leben von Gruppen, daß der Begriff auch schon früh Eingang in die gruppendynamische Literatur fand.

Bereits am alttestamentlichen Text wird deutlich, daß es sich um einen aggressiven Akt handelt, dessen Verbindung zu anderen Opferriten offensichtlich ist. Es geht tatsächlich um ein Opfer und es geht um Delegation, auch dort, wo wir den Begriff zur Beschreibung des entsprechenden Gruppenphänomens gebrauchen.

Die Sündenbocksuche wurzelt im Abwehrmechanismus der Verschiebung, dessen verschiedene Beschreibung in Freuds Schriften seit 1895 auftaucht. Die Verschiebung dient der Abwehr lustvoller, peinlicher oder bedrohlicher Affekte, deren Befriedigung von bestimmten psychischen Instanzen nicht zugelassen werden bzw. nicht zugelassen werden können. Nach dem Motto „es kann nicht sein, was nicht sein darf“, werden angstbesetzte Vorstellungen annulliert, indem sie an anderer Stelle abgeladen werden. Das einfachste Beispiel dafür ist der Mann, der den Ärger auf seinen Chef umleitet und austobt, indem er die entstandene aggressive Energie zum Holzhacken verwendet. Im Modus der Sündenbocksuche findet die Weitergabe der Affektspannung im Hinblick auf eine andere Person statt. Schon das alttestamentliche Bild deutet auf die menschliche Neigung hin, in diesem Zusammenhang ein „wehrloses" Objekt für die eigene Aggression zu wählen. Sexismus, Rassismus und Nationalismus sind gesellschaftliche Ausdrucksformen der gleichen Sache.

Im Zusammenhang von Gruppen dienen Sündenböcke oft auch der Vergewisserung des Zusammenhalts von Untergruppen oder der Gesamtgruppe selbst, wenn die Schuldigen im Außen gefunden werden. Mitunter kann auch die Person des Leiters zum Sündenbock werden, dem man dann z.B. die Schuld für das Mißlingen der Zusammenarbeit zuschreibt. Durcharbeitung im Sinne eines tieferen Verstehens ist nur möglich, wo die Spielarten des Phänomens bekannt sind und wo man mit ihnen rechnet. Ansonsten ergibt sich ein Hin und Her von Angriff und Verteidigung, das nicht aufzulösen ist. Die sozialpsychologische Forschung hat nachgewiesen, daß insbesondere autoritär strukturierte Gruppen zu Sündenbocksuche und Schuldverschiebung neigen.

4. Perspektiven der Forschung

Die Human- und Sozialwissenschaften sind seit Jahrzehnten bemüht, dem menschlichen Aggressionsverhalten auf die Spur zu kommen. Nun kann es in unserem Zusammenhang nicht darum gehen, die Fülle dieses Materials zu präsentieren. Wenn wir hier als einen Strang die *psychoanalytischen Beiträge* herausgreifen, so deshalb, weil sie für unsere Frage nach dem Zusammenhang von Aggression und Gruppe Grundlegendes bieten, ohne daß dabei allzuviel Übersetzungsarbeit notwendig wäre.

Sigmund Freud hat aufgezeigt, wie eng aggressive, feindselige und grausame Regungen mit Lust und Befriedigung verknüpft sein können und daß es faszinierend und/oder erregend sein kann, diesen Gefühlen nachzugeben.

„*Homo homini lupus*[2]; wer hat nach allen Erfahrungen des Lebens und der Geschichte den Mut, diesen Satz zu bestreiten? Diese grausame Aggression wartet in der Regel eine Provokation ab oder stellt sich in den Dienst einer anderen Absicht, deren Ziel auch mit milderen Mitteln zu erreichen wäre. Unter ihr günstigsten Umständen, wenn die seelischen Gegenkräfte, die sonst hemmen, weggefallen sind, äußert sie sich auch spontan, enthüllt den Menschen als wilde Bestie, der die Schonung der eigenen Art fremd ist. Wer die Greuel der Völkerwanderung, der Einbrüche der Hunnen, der sogenannten Mongolen unter Dschengis Khan und Timurlek, der Eroberung Jerusalems durch die frommen Kreuzfahrer, ja selbst noch die Schrecken des letzten Weltkrieges in seine Erinnerung ruft, wird sich vor der Tatsächlichkeit dieser Auffassung demütig beugen müssen. Die Existenz dieser Aggressionsneigung, die wir bei uns selbst verspüren können, beim anderen mit Recht voraussetzen, ist das Moment, das unser Verhältnis zum Nächsten stört und die Kultur zu ihrem Aufwand nötigt. (...) Die Kultur muß alles aufbieten, um den Aggressionstrieben der Menschen Schranken zu setzen, ihre Äußerungen durch psychische Reaktionsbildungen niederzuhalten" (Freud 1974).

Freuds Konzept von der Aggression ist nur im Zusammenhang seiner Triebtheorie zu verstehen. Es ist gleichsam eine „biologische" Lösung, die er uns anbietet. Trotzdem bleibt seine Antwort fragmentarisch, in hohem Maße offen und schwerer zu verstehen, als was er im Hinblick auf den Sexualtrieb und das sexuelle Verhalten sagt. Freud pendelt in seinem Aggressionsbegriff zwischen verschiedenen Polen, und so wird das Phänomen von ihm verschieden benannt: Destruktionstrieb, Todestrieb, aggressive Komponente des (männlichen!) Sexualtriebes – das alles sind Punkte, an denen er die Aggression verortet.

Der Begriff „Aggressionstrieb" wurde 1908 von Alfred Adler in die Diskussion eingeführt (Adler 1908). Bei Freud selbst findet sich keine einheitliche Verwendung des Ausdrucks.

Alexander Mitscherlich spricht in der Nachfolge Freuds von der

[2] „Der Mensch ist des Menschen Wolf", nach Plautus.

Aggression als von einem „vitalen Grundvermögen" im Leben des Menschen (Mitscherlich 1956/57). Die Triebtheorie hat er nicht aufgegeben, aber erweitert und modifiziert. „Gekonnte" und „ungekonnte" Aggression wird von ihm unterschieden und damit die sozial förderliche Aggression dem unkontrollierten und ungesteuerten Verhalten gegenübergestellt. Im Gegensatz zum anthropologischen Pessimismus der frühen Psychoanalyse hat Mitscherlich die positiven Seiten des Aggressionsphänomens deutlich ins Licht gerückt.

Melanie Klein hat die Frage nach der Aggression vor allem psychogenetisch behandelt und uns Einblicke in die frühe Mutter-Kind-Interaktion ermöglicht, die zwar zum Teil durch die neuere Säuglingsforschung in Frage gestellt sind, die aber doch bleibende Grundgedanken enthalten. Melanie Kleins Arbeiten stehen damit für einen weiteren wichtigen Strang im psychoanalytischen Verständnis des Aggressiven. In ihrer Auffassung von einem Lebens- und Todestrieb ist sie zwar noch ganz Freudianerin, doch hat sie die bei Freud vorherrschende biologische Sichtweise weitgehend überwunden. Melanie Klein führt die Polarität von Liebe und Haß auf die Interaktion des Säuglings mit seiner Mutter als erstem Liebes- und Haßobjekt zurück.

„Zu allererst liebt das Kind die Mutter; sie befriedigt sein Nahrungsbedürfnis, stillt sein Hungergefühl und verschafft ihm die Lust, die es erfährt, wenn sein Mund durch das Saugen an der Brust gereizt wird. (...) Wenn aber das Baby hungrig ist und seine Begierden nicht gestillt werden, wenn ihm etwas weh tut oder es sich unwohl fühlt, so ändert sich plötzlich die ganze Situation. Haß und aggressive Gefühle kommen auf; das Kind wird von der Triebregung beherrscht, eben jene Person zu zerstören, die das Objekt all seiner Begierden und in seiner Seele mit allem, was es erlebt – Gutem wie Bösem – verknüpft ist. (...) Meiner Meinung nach beeinflussen diese Grundkonflikte tiefgreifend den Verlauf und die Kraft des Gefühlslebens erwachsener Individuen" (vgl. Klein/Riviere 1983, S. 74ff).

Dem ist auch im Hinblick auf die Gruppenarbeit zuzustimmen. Die Lektüre der Arbeiten Melanie Kleins ist vor allem dort hilfreich, wo man die verschiedenen Abwehrmechanismen (Projektion, Spaltung etc.) in ihrem Zusammenspiel mit den aggressiven Affekten besser verstehen will. Besonders den früh abgespaltenen und grundlegend desintegrierten Haßanteilen hat sie ihre Aufmerksamkeit gewidmet (vgl. Klein 1980).

Insgesamt ist die Psychoanalyse mit den Jahren ihrer Etablierung von der Existenz eines biologisch verankerten Aggressionstriebes abgerückt. Und doch hat dieser Gedanke ganz wesentlich mit dazu beigetragen, daß wir die umfassende Rolle, die die Aggression für das menschliche Leben spielt, heute anerkennen und wertschätzen und daß wir therapeutische Formen des Umgangs mit ihr entwickeln konnten, wo diese nötig sind.

Eine weitere wichtige Position der modernen Psychoanalyse finden wir in dem, was sich mit den Arbeiten D. W. Winnicotts verbindet. Auch er geht von der Existenz einer primären Aggression aus, sieht sie aber als Unterform eines primitiven Liebesausdrucks im Leben des Säuglings und als naturgesetzlich vorgegebenen Drang nach Bewegung, Spontaneität, Impulsivität und Lebendigkeit (vgl. Winnicott 1976).

5. Regelabläufe im Aggressionsverhalten?

Was die verschiedenen Ausdrucksformen der Aggression angeht, zählte es zu den Hoffnungen der frühen Gruppendynamik, daß man geradezu darauf hinarbeitete, im Leben von Gruppen *Regelmäßigkeiten* in bezug darauf aufzudecken, *wann* ihre Mitglieder zu Spannungen und Reibungen neigen. Nachdem Freud und Lewin gezeigt hatten, daß das Zusammenleben in Gruppen alles andere als zufällig ist, nachdem man begonnen hatte, das menschliche Gruppenverhalten mit den Instrumentarien der Sozialpsychologie zu beschreiben, wuchs auch der Glaube an die erkennbare Gesetzmäßigkeit immer wiederkehrender interaktioneller Phänomene.

Wilfred Bion, Psychiater und Psychoanalytiker an der Londoner Tavistock-Klinik, war einer der ersten, der hierzu Beiträge lieferte, die unmittelbar auf das Leben von Gruppen bezogen waren. Er hat uns zu unterscheiden gelehrt, daß jedes menschliche Miteinander im Grunde auf zweierlei Ebenen verläuft: auf der Ebene rationaler Einsichten und auf der Ebene irrationaler Grundannahmen. Bion hat gezeigt, daß das Handeln einer Gruppe zeitweise Ausdruck einer spontanen Grundkonstellation sein kann, die sich um die Pole Kampf und Flucht dreht.

Je mehr sich die Deutungskriterien für das Leben von Gruppen in der Sozialpsychologie verfeinerten (am Anfang schaute man das Gruppenleben mit Bildern aus dem Bereich der Mechanik wie eine Interaktionsmaschine an), je mehr entfernte man sich davon, den Aspekt der aggressiven Auseinandersetzung festen Regelabläufen zuzuordnen. Viele, die dennoch danach suchten und die sich dabei auf Bion beriefen, haben ihn grundsätzlich mißverstanden. Ihm ging es um *Grundeinstellungen* und nicht um eine allgemeine Phasenlehre.

Von Bion können wir lernen, daß Kampf und Flucht zusammengehören. Aggressive Gruppensituationen sind nie eindeutig, sondern immer ambivalent.

6. Ein Beispiel

Wer in seinem Berufsalltag mit Gruppen arbeitet, wird dem zustimmen. Phasen, in denen Streit, Aggression und Konfliktausdruck im Vordergrund stehen, folgen selten Standards – eine Tatsache, die die Leitung von Gruppen ja dann auch immer wieder von neuem spannend macht.

In einer Fortbildungsgruppe für Gruppenleiter aus Sozialarbeit und Industrie nahm bereits in der ersten Sitzung ein Konflikt Gestalt an, der die Gruppe noch länger beschäftigen sollte. Nach der Vorstellungsrunde, in der Name, berufliche Herkunft und schwerpunktmäßiges Interesse am Kursthema benannt wurden, artikulierte einer der Teilnehmer seine Verärgerung darüber, „daß in dieser Veranstaltung eigentlich überhaupt keine Gruppenleiter versammelt sind". Im Grunde sei er doch hier der einzige, der einen professionellen Hintergrund zu bieten habe. Das ärgere ihn, denn er sähe sich durch die Ausschreibung getäuscht und wisse nun eigentlich gar nicht, was er eine Woche lang hier solle. Seine Aufgebrachtheit richtete sich in erster Linie gegen die Fortbildungsleiter, die bei der Auswahl der Teilnehmerinnen und Teilnehmer seiner Meinung nach keine Sorgfalt hatten walten lassen, sondern einfach jede Anmeldung angenommen hatten, wenn nur die Kursgebühr bezahlt war.

Die Situation soll hier nicht weiter ausgeführt werden, denn im Moment geht es nur darum, zu zeigen, daß uns Konflikte in Gruppen *jederzeit* überfallen können. Im übrigen zeigte sich im weiteren Kursverlauf, daß jener Teilnehmer seit Jahren darunter litt, daß er in seiner Institution immer nur an zweiter Stelle stand und daß sich daran auch in absehbarer Zeit nichts ändern würde. Zudem erwiesen sich andere Teilnehmer, die anfangs eher zurückhaltend waren, im weiteren Verlauf der Fortbildung als versierte Gruppenleiter, die in den Einrichtungen, aus denen sie kamen, durchaus führende Positionen innehatten.

7. Grundformen des Umgangs mit aggressivem Verhalten

Im geschilderten Beispiel wurden Leiterin und Leiter – und alle übrigen Teilnehmer – von der Aggression eines einzelnen überrascht. Es lag zu diesem Zeitpunkt nicht an den Leitern, ihr Raum zu geben oder sie zu hindern. Sie hätte sich Luft gemacht, so oder so. Im übrigen kann man sich nie genug bewußt machen, wie stark man als Leiter für die Art des Umgangs mit Aggressionen in einer Gruppe prägend ist, wie weit man das Feld in dieser Hinsicht absteckt und bereitet.

In der Strukturierung schwache Leiter geben (zum Beispiel aus Angst) zu wenig Unterstützung und Rückhalt dafür, daß Aggressionen in einem klar definierten Rahmen ausgedrückt werden könnten. Chaotische Impulse werden verstärkt, die Gruppe steht in der Gefahr, sich in heftigem Streit zu verlieren, und aggressiver Zerfall droht.

Rigide Leiter bieten (ebenfalls aus Angst) ein Zuviel an Begrenzung an und entmündigen dadurch: niemand traut sich über die eng gezogenen Linien hinaus, der Ausdruck von Aggressionen verebbt schnell. Wo Aggressionen dennoch auftauchen, werden sie bestraft.

Die Interaktion bleibt schiedlich – friedlich, scheinbar stets konstruktiv und ergebnisbezogen, tendiert aber zur Einfarbigkeit und Langeweile, wie sie für jede starke Beschränkung typisch ist.

Ambivalente Leiter wissen – auch im Hinblick auf den Umgang mit der Aggression – nicht genau, was sie wollen. Möglicherweise rivalisieren sie mit den Teilnehmern, mitunter spalten sie die Gruppe, manchmal geben sie doppelte Botschaften. (Der Leiter sagt: „Wir haben viel Zeit" – schaut dabei aber dauernd auf die Uhr.) Das Pendel der Aggression in der Gruppe wird einmal hierhin, einmal dorthin ausschlagen. Untergruppen können sich unter Umständen dazu aufgefordert fühlen, den Leiter zu entthronen.

Vermeidende Leiter lassen aggressive Äußerungen am liebsten überhaupt nicht leben. Sie kehren sie schon im Ansatz unter den Teppich und delegieren sie allenfalls an Sündenböcke. Eine ewig freundliche Atmosphäre ist die Folge, in der sich die Teilnehmerinnen und Teilnehmer immer wieder gegenseitig ihres Wohlgefühls versichern. Aggression wird gemeinschaftlich geleugnet – der Feind sitzt außen (was die Gruppe noch enger zusammenschließt) oder wird auf ein „böses" Gruppenmitglied übertragen.

In jedem Fall kann man davon ausgehen, daß Gruppen (unbewußt) sehr genau spüren, wie weit sich eine Leiterin oder ein Leiter auf aggressive Gefühle einlassen kann. Was erlaubt ist, was nicht erlaubt ist, inwieweit konstruktiv mit der Aggression gearbeitet werden kann, kann jede Gruppe schnell empfinden, auch wenn man kaum oder nicht darüber spricht. In unseren Gruppen findet bereits zu einem frühen Zeitpunkt eine unbewußte Abstimmung darüber statt, die den weiteren Umgang in diesem Sektor regelt.

8. Was hilft?

Wenn wir uns mit Konflikten in Gruppen beschäftigen, stellt sich vor allem die Frage danach, was Leitern hilft, damit umzugehen. Was hilft in Phasen der Verwirrung und des Streits? Was hilft, wenn Wut an die Oberfläche kommt und wenn sie das Gruppenleben bestimmt? Die Kardinalfrage lautet: Wie kann man mit sich selbst und anderen so umgehen, daß „gekonnte Aggression" (Mitscherlich) gefördert wird, daß aggressives Verhalten unterstützt wird, das realitäts- und situationsgerecht ist – im Gegensatz zu der „ungekonnten Aggression", die unkontrolliert und ungesteuert bleibt?

Im folgenden soll es eher um die Frage nach hilfreichem Handeln gehen als um die Frage, welche Verstehensansätze für Gruppenkonflikte es *an sich* gibt. Wer sich dafür interessiert, möge in der sozialpsychologischen bzw. gruppendynamischen Fachliteratur nachschlagen. Er wird eine Fülle an Material dazu finden.

Die *allererste Hilfe* bekommen wir durch eine gesunde Balance zwischen Anteilnahme und Abstand, durch eine achtsame Wahrnehmung und die Fähigkeit zur Introspektion. Wenn ich als Gruppenleiterin oder als Gruppenleiter zu wenig Distanz habe, stehe ich in der Gefahr, von der aufkommenden Aggression überschwemmt zu werden. Distanz meint weder Kälte noch Gefühllosigkeit. Wer sich auf dieser Seite des Selbsterlebens und Selbstausdrucks befindet, wird sich besser erst einmal mit seiner eigenen Abwehr aggressiver Regungen zu beschäftigen haben. Distanz meint Zurückhaltung, das Zurück-Halten von Empfindungen im Inneren. Ich spüre dem nach, was die Wut und der Groll, die in den Mittelpunkt getreten sind, in mir auslösen. Ich brauche etwas Abstand, um fühlen zu können. Wer sich zu nah am Geschehen befindet, kann dieses nicht in die vorhandene Gesamtszene einordnen.

Zurückhaltung und Introspektion helfen mir aber auch, zu merken, was in der Interaktion eigentlich geschieht. Wer wollte sagen, daß der Umgang mit Konflikten seitens eines Gruppenleiters nur eine Sache des Gefühls sei? Selbstwahrnehmung ist die *eine*, fachlich-sachliche Einordnung die *andere* Seite der Medaille. Wenn ich über Jahre der Fortbildung zu einem kompetenten Gruppenleiter „herangewachsen" bin, wird meine Lehrzeit wohl auch im Erwerb eines fundierten Wissens in bezug auf die Theorie und das Verständnis von Konflikt und Aggression bestanden haben. Sachlich heißt ja nicht unmenschlich und gefühllos (was man eine Zeit in der Ausbildung von Gruppenleitern allerdings so verstanden hat).

Ein erster Abstand im Konfliktfall ermöglicht die Freiheit des Spürens, des Nachdenkens und Einordnens. Nur so kann sich

Verständnis entwickeln und die Grundlage zu planvollem Leitungs-Handeln gelegt werden. Zwar ist auch ungeplantes Handeln gruppenleitend wirksam, der Sturz ins Chaos wartet dann aber oft gleich hinter der nächsten Biegung des weiteren Weges.

Wo mit manifesten Aggressionen und Konflikten hilfreich umgegangen werden soll, müssen Distanzierung, Wahrnehmung, Deutung und planvolles Handeln einander in die Hand spielen – Intuition nicht ausgeschlossen, sondern erwünscht.

Auf die erste Zurückhaltung, die wie beschrieben eine durchaus aktive und beschäftigte Distanzierung sein muß, wird der kontrollierte Selbstausdruck an zweite Stelle treten. Ich reagiere nicht blind, sondern handele bewußt, und: Unter den Blinden ist der Einäugige König. Ich treffe meine Wahl wissentlich und ziehe soviel Material zur Entscheidungsfindung heran, wie mir im Moment erreichbar ist. Erst dann kann ich etwas tun.

9. Leitungskompetenz auf verschiedenen Ebenen

Noch einmal: Über welche Fähigkeiten und Fertigkeiten muß ein Gruppenleiter verfügen?

Er sollte in der Lage sein, affektive Phänomene bei den Teilnehmern und bei sich selbst wahrzunehmen und in einen Deutungsrahmen zu stellen. Bei jedem Gruppenleiter sollten grundsätzliche Kenntnisse über intrapsychische Vorgänge und Objektbeziehungen (bzw. Subjekt-Subjekt-Beziehungen) vorhanden sein. Ihre Dynamik sollte man sich theoretisch und im direkten personalen Erleben angeeignet haben. Hilfreich sind Kurse, die in reflektierter Selbsterfahrung (in eigens zusammengestellten Lehr- und Lerngruppen) vermitteln, wie Übertragungsprozesse „funktionieren".

Auf der *Ich-Ebene* geht es um die Kenntnis jener lebensgeschichtlich geprägten intrapsychischen Vorgänge, die die Grundlage aggressiven Verhaltens sind. Ein solides Grundwissen im Bereich der Neurosenlehre ist wichtig, Kenntnis der zentralen Symptom- und Charakterbildungen, ihrer biographischen Dimension und ihrer individuellen Ausprägungen. Zudem sind Erfahrungen bezüglich der Vielfalt der pathologischen und reifen Konfliktverarbeitungsmodi wünschenswert, und auch die Variationen der Abwehrmöglichkeiten sollten bekannt sein.

Auf der *Wir-Ebene* sollte der Gruppenleiter über Kenntnisse möglicher Gruppenentwicklungsphasen verfügen und wissen, wie deren Dynamik mit aggressiven Regungen zusammenhängt, die durch verschiedene Gruppenpositionen ausgelöst werden.

In der sozialen Situation „Gruppe" werden alte Erfahrungen wiederholt, die zu einem Netz von Übertragungsphänomenen führen. Die Gruppe reaktiviert Beziehungserfahrungen, die in der Ursprungsfamilie erworben worden sind.

Jemand, der in seiner Kindheit von den Eltern zu wenig Achtung erfahren hat, dessen Grundbedürfnisse von den unreifen Bedürfnissen der Eltern überfremdet wurden, wird dies in einer Gruppe wiederbeleben. Statt die eigenen Wünsche und Fähigkeiten in die Gruppe einzubringen, wird er für Machtbedürfnisse Sorge tragen wollen, die er bei den Gruppenleitern real wahrnimmt oder phantasiert. Er wird seine eigenen Bedürfnisse entweder gar nicht spüren oder sie in innerer Einsamkeit selbst zu befriedigen suchen.

Ein kompetenter Gruppenleiter sollte die Fähigkeit haben, die biographische Dimension gerade in Phasen der Auseinandersetzung zu erkennen und in der Ausgestaltung seiner Interventionen mit zu bedenken.

Auf der *thematischen Ebene* sollte der Gruppenleiter wissen, welchen Anteil Themensetzung und -formulierung an der Entstehung aggressiver Gefühle und Verhaltensweisen haben.

Das Vorgehen auf der Inhaltsebene spiegelt wieder, wie ein Gruppenleiter mit den Emotionen der Gruppe umgeht. Kann er aggressive Anteile spüren und kann er ihnen Raum geben – so weit, daß er sie im Thema „halten" kann? Die Themensetzung im Prozeß ist wie ein Spiegel dessen, was ein Gruppenleiter wahrnimmt, was er in die Interaktion einbringt und zur Bearbeitung anbietet. Man sollte sich klar darüber sein, daß aggressive Emotionen nicht nur in Selbsterfahrungsgruppen ihren Platz haben. Auch „Sach"-Themen haben Aspekte, die unter Umständen Wut, Ärger, Zorn und Groll wecken. Gerade in dieser Hinsicht hat die Praxis der TZI für die pädagogisch-therapeutische Gruppenarbeit entscheidende Beiträge geliefert. Es ist einer ihrer Vorteile, daß sie die Komplexität von Thema, Emotion und Interaktion mehr als andere Ansätze erkennt und durchdenkt. Von daher ist das oft geäußerte Vorurteil, TZI sei aggressionsfeindlich, nicht der Methode selbst anzulasten, sondern allenfalls einigen Vertretern.

Auf der *Umfeld-Ebene* sind Kenntnisse notwendig, in welcher Weise gesellschaftliche, institutionelle und Globe-Faktoren an der Entstehung aggressiver Regungen beteiligt sind.

Die realistische Auseinandersetzung mit dem Globe bietet zahlreiche Möglichkeiten, gekonnte Aggression zu üben. Die Strukturen der uns umgebenden Landschaft (historisch, soziologisch, ökologisch etc.) spiegeln ja nichts anderes als die Realität wieder, in der wir uns glücklich und unglücklich fühlen, in der wir kämpfen und uns ausruhen, in der wir lieben und leiden – und das mit all unseren Kräften, auch mit den aggressiven.

10. Was passiert im Gruppenleiter?

Der Gruppenleiter ist vielfältigen Übertragungsphänomenen ausgeliefert. Er ist aber nicht nur Opfer. Vielmehr hat jeder Leiter seinen eigenen Anteil auch an der Entstehung aggressiver Gefühle in der Gruppe. Manchmal ist es harte Arbeit, diese eigenen Anteile zu sehen, anzunehmen und sie nicht zu leugnen. Wenn die Gruppenarbeit beginnt – und das findet vor dem ersten Treffen statt –, nehmen auch die Übertragungsprozesse des Gruppenleiters ihren Anfang. Es ist interessant und hilfreich, ja unbedingt notwendig, dies zu begreifen. Ab der ersten Sitzung kann man dann von Gegenübertragungsgefühlen reden: die Reaktion auf das Übertragungsgeflecht, das sich in der Gruppe aufbaut.

In diesem dichten, hauptsächlich unbewußten Netz der Interaktionen spielen aggressive Gefühle, Regungen und Wünsche eine wichtige Rolle – ihre Abwehr und Vermeidung natürlich auch. In jeder Gruppe gibt es eine Art unbewußten Kontrakt zwischen Teilnehmern und Leiter(n) über den Umgang mit der Aggression, wie er sich in

Übertragung und Gegenübertragung gestaltet. Mitunter sieht er so aus, daß weder in Sprache noch in anderen Ausdrucksformen Kanäle für Aggression explizit geschaffen werden, so daß das, was in dieser Richtung dennoch vorhanden ist, sich unter Umständen recht abenteuerliche Wege suchen muß.

Die Gegenübertragungsgefühle des Leiters sind eine wichtige Hilfe, wenn es darum geht, die aggressiven Regungen und Verhaltensweisen in der Gruppe wahrzunehmen und zu begreifen.

Ein Beispiel:

In einer Langzeitgruppe mit Selbsterfahrungsanteilen, in der mit großer Offenheit über persönliche Themen gearbeitet wurde, beschuldigte ein Teilnehmer einen anderen, außerhalb der Gruppe über Interna geplaudert zu haben. Als die Vorwürfe zur Sprache kamen, gab es eine turbulente Sitzung. Eine Reihe von Teilnehmern fiel aggressiv beschuldigend über den verdächtigten Teilnehmer her, der sich in dieser Situation nicht verteidigte, sondern sich schweigend und gekränkt zurückzog.

Der Gruppenleiter, der sich zunächst gelähmt fühlte, griff in der Folge direkt und aktiv in den Prozeß ein und versuchte, den betreffenden Teilnehmer vor der aufgebrachten Gruppe zu schützen. Nach einigen erfolglosen Vermittlungsbemühungen brach er die Sitzung ab, die die Beteiligten in allgemeiner Krisenstimmung verließen.

In einer später stattfindenden Supervision konnte der Gruppenleiter spüren, wie sehr er sich von dieser Gruppe von Beginn an abgewertet gefühlt hatte und wie er den Ärger darüber vor sich selbst nicht zulassen konnte. Auch er hätte im Grunde gern über Interna „geplaudert", hatte aber niemanden gefunden, dem er seine Mißstimmung bezüglich dieser Gruppe mitteilen konnte. Bei dem Angriff der Gruppenmehrheit auf den „Vertrauensbrecher" wuchs in ihm das Gefühl, dies alles gelte eigentlich ihm. So schützte er in jenem Teilnehmer einen Teil seiner eigenen Person und seines eigenen Erlebens, in dem er sich schuldig fühlte.

In der Supervision konnte geklärt werden, daß der Vertrauensbruch ein aggressiver Akt war, den die Gruppe ihrerseits mit Zorn, Wut und Groll beantwortete. Der Leiter sagte: „Wenn ich nicht selbst so viel Angst vor Aggressionen hätte, hätte ich das ansprechen können. Aber ich bin lieber in der Rolle des Aufpassers..."

Hier wird deutlich, wie wichtig es für Leiter ist, die eigenen lebensgeschichtlichen Erfahrungen mit Aggressionen bearbeitet zu haben. Besteht hier ein weißer Fleck, bleibt das Handeln in konkreten Situationen gelähmt. Bestenfalls kann nachträglich verstanden werden, was *eigentlich* Sache war.

Auch wenn sich ein Gruppenleiter im Laufe seiner Ausbildung keiner Lehranalyse unterzogen hat, kommt er doch nicht umhin, sich mit zentralen Teilen seiner Lebensgeschichte zu befassen. Therapeutische Selbsterfahrung vor allem in Langzeitgruppen (z.B. Gruppenanalyse) kann hier eine Alternative sein.

Bezüglich der Einstellung zur Aggression mag folgender *Fragenkatalog* zur Selbsterforschung hilfreich sein:

- Was fällt mir spontan ein, wenn ich das Wort „Aggression" höre?
- Welche Bilder, Gedanken, Phantasien, Stimmungen und Körperempfindungen verbinde ich damit?
- Was weiß ich von meiner Kindheitsgeschichte im Hinblick auf aggressive Wünsche und Verhaltensweisen?
- Bin ich in einer kontrollierenden Umwelt aufgewachsen, die viele meiner spontanen Impulse von außen dirigierte und meinen Selbstregulierungsfähigkeiten immer wieder Einhalt gebot?
- Bin ich in einer Umgebung groß geworden, die wenig Halt gab, die wenig Interesse an meinen Impulsen zeigte, so daß ich mich immer anstrengen mußte, um Aufmerksamkeit zu erringen?
- Wurden Körperimpulse wie beißen, treten, schreien, schlagen zugelassen, unter bestimmten Umständen geduldet oder wurden sie von vornherein bestraft?
- Gibt es bestimmte Charaktere, auf die ich immer wieder mit aggressiven Gefühlen reagiere? Wo und wie finde ich sie in meiner Biographie wieder?
- Wie erlebe ich meinen Umgang mit Enttäuschungen? Ziehe ich mich eher zurück oder reagiere ich wütend, selbstbehauptend und aggressiv?

Natürlich kann ein solcher Fragenkatalog weder systematisch noch irgendwie ausreichend sein. Dennoch gibt er die Richtung an, in die

die Selbstanalyse gehen kann. Alles, was mit der aggressiven Auseinandersetzung mit der Umwelt zu tun hat, ist als eine Art „Ladungsenergie" an der Durchsetzung und Befriedigung der meisten Wünsche und Bedürfnisse beteiligt. Deshalb ist die Frage nach der Aggression kein isoliertes, sondern ein umfassendes Phänomen. Die Grundfrage lautet: Habe ich gelernt, mich in meinem Leben selbstbehauptend durchzusetzen, wo es die Realität erfordert? Vermag ich entsprechende Möglichkeiten frei zu wählen – in einer Weise, die weder mir noch anderen grundsätzlich schadet?

11. Halten und Loslassen – zwei Pole in der Haltung und im Verhalten des Gruppenleiters

Halten und Loslassen kann man als Grundpolarität verstehen, in deren Spannung sich alles Leben vollzieht. Nicht nur auf der biologischen Ebene (Muskelbewegung, Atmung etc.), sondern auch auf der sozialen und interaktionellen Ebene ist sie zu entdecken.

Ein Kind kommt zur Welt, wenn die Mutter, die das Kind neun Monate in ihrem Uterus gehalten hat, fähig ist loszulassen und wenn auch das Kind diesen Raum loslassen kann. Das Kind wird losgelassen, um wiederum auf neue Weise gehalten zu werden, wie es dann seiner fortgeschrittenen Entwicklung entspricht. Der Wechsel vom zuverlässigen Gehaltenwerden zum zuverlässigen Losgelassen-werden ist für das Kind vom ersten Moment an lebensbedeutend. Halten bedeutet physisches, emotionales und soziales Halten (vgl. die Holding-Theorie von Winnicott, 1974) – Loslassen bedeutet, Freiraum für eigene Bewegungen zu gewähren (vgl. die neuere Säuglings-forschung, bes. Stern 1992). Man kann den Wechsel zwischen Halten und Loslassen wie eine Pendelbewegung verstehen, die, wenn sie in Balance ist, frühe Erfahrungen sowohl von Selbstbehauptung als auch Angewiesensein vermitteln kann (vgl. nebenstehende Abb.).

Dieses Verständnis von der Pendelbewegung, in der sich die frühen Bezugspersonen und das Kind befinden, läßt sich auf die Gruppenar-beit übertragen. Auch hier ist sie wiederzufinden. Grundsätzlich: Halten und Loslassen müssen sich ganzheitlich vollziehen, d.h. auf

Mutter/Vater
hält das Kind

Das Kind läßt
im Gehaltenwerden los

Das Kind
kann sich selber halten

Mutter/Vater
läßt das Kind los

Pendelbewegung:
Anerkennung des Grundbedürfnisses
nach Schutz, Sicherheit, Grenzen etc.
einerseits -
nach Freiheit, Bewegungsmöglichkeit,
Selbständigkeit etc.
andererseits

allen Ebenen, die zur Verfügung stehen – auf der verbal-kognitiven Ebene, auf der emotionalen Ebene und auf der Körperebene. Themenformulierungen, Strukturvorgaben und andere methodische Elemente sind grundsätzlich haltende Elemente in der Gruppenarbeit, auch wenn damit loslassende Aspekte verbunden sein können. Ruth Cohns bekannte TZI-Übung, in der die Teilnehmer aufgefordert werden, in den nächsten zehn Minuten zu tun, was immer sie wollen, ist ein gutes Beispiel für die letztere Form (Cohn 1975, S. 145ff).

Im Hinblick auf den Umgang mit der Aggression bedeutet *Halten* für den Gruppenleiter: Ich erkenne den anderen an, so wie er ist, mit all seinen Gefühlen, auch mit den aggressiven. Ich halte ihn und ich halte ihn aus. Halten heißt, Raum zu geben, der Schutz bietet, der Freiheit eröffnet und der doch auch Grenzen abzustecken weiß. Halten bedeutet dies alles zusammen. *Was* Gruppen strukturierend halten kann, ist in der TZI ja ausreichend bekannt.

Loslassen auf der anderen Seite bedeutet nichts anderes als dem Gegenüber Freiraum für seine Andersartigkeit zu gewähren, seine individuellen Suchbewegungen zuzulassen und zu ermuntern, sein Ausprobieren und seine Lösungsversuche zu akzeptieren, auch wenn sie ganz anders sind als diejenigen, die man selbst wählen würde. Eine Gruppe kann sich nur selbst halten, wenn sie vom Leiter ausreichend gehalten wird und wenn dieser sie auch im rechten Moment wieder loslassen kann. Diesen rechten Augenblick zu finden, ist die Kunst der Gruppenleitung im Wechsel bzw. Zusammenspiel von Autonomie und Interdependenz.

Ruth Cohn: „Das Gruppenklima muß vorsichtig und sorgfältig im

Sinne einer Anerkennung von sowohl Unterschieden und menschlichen Schwächen als auch konstruktiven Möglichkeiten etabliert werden. Wenn sich ein konstruktiver Gruppengeist gebildet hat, können Feindseligkeiten, Nichtbeachtung und Kritisieren leichter akzeptiert werden. Nichts Menschliches sei der Gruppe fremd" (Cohn 1975, S. 117).

Dies gilt auch und gerade im Hinblick auf die Aggression.

11.1 Das Halten aggressiver Affekte

Auf der *emotionalen Ebene* „hält" der Gruppenleiter aggressive Affekte durch Wertschätzung und Akzeptanz. Alle Gefühle, auch die aggressiven, dürfen sein, haben Existenzberechtigung und werden vom Gruppenleiter „geborgen". Gleichzeitig achtet er darauf, daß die Aggression in der Gruppe keinen unkontrollierten Prozeß anstößt und sie die Gruppe nicht überflutet. Das gelingt am besten, wenn der Leiter keine Angst vor den eigenen aggressiven Anteilen hat und er sie dadurch relativ angstfrei auch bei anderen wahrnehmen und zulassen kann.

Auf der *Körperebene* ist es wichtig, Klarheit darüber zu haben, wie sehr jeder Gruppenleiter die Aggression von Teilnehmern mit seinem eigenen Körperausdruck halten kann, z.B. mit den Augen. Gerade der Blickkontakt kann eine starke Schutzfunktion haben. Ein Leiter kann eine Gruppe mit seinen Augen „zusammenhalten", wenn sie davon bedroht ist, im Streit zu zerfallen. Im Blick des Gruppenleiters kann sich Erlaubnis und Grenzziehung spiegeln. Aber auch der Körperhaltung insgesamt kommt eine wichtige Bedeutung zu. Der Leiter, der in sich zusammensinkt, der sich körperlich zurückzieht, wenn die Aggression ihre Stimme erhebt, kann eine Gruppe körperlich nicht halten. Zum Halten gehört körperliche Gelassenheit und gleichzeitig eine aufmerksame Präsenz, die Stärke zeigt. Auch die Stimme ist ein wichtiges „Halte-Organ". Gruppenleiter, die in jeder Situation mit der gleichen sanften Psycho-Stimme sprechen, nehmen aggressive Tendenzen nicht ernst. Ein Leiter muß mit seiner Stimme manchmal auch laut und entschieden dazwischen gehen. Er muß fähig sein, die Stimme zur Grenzziehung zu nutzen. Nur wenn er diese Möglichkeit *auch* hat, wird er genügend Sicherheit und Schutz bieten, wenn die Wogen starker aggressiver Affekte das Boot, in dem alle sitzen, ins Wanken bringen.

Auf der *verbal-kognitiven Ebene* kann das Halten eines Gruppenleiters dadurch zum Ausdruck kommen, daß er Deutungen anbietet, die ein verstehendes Durcharbeiten und Einordnen der aggressiven Gefühle ermöglichen. Durch präzise und einfühlsame Themenformulierung und durch das Angebot klarer Strukturen wird die Erlaubnis und Begrenzung der Aggression in die Interaktion gebracht. Wichtig ist hier, daß die eigene emotionale Beteiligung das Wahrnehmungs- und Reflexionsvermögen weitgehend nicht beschränkt.

11.2 Das Loslassen aggressiver Affekte

Loslassen auf der *emotionalen Ebene* bedeutet, daß der Gruppenleiter den Teilnehmern den individuellen Ausdruck ihrer aggressiven Stimmungslage überläßt, ohne sie – auf Grund eigener Ängste – von Anfang an regulierend einzugrenzen. Hilfreich ist, wenn die Spannung, die dadurch entsteht, sowohl im Hinblick auf einzelne als auch im Hinblick auf das Gruppengesamt von seiner eigenen Person getragen werden kann.

Auf der *Körperebene* zeigt der Leiter durch seine Haltung persönliche Abgegrenztheit von den Gefühlen und Gefühlsäußerungen der Teilnehmer. Es sollte jederzeit deutlich werden, daß er zwar beteiligt ist und Anteil nimmt, daß er jedoch auch Klarheit, Realität, Bearbeitungsfähigkeit und -möglichkeit vertritt. In Körperhaltung, Mimik, Gestik und Stimmtönung drückt er aus, daß die geladene Situation, in der sich die Gruppe befindet, nicht alles ist. Sie ist ein wichtiger passagerer Prozeß, der aber auch sein Ende finden wird. Gerade die Reaktion auf der Körperebene kann ein erster Schritt dazu sein, der individuellen Differenzierung im Erleben der Aggression Raum zu geben. Loslassen heißt auch: Jede Teilnehmerin und jeder Teilnehmer hat eine Einstellung und Haltung, die von derjenigen anderer verschieden ist. Eine Phase der aggressiven Auseinandersetzung betrifft zwar die ganze Gruppe gleichermaßen, weil sie *gemeinschaftliches* Erleben ist – und doch kann sie *individuell* zu ganz verschiedenen Erlebnisvarianten führen. Die Erkenntnis und Durcharbeitung dieser Spannung bedeutet schon ein ganzes Stück dessen, was wir hier Loslassen nennen.

Auf der *verbal-kognitiven Ebene* kann es für bestimmte Zeiten notwendig sein, relativ wenig Strukturvorgaben zu machen. Wenn das Loslassen unterstützt werden soll, kann es nützlich sein, zunächst einmal dem freien Fluß der Interaktion empathisch zu folgen und erst einmal bei der Wiedergabe dessen zu bleiben, was wahrgenommen wird. Stark strukturierende und deutende Themen können im Dienste der Abwehr stehen. Begleitendes Mitgehen, Weggenossenschaft, fördert das Loslassen in der Regel mehr als der fortgesetzte Verweis auf Landkarten, Wegweiser und einzuhaltende Regeln. Wer sich als Leiter in Situationen der aggressiven Auseinandersetzung sofort an die Spitze der Gruppe setzt, um die anderen an der Hand zu nehmen und den Weg durchs Dickicht zu bahnen, verhindert, daß die gemeinsame Tour zu einer tatsächlichen Entdeckungsreise wird, auf der man sich selbst und den anderen neu begegnen kann.

Wenn ein Leiter *zu viel haltende Strukturen gibt*, entmündigt und überfremdet er die Gruppe. Wenn Teilnehmer in aggressiven Äußerungen dauernd gestoppt und mit Anweisungen eingeschränkt werden, bleibt bzw. verlagert sich die Aggression möglicherweise in den Untergrund, kocht dort weiter und explodiert zu einem anderen Zeitpunkt nach dem Dampfkesselprinzip. Oder es tritt eine zweite Möglichkeit ein: Ärger und Wut werden geleugnet, und es werden nur Themen angeboten, die alles Aggressive an den Rand schieben. Rasch wird die Aggression dann delegiert, z.B. an einen „bösen" Teilnehmer weitergegeben oder irgendwo außen verortet. Dies führt zu desintegrierter Aggression, und es ist die Chance vertan, „gekonnte" Aggression zu üben.

Wenn ein Leiter aus eigenem Strukturmangel *nur losläßt*, wenn er keine haltenden Strukturen bereitstellen kann, passiert das Spiegelbildliche: Chaotische Impulse werden gestärkt, die Gruppe droht, im Streit zu zerbrechen, weil niemand da ist, der das Aggressionspotential auffängt. Ein Leiter, der so vorgeht, läßt die Teilnehmer allein und überläßt sie damit auch einer Einsamkeit und Angst, die wiederum aggressiv abgewehrt werden kann.

12. Lebensgeschichtliche Aspekte der Aggression

12.1 Aggression und frühe Selbstempfindung

Bislang haben wir über die Aggression in der Gruppenarbeit gesprochen, als fände sie lediglich auf einer Ebene statt, die in sich zwar differenziert ist, die aber keine sichtbaren Tiefungen und Höhenlinien enthält. Wenn man jedoch weitergehend verstehen will, womit wir es im Hinblick auf die Aggression in Gruppen zu tun haben (und wie man sich als Leiter verhalten kann, wenn Haß und Wut sich zeigen), muß man auch einen Blick in die Genese der Aggression werfen. Hier tut sich noch einmal eine neue und differenziertere Perspektive auf, als wir sie bisher hatten. Was wir in Gruppen vorfinden, ist im Umgang des Kindes mit den frühen Bezugspersonen verankert. Gerade archaische Formen des Hasses führen uns in allerfrüheste Entwicklungsstadien der Person. Die neuere Säuglingsforschung hat hier einige Beobachtungen geliefert, die auch für den Umgang mit der Aggression in Gruppen beachtenswert sind.

Daniel N. Stern (1992, S. 47ff) unterscheidet in der Lebenserfahrung des Säuglings *vier* wichtige *Selbstempfindungen*, die er nicht so sehr als Elemente einer neuen Phasenlehre verstanden wissen will, sondern als Reorganisationen des psychischen Erlebens, wie sie in Quantensprüngen und Entwicklungsschüben verlaufen.

Während der allerersten Lebensphase zwischen der Geburt und dem Alter von zwei Monaten ist für das Kind die *Welt im Auftauchen* begriffen. Verschiedene Integrationen entwickeln sich, in denen rudimentäre Bezogenheiten auf die Umwelt Gestalt annehmen. Der Säugling beginnt jetzt, einzelne Erfahrungen in Beziehung zueinander zu setzen, auch wenn er seine Stellung darin noch kaum zuordnen kann.

An den Anfang im eigentlichen Selbstempfinden des Kindes stellt Stern die *Wahrnehmung des körperlichen Selbst,* das er „das Empfinden eines Kern-Selbst" nennt. Gemeint ist die früheste Selbst- und Fremdwahrnehmung, wenn das Baby zu realisieren beginnt, daß es von seiner Mutter körperlich getrennt ist und daß es in den engen

Grenzen, die die menschliche Biologie ihm zunächst setzt, eigenständig handeln kann.

Irgendwann zwischen dem siebten und neunten Monat vollzieht sich ein Sprung und beginnt sich eine neue Perspektive zu entwickeln: die *Subjekthaftigkeit der Beziehungsperson* wird entdeckt. Intersubjektives Verhalten entsteht, das über die Kern-Bezogenheit hinausgeht. Das Ich *und* der Andere wird wahrgenommen. Wechselseitige Einstimmung wird möglich, und es bildet sich ein erstes interaktionales Geflecht, in dem sich das Kind als verschieden und getrennt von andern begreift und über diese Entfernung hinweg Kontakt aufzunehmen beginnt.

Mit fünfzehn bis achtzehn Monaten beginnt das Kind, die Fähigkeit zur *persönlichen Lebenserfahrung* zu entdecken. Die vormals reine Hier-und-Jetzt-Existenz des Säuglings erfährt eine entscheidende Erweiterung, indem Erfahrung zunehmend gespeichert und in Kommunikation gebracht werden kann. Das Kind „weiß", daß es etwas weiß. Es weiß, was dieses Wissen bedeutet und welchen Nutzen es daraus ziehen kann.

Nach Sterns Ansicht löscht ein jeweils neuer Entwicklungsschub die Erfahrungen früherer Stadien nicht aus. Er kann sie nicht zerstören, sondern verdunkelt sie nur, so daß man vom latenten Weiterleben der verschiedenen Selbstempfindungen ausgehen kann. Es gibt auch in späteren Lebensstufen Auf- und Abwärtsbewegungen, so daß die frühen Selbstempfindungen auch dem Erwachsenen prinzipiell zugänglich sind und unter Umständen an die Oberfläche des Erlebens geraten.

Man kann davon ausgehen, daß solche Rückwendungen zu früheren und globaleren Erfahrungsmodi vor allem unter Bedingungen stattfinden, die durch Spannung und Streß, Anpassungsversagen und Konflikte geprägt sind. Gerade Phasen elementarer Aggression in Gruppen sind dafür disponiert, solche Regressionen auszulösen. Wenn uns aggressive Affekte in der Gruppenarbeit begegnen, vor allem, wenn sie sich von der Oberfläche lösen und in hohem Maß irrationale Züge annehmen, ist damit zu rechnen, daß solche Tiefenschichten des Erlebens immer mit angesprochen sind. Gerade Situationen, die bei den Beteiligten durch hohe Aggressionsbereitschaft geprägt sind, sind weitergehend nur durch die Gleichzeitigkeit der Selbstempfindungen zu verstehen, zwischen denen der innere Sensus wechselt.

Was Stern mit wenigen Bemerkungen am Beispiel des Kontakts während des Geschlechtsverkehrs und in Liebesmomenten illustriert, läßt sich in Abwandlung auch auf Phasen der Aggression in der Gruppenarbeit übertragen. Wenn Wut, Zorn und Haß in einer Gruppe zum Ausdruck kommen, wenn sich die Interaktion in dieser Richtung festfährt, sind daran alle Empfindungsbereiche beteiligt. Es entwickelt sich ein körperlich-seelisches Geflecht, in dem zunächst die Empfindung vom eigenen Selbst und vom anderen noch getrennt sind. Ich nehme das Gegenüber – im Sinne des Bereichs der *Kern-Bezogenheit* (s. o.) – als von mir verschiedene Existenz wahr. Gleichzeitig beteiligt ist aber auch die Erfahrung, den *subjektiven Zustand des anderen* zu empfinden: die aggressive Spannung, die uns verstrickt, das Hin und Her von Vorwurf, Ablehnung und Haß. Wenn in einer Auseinandersetzung zum ersten Mal „Ich hasse dich!" fällt, fassen diese Worte zusammen, was in den anderen Bereichen geschieht und es wird die verbale Perspektive miteinbezogen. Wut ist ungerichtet, Haß gilt einer konkreten Person. Die Vehemenz, die Haßgefühle mitunter annehmen und die archaische Macht, die sie mitunter über Menschen gewinnen, ist nur auf dem Hintergrund jener Lebensphasen zu verstehen, in denen sich unsere ersten Erfahrungen mit ihr gebildet haben. Damals ging es um Leben und Tod. Darum kann auch der Haß Erwachsener – wider alle Vernunft und besseres Wissen – füreinander tödlich sein.

Zugleich kommt in starken aggressiven Auseinandersetzungen auch der Bereich der *auftauchenden Bezogenheit* ins Spiel: Man kann sich in der Verstrickung des Kampfes im anderen „verlieren". Das Bild, das wir von ihm hatten, verändert sich in der Nähe, die die Konfrontation ja auch bedeutet. Es scheint in diesem Moment, als hätten wir es mit einer völlig anderen Person zu tun, als wir sie bisher kannten. Die Aufmerksamkeit fokussiert sich auf ein bestimmtes Detail, aus dem wir erst nach einer Weile wieder aufzutauchen vermögen. Hier wird klar, daß das subjektive Erleben der Aggression auf allen Bereichen des Selbstempfindens gleichzeitig stattfindet.

Stern schreibt: „Tatsächlich ist ein Großteil der als ‚sozialisierend'
bezeichneten Erfahrungen darauf abgestellt, die Aufmerksamkeit auf
einen einzigen Bereich, meist den verbalen, zu lenken und das
Erleben in diesem Bereich zur offiziellen Version zu erklären,
während das Erleben in den anderen Bereichen (die „inoffiziellen"
Versionen) verleugnet wird. Dennoch wechselt die Aufmerksamkeit,
sie kann mit einiger Geläufigkeit vom Erleben in einem Bereich zum
Erleben in einem anderen übergehen" (Stern 1992, S. 53f).

12.2 Aggression und die Grundbedürfnisse des Kindes

Das Nachdenken über das Halten und Loslassen aggressiver Affekte
wird vielleicht noch einmal auf eine andere Weise verständlich, wenn
man es auf die Grundbedürfnisse zurückführt, die jedes Kind hat.
Welche Bedürfnisse sind dies?
Albert Pesso (1986) hat als Grundbedürfnisse des Menschen genannt:
einen Platz in der Welt zu haben; Ernährung und Versorgung zu
bekommen; Halt, Unterstützung, Schutz und Grenzen zu erfahren.
Wenn die Eltern diese Bedürfnisse befriedigen, achten sie das Kind.
Die Befriedigung der Bedürfnisse muß auf allen Ebenen erfolgen:
körperlich, seelisch und auf der symbolischen Ebene – und zwar so,
daß der wachsende Mensch in der Lage ist, die Befriedigung seiner
Bedürfnisse (und damit die Selbstachtung) zunehmend durch die
eigene Person zu übernehmen.
Im Hinblick auf das Grundbedürfnis nach Grenzen schreibt Pesso:
„Um wirklich Mensch zu werden, braucht man eine Gestalt. Und
dazu braucht es eine Grenze, die das Individuum umreißt. Ein Kind
bekommt nur dann ein Gefühl für seine Stärke, wenn es sie auf
konkrete Weise durch sein Verhalten überprüfen kann. Dazu braucht
es eine Atmosphäre, in der es alle seine Energien einsetzen darf, von
der Liebe bis zum Haß, und ohne die Angst, seine Kräfte könnten es
selbst oder die Welt überwältigen. Es muß lernen, daß es Herr ist
über seine angeborenen Kräfte und nicht Spielball seiner über-
mächtigen Gefühle" (Pesso 1986, S. 100).
Die guten Eltern halten und begrenzen die aggressiven Energien des
Kindes, so daß es weder von Allmachtsphantasien noch den daraus

folgenden tiefen Ängsten überflutet werden kann. Wenn genug begrenzter Freiraum für das Kind da ist, in dem es sowohl die Kräfte als auch die Stabilität der Grenzen erproben kann, wird es das als ein gutes inneres Bild in sich entwickeln. Der erwachsene Mensch wird dann Vertrauen in seine Kräfte im Rahmen einer gesunden Selbstkontrolle haben.

Die Grundbedürfnisse des Menschen nach Platz in der Welt, nach Ernährung und Versorgung, Halt und Unterstützung, Schutz und Grenzen entfalten sich im Laufe seiner Lebensgeschichte und verbinden sich mit wechselnden Inhalten und Themen. Genauso verbinden sich auch die aggressiven Impulse mit diesen Inhalten und manifestieren sich vom Oralen über das Anale zum Phallischen. Typische *orale* Themen mit aggressiver Färbung sind zum Beispiel: zuschnappen, beißen, zupacken, greifen, haben wollen. Die *analen* aggressiven Themen gruppieren sich um das Erleben von den sich entwickelnden Körperfunktionen: sich abgrenzen, festhalten, sich weigern, nicht hergeben wollen, loslassen, selbständig handeln, kraftvoll neugierig auseinandernehmen, Dinge aufbauen und lustvoll zerstören, Macht spüren, sich zu widersetzen. *Phallische* aggressive Themen sind: Zielstrebigkeit, Mut, Initiative entwickeln, Angst vor Schuldgefühlen und Strafe überwinden.

Was passiert mit den aggressiven Energien, wenn die Befriedigung der Grundbedürfnisse durch die frühen Beziehungspersonen behindert oder versagt wurde? Drei Beispiele mögen das verdeutlichen.

(1) Man kann sich vorstellen, daß ein hungriger Säugling, der nicht genug Milch bekommt, sein ganzes ihm zur Verfügung stehendes aggressives Potential einsetzt, um endlich gesättigt zu werden. Je nach biologisch vorgegebener Fähigkeit wird er um die Befriedigung seiner Bedürfnisse „kämpfen" – durch Bewegungen und Schreien wird er versuchen, die Aufmerksamkeit der Umwelt auf sich zu lenken, damit sie sich ihm zuwendet, um Hunger, Verlassenheit oder Schmerz zu lindern und zu stillen.

Dabei macht das Kind lustvolle („gute") und versagende unlustvolle („böse") Erfahrungen. Es ist wahrscheinlich, daß das Kind in seiner frühen Lebenszeit befriedigende und versagende Erfahrungen als etwas voneinander Getrenntes erlebt. So nimmt es auch eine

Bezugsperson in verschiedenen, voneinander abgespalteten Teilen wahr – das lächelnde Gesicht der Mutter ist zunächst ein anderes Objekt als ihr unfreundliches Gesicht. In diesem frühen Lebensstadium gibt es in der Beziehung des Kindes zu den anderen Menschen noch keine „Objektkonstanz".

Bevor es zur ersten Integration der verschiedenen, voneinander getrennten Objektteile fähig wird – man vermutet, daß das erst etwa in der zweiten Hälfte des ersten Lebensjahres möglich ist[3] –, sind die Gefühle des Kindes, wie Zugewandtheit und Liebe einerseits und Ärger, Zorn und Haß andererseits, in gleicher Weise voneinander getrennt. Die Integrationsarbeit, die das Kind leisten muß, ist enorm. Es muß lernen, daß die Mutter und der Vater sowohl befriedigend als auch versagend sind und dennoch dieselben bleiben. Es muß lernen, daß man mit demselben Menschen sowohl gute als auch böse Erfahrungen machen kann, daß man einen Menschen weiterlieben kann, unabhängig davon, ob er zufriedenstellt oder frustriert. Es muß schließlich lernen, daß in ihm selber sowohl gute als auch böse Teile sind, daß es lieben und hassen kann – und doch *eine* Person bleibt. Wenn die Integration nicht oder nur teilweise gelingt, bleiben Spaltungen bzw. Fragmentierungen bestehen.

Wenn man erwachsenen Menschen in einer Gruppe begegnet, die in diesen frühen Erfahrungen Defizite haben, wird man bemerken, daß sie in ihren Beziehungen zu den anderen Gruppenmitgliedern kaum ein Sowohl-als-auch oder Zwischentöne gelten lassen können. Sie idealisieren oder sie verdammen, sie lieben oder sie hassen – und das manchmal von heute auf morgen im abrupten Wechsel. Dabei ist das, was sich auf der Beziehungsebene abspielt, fast immer auch im Selbstbild zu finden: die Person schwankt zwischen Selbstidealisierung, Selbstüberschätzung einerseits und massiver Selbstentwertung andererseits; oder: die bösen Selbstteile werden nach außen projiziert und im anderen bekämpft.

(2) Wenden wir uns nun einem weiteren Beispiel aus einer späteren

---

[3] Mahler/Pine/Bergman (1978) setzen den Zeitpunkt, wann die „guten" und „bösen" Objekte zu einer integrierten Repräsentanz vereinigt sind, in das dritte Lebensjahr. Vgl. zur Diskussion dieses Ansatzes bes. das Kapitel *Spaltung: „gute" und „böse" Erfahrungen* bei Stern 1992, S. 346ff.

Entwicklungsstufe zu. Wenn man ein knapp zweijähriges Kind in der Interaktion mit der Mutter beobachtet, kann man häufig ein widersprüchliches Verhalten feststellen (vgl. Mahler/Pine/Bergmann 1978, bes. Kapitel 6 *Die dritte Subphase: Wiederannäherung*). Das Kind „beschattet" die Mutter, es versucht ständig, ihre Aufmerksamkeit zu erringen; gleichzeitig will es, oft mit der gleichen Heftigkeit, der Mutter davonlaufen. Es kämpft um die Wiedervereinigung mit der Mutter und kämpft gleichzeitig um die erst kürzlich erworbene Autonomie.

Diese Krise der „Wiederannäherungsphase" (Mahler) erwächst aus den tiefgreifenden Veränderungen in der geistig-seelischen Entwicklung des Kindes. Die Entwicklung des Denkens – die Fähigkeit, sich zu erinnern und Symbole zu bilden, der zunehmende Erwerb der Sprache – und die zunehmende emotionale Differenzierung ermöglichen dem Kind ein wachsendes Bewußtsein dafür, was geschieht. Es realisiert jetzt, daß die Mutter sich abwendet, weggeht, keine Zeit hat. Es erlebt mehr und mehr bewußt, daß es selber klein und hilflos ist, daß es voller Wut „Nein!" schreien kann oder daß es in Angst gerät. Konflikte mit der Mutter werden jetzt nicht einfach wieder „vergessen", sondern bleiben im Erleben des Kindes über längere Zeit präsent. Die Trennung von der Mutter, real oder symbolisch (d.h. wenn das Kind etwas anderes will als die Mutter), kann sowohl Wut als auch Angst erzeugen, die in der Phantasie kulminiert, verlassen zu werden. Die Mutter hat in dieser krisenhaften Phase eine schwierige Aufgabe zu leisten: sie muß dem Kind die Pendelbewegungen von Weglaufen und Zurückkehren erlauben. Sie muß ihm sowohl erobernde und sich widersetzende Autonomie zugestehen als auch begrenzende Sicherheit geben. Sie muß Freiheit gewähren und Gehorsam fordern. Sie muß erlauben, daß sich das Kind von ihr abwendet und zum Vater geht, um sich dort Unterstützung zu holen.

Wird das selbständige und konstruktiv aggressive Verhalten des Kindes zu stark eingeschränkt, entstehen (sekundäre) Aggressionen, die aus Angst vor Strafe, Liebesentzug oder Verlassenwerden erneut bekämpft und abgewehrt werden.

Menschen, deren Entwicklung durch ein solches Muster geprägt ist, werden uns dann vielleicht als Gruppenmitglieder begegnen, die dem Gruppenleiter gefügig und anhänglich folgen, die aber nicht in der Lage sind, Eigenes einzubringen und selbstverantwortlich zu denken und zu handeln. Vor aggressiven Auseinandersetzungen haben sie große Angst, obwohl sie häufig Ventile für ihre abgewehrten Aggressionen finden, die dann riesengroß und enorm destruktiv sein können, da sie ja weder selbstbewußt und selbstverantwortlich gelernt wurden noch in der Realität überprüft werden konnten. Man kann sich aber auch den umgekehrten Fall vorstellen: daß die Autonomieversuche des Kindes einseitig gefördert wurden und die Wünsche nach Wiederkehr, Verständnis und Abhängigkeit nicht ausreichend Befriedigung fanden. Auch in einem solchen Fall wird die aggressive Seite wenig Chance haben, sich integriert zu entwickeln. Vielleicht haben wir dann einen Menschen vor uns, der verbissen und einsam um seine Ziele kämpft, ohne die Fähigkeit, sich im Verständnis bei anderen Menschen entspannen und ausruhen zu können.

(3) Kommen wir zum dritten Beispiel. Ein etwa drei- bis vierjähriges Kind hat gelernt, sich frei zu bewegen. Voller Tatendrang und Initiative erobert es sich die Welt. Neugierig möchte es alles be-greifen und verstehen: wie die Menschen entstehen und die Tiere, wie die Dinge funktionieren und wozu sie da sind. Wie sind die Körper beschaffen? Wozu dienen die Körperteile? Warum sind Mädchen anders als Jungen? Erikson beschreibt, wie diese Lebenszeit geprägt ist von dem, was er „Modus des Eindringens" nennt: „Er umfaßt das Eindringen auf und in andere durch physischen Angriff; das Eindringen in die Ohren und das Bewußtsein anderer durch aggressives Reden; das Eindringen in den Raum durch kraftvolles Umherlaufen; das Eindringen in das Unbekannte durch eine unersättliche Wißbegier" (Erikson 1973, S. 89).

Mit Hilfe der sich rasch entwickelnden Fähigkeit zur Phantasiebildung versucht das Kind im Spiel, die Welt zu bewältigen – die Geschlechtsunterschiede ebenso wie die Unterschiede an Größe, Stärke und Macht –, Phänomene, die das Kind erregen und ängstigen. Wer Dreijährige im Rollenspiel beobachtet, kennt die typischen Konjunktiv-Formulierungen der Phantasie: „du wärst jetzt mal der Vater, ich wär' jetzt mal die Mutter ... " Das Kind muß sich in dieser Lebensphase ständig mit schwierigen Konflikten auseinandersetzen: es rivalisiert mit dem Vater um den Besitz der Mutter oder mit der Mutter um den Besitz des Vaters. Der ödipale Konflikt bedeutet aber auch, daß das Kind in einen weiteren inneren Konflikt gerät: gleichzeitig haßt und liebt es den gleichgeschlechtlichen Elternteil und muß mit diesen widersprüchlichen Gefühlen klarkommen. Ängste und Schuldgefühle können das Kind verfolgen. „Das Kind ergeht sich in Phantasien, daß es ein Riese oder ein Tiger sei; in seinen Träumen aber rennt es angsterfüllt ums nackte Leben" (Erikson 1973, S. 93).

Durch die Internalisierung der elterlichen Verhaltensregeln (Über-Ich-Bildung, Gewissensbildung) kann das Kind einen Teil der Angst- und Schuldkonflikte bewältigen. Aber hier ergibt sich meist ein neues Problem mit der Aggression. Eine stark einschränkende und repressive Erziehung erzeugt im Kind ein aggressives, rigides Über-Ich, so daß dadurch sekundäre Konflikte mit der Aggression entstehen, die dann wieder abgewehrt werden müssen.

Häufig kann man gerade in Gruppen von Menschen, die in sozialen Berufen arbeiten, jemanden treffen, der sich immer wieder selber aggressiv bestrafen muß, wenn er sich durch die Arbeit befriedigt fühlt. Bei einem solchen Menschen darf es keine Selbstzufriedenheit geben, sondern nur demütiges Leiden.

Für Gruppenleiter, die ihren Umgang mit aggressiven Affekten schulen wollen, wird es wichtig sein, diese Entwicklungslinien mit in Betracht zu ziehen. Halten und Loslassen als Grundfunktionen im Umgang mit der Aggression gewinnen hier noch einmal eine neue Bedeutung, gerade auch in ihrem körperbezogenen Aspekt. Weniger die Frage nach Phasen steht hier im Vordergrund, vielmehr kann man mit lebenslangen Themen rechnen, die immer wieder in die Interaktion einfließen. Aggressive Phasen in der Gruppenarbeit unter dem Aspekt des Haltens und Loslassens zu betrachten, heißt nichts anderes, als sich die frühesten Phasen der Selbstempfindung zu vergegenwärtigen und das Wissen um die Grundbedürfnisse in der menschlichen Entwicklung zur Grundlage der eigenen Interventionen zu machen. Die Sichtweisen, die uns Autoren wie Stern, Mahler und

Erikson für unsere Praxis mit auf den Weg geben, sind Metaphern – nicht mehr und nicht weniger. Als solche aber sind sie außerordentlich hilfreich, denn ohne entsprechende Landkarten werden wir als Gruppenleiter Phasen starker aggressiver Affekte kaum in ihrer Tiefe verstehen.

13. Katharsis oder Deutung?

Das Konzept von Halten und Loslassen kann auch noch in einer anderen Hinsicht nützlich sein. Vielfach wurde gerade in bezug auf die Aggression in Selbsterfahrungs- und psychotherapeutischen Gruppen in der Vergangenheit die Frage diskutiert, inwieweit es sinnvoll ist, Aggressionen *abzureagieren*. Sollen wir als Gruppenleiter die Entladung aggressiver Affekte – im Sinne intensiven emotionalen Ausdrucks, ja körperlichen „Sich-Austobens" – fördern oder sollen wir auf den Weg des reflektierenden und auf Verständnis ausgerichteten Durcharbeitens bauen? Die Szene teilt sich hier geradezu in zwei Bekenntnislager, die einander ihre Argumente mit Leidenschaft vortragen. Teilweise ist über diese Frage ein regelrechter Streit entbrannt. Dabei sind beiden Seiten wesentliche Wurzeln gemeinsam, die in der Geschichte der Therapieverfahren in nicht allzu ferner Vergangenheit zu finden sind.

Freud selbst hat – vor allem in der Frühzeit seiner Arbeit – immer wieder den therapeutischen Nutzen und Wert des kathartischen Abreagierens der Affekte herausgestellt. Zunächst gebrauchte er den Begriff „kathartische Methode", wenn er benannte, um was es seinem Ansatz ging, den er damals noch gemeinsam mit seinem Mentor Breuer entwickelte. Vor allem in den Jahren 1880 bis 1895 prägte er diesen Begriff.

Der Terminus „Katharsis" entstammt der antiken Welt und meint „Reinigung", „Heilung" oder auch „Sühnung". Das Verb (καθαριζω) kann sich auf den medizinischen, ethischen oder den kultischen Bereich beziehen, wobei das Adjektiv (καθαρος) „rein", „sauber" oder auch „unschuldig" meint. Der Begriff der Katharsis ist kulturgeschichtlich mit der antiken Theatertheorie verbunden, wo ihn z.B. Aristoteles gebrauchte, um zu beschreiben, welche Wirkungen durch die Tragödien bei den Zuschauern erzielt werden sollten. „Die Tragödie ist die Nachahmung einer edlen und abgeschlossenen Handlung (...) derart (...), daß mit Hilfe von Mitleid und Furcht eine Reinigung von eben diesen Affekten bewerkstelligt wird" (Aristoteles [1950], S. 398).

Breuer brachte den Begriff in die Psychotherapie ein, gab ihm einen zentralen Stellenwert in seiner Behandlungstechnik, und Freud schloß sich an. In den „Studien über die Hysterie" von 1895 geht Freud davon aus, daß der psychische Prozeß, der das seelische Leiden verursacht hat, „so lebhaft als möglich" wiederholt werden muß, wenn die Heilung voranschreiten soll. Ein Erinnern ohne den begleitenden Affekt hielt er damals für wirkungslos.

Wie bekannt ist, hat sich Freud später von dieser Ansicht entfernt. Je mehr er die Psychoanalyse zu einem eigenen und eigenständigen Verfahren entwickelte, je mehr distanzierte er sich auch von der „kathartischen Methode".

Er selbst beschreibt diesen Weg folgendermaßen: „Es scheint mir nicht überflüssig, den Lernenden immer wieder daran zu mahnen, welche tiefgreifenden Veränderungen die psychoanalytische Technik seit ihren ersten Anfängen erfahren hat. Zuerst, in der Phase der Breuerschen Katharsis, die direkte Einstellung des Moments der Symptombildung und das konsequent festgehaltene Bemühen, die psychischen Vorgänge jener Situation reproduzieren zu lassen, um sie zu einem Ablauf durch bewußte Tätigkeit zu leiten. Erinnern und Abreagieren waren damals die mit Hilfe des hypnotischen Zustandes zu erreichenden Ziele. Sodann, nach dem Verzicht auf die Hypnose, drängte sich die Aufgabe vor, aus den freien Einfällen des Analysierten zu erraten, was er zu erinnern versagte. Durch die Deutungsarbeit und die Mitteilung ihrer Ergebnisse an den Kranken sollte der Widerstand umgangen werden; die Einstellung auf die Situation der Symptombildung und jene anderen, die sich hinter dem Moment der Erkrankung ergaben, blieb erhalten, das Abreagieren trat zurück und schien durch den Arbeitsaufwand ersetzt, den der Analysierte bei der ihm aufgedrängten Überwindung der Kritik gegen seine Einfälle (...) zu leisten hatte. Endlich hat sich die konsequente heutige Technik herausgebildet, bei welcher der Arzt auf die Einstellung eines bestimmten Moments oder Problems verzichtet, sich damit begnügt, die jeweilige psychische Oberfläche des Analysierten zu studieren, und die Deutungskunst wesentlich dazu benützt, um die an dieser hervortretenden Widerstände zu erkennen und dem Kranken bewußt zu machen. Es stellt sich dann eine neue Art von Arbeitsteilung her: der Arzt deckt die dem Kranken unbekannten Widerstände auf; sind diese erst bewältigt, so erzählt der Kranke oft ohne alle Mühe die vergessenen Situationen und Zusammenhänge. Das Ziel der Technik ist natürlich unverändert geblieben. Deskriptiv: die Ausfüllung der Lücken der Erinnerung, dynamisch: die Überwindung der Verdrängungswiderstände" (Freud 1972, S. 126).

Die Psychoanalyse hat sich also von der Wertschätzung des kathartischen Abreagierens wegentwickelt. Sie hat es geradezu zu einem methodischen Angelpunkt gemacht, in dieser Hinsicht andere Wege zu gehen. Führende Psychoanalytiker sehen gerade *darin* einen Hauptunterschied gegenüber anderen psychotherapeutischen Verfahren.

Auf der anderen Seite stehen Ansätze wie Gestalttherapie, Bioenergetik und Primärtherapie, die im Bereich der Arbeit mit Encounter- und Therapiegruppen in den siebziger Jahren eine enge Verbindung miteinander eingegangen sind. „Erlebnisorientiert" war das Stichwort, mit dem man sich damals von den Freudianern abgrenzte, obwohl dieser Begriff das nicht leisten kann, denn freilich ist auch die Psychoanalyse „erlebnisorientiert". Man sollte hier lieber von *katharsisbetonten* Psychotherapieverfahren auf der einen und *tiefenhermeneutischen* Ansätzen auf der anderen Seite sprechen.

Die katharsisbetonten Verfahren reklamieren für sich im Grund genau das, was für Freuds frühe Ansichten charakteristisch war: ohne Affektausdruck kein wirkliches Erinnern und Durchleben – ohne wirkliches Erinnern und Durchleben der primären Situation keine Heilung.

Als Beispiel mag die Bioenergetik gelten (vgl. Lowen 1975).

„Da es mit verbalen Therapien nicht gelungen ist, entscheidende Änderungen der Persönlichkeit zu erzielen, haben sich immer mehr

Leute den nichtverbalen und körperlichen Ansätzen zugewandt.Viele dieser neuen therapeutischen Methoden sollen die unterdrückten Gefühle wachrufen und entladen. Sie zielen oft in erster Linie darauf ab, Schreie hervorzulocken. (...) Schreien hat einen durchschlagenden Reinigungseffekt auf die Persönlichkeit. (...) Er löst die von den chronischen Muskelverspannungen geschaffene Starre und durchbricht die Ich-Abwehren in der ersten Schicht. Weinen und tiefes Schluchzen haben eine ganz ähnliche Wirkung, denn sie lockern und lösen körperliche Verkrampfungen. Das Entladen von Wut kann ebenfalls sehr nützlich sein, vorausgesetzt, die Wut wird unter Kontrolle und in der therapeutischen Situation ausgedrückt" (Lowen 1975, S. 103f).

Nach dem Höhepunkt des Streites zwischen dem tiefenhermeneutischen und dem katharsisorientierten Ansatz, der Mitte bis Ende der siebziger Jahre auf seinem Höhepunkt war, hat sich in den letzten Jahren bei einer Vielzahl der Vertreter beider Seiten eine Art Annäherung entwickelt. Die Psychoanalyse spricht wieder etwas öfter auch vom Nutzen ausgedrückter Affekte in der therapeutischen Situation, und die katharsisbetonten Verfahren betonen wieder stärker, wie wichtig auch das verbale Durcharbeiten und Verstehen der Affektentladungen ist. Gerade der europäische Zweig der Bioenergetischen Analyse und ihrer vergleichbaren Richtungen bezieht heute (wieder) stärker traditionell Freudsches Gedankengut ein. In bezug auf die Gruppenarbeit ist unseres Erachtens dazu folgendes zu sagen. Natürlich wird jede Gruppenleiterin und jeder Gruppenleiter dem Ansatz folgen, in dem er bzw. sie ausgebildet ist. Überhaupt ist das ungeordnete methodische Neben- und Durcheinander, wie es etwa für das Encounter der sechziger und siebziger Jahre typisch war (vgl. Rogers 1974; Schutz 1977), heute seltener geworden. Wo verantwortlich mit Gruppen gearbeitet wird, findet man die einzelnen Verfahren entweder wieder stärker in Reinkultur vor oder man findet Mischformen, die ihre Methodenintegration stärker reflektiert und strukturiert angehen, als dies früher üblich war.

Wo soziale Gruppenarbeit zielgruppenorientiert, aufgabenbezogen und themenzentriert geschieht, kann das Konzept von Halten und Loslassen helfen, den Gegensatz „pro Katharsis" – „pro Tiefenhermeneutik" zu überwinden. Die Sichtweise von Halten und Loslassen spricht für unser Verständnis eine Ebene an, die den gegensätzlichen Meinungen in bezug auf das Abreagieren aggressiver Affekte übergeordnet ist. Ob man in einer Situation den katharsisbetonten Weg wählt oder ob man den/die Teilnehmer eher darin unterstützt, den reflektierenden Weg zu gehen, sollte zunächst einmal vom thematischen, inhaltlichen und institutionellen Rahmen abhängig sein, in dem sich eine Gruppe bewegt und befindet. Das Ziel (s. o.) heißt mit Mitscherlich immer „gekonnte" Aggression. Der Gruppenleiter wird jeweils ad hoc zu entscheiden haben, was diesem Ziel angemessen ist und am besten dient: was einem Teilnehmer zuzumuten ist (vor allem: welche Richtung er aufgrund seiner eigenen Selbstverantwortung einschlägt), und inwieweit der Leiter dem aggressiven Affekt Raum geben will und er ihn auffangen kann. Das Abreagieren von Ärger, Wut und Zorn ist kein Wert an sich, und der reflektierende Umgang mit diesen Gefühlen ist es auch nicht. Abreagieren ohne Reflexion ist „Kampfsport" (vgl. Kutter 1992), verbale Bearbeitung ohne Affektbeteiligung ist „Gerede". In den meisten Gruppen, in denen Menschen zusammen sind, wird es wichtig sein, beide Extreme zu vermeiden und Katharsis und Deutung sensibel zueinander in Beziehung zu setzen, so daß sich Teilnehmer grundsätzlich gehalten fühlen, daß sie gegebene Grenzen hin und wieder jedoch auch überschreiten können und überschüssiger „Dampf" losgelassen werden kann. In themenzentrierten Gruppen wird vor allem auch der inhaltliche Zusammenhang in dieser Hinsicht eine Grundorientierung sein.

14. Zum Schluß

Aggressive Affekte als solche sind nicht pathologisch, sondern gehören zu den Grundelementen unseres persönlichen und sozialen Daseins wie andere Empfindungen auch. Neurotisch und abgespalten sind sie, wenn sie die Folge psychisch inadäquater Konfliktlösungen sind.

In der Gruppenarbeit gehört die Auseinandersetzung mit Aggressionen zum „täglichen Brot" jedes Leiters. Zorn, Wut, Ärger und Haß begegnen uns in Gruppen auf vielen Ebenen und auf Schauplätzen, die sehr unterschiedlich sind. Aggressive Affekte zu erkennen und mit ihnen umzugehen, verlangt ein hohes Maß an Selbsterkenntnis und Wissen. Psychoanalyse und moderne Säuglingsforschung helfen, zu verstehen, wie Aggression entsteht, wie ihre Dynamik wirkt und wie sie mit unserer Existenz verflochten ist.

Es ist die Aufgabe jeder Gruppe, die das menschliche Fühlen und Empfinden nicht von vornherein der reinen Sachauseinandersetzung opfern will, ein förderndes Umfeld zu bieten, in dem Reifungsschritte zum konstruktiven Umgang auch mit der Aggression möglich sind. Leiterinnen und Leiter werden sich immer wieder zwischen Halten und Loslassen zu entscheiden haben. Es wird notwendig sein, stets von neuem einen unvorbelasteten Zugang zu dem zu gewinnen, was wir Aggression nennen – sie grundsätzlich als einen legitimen Ausdruck menschlichen Fühlens und Handelns zu begreifen.

Wenn wir das anerkennen, werden wir in unseren Gruppen Reifungsprozesse mitgestalten, durch die wir auch mit dem zu leben lernen, was wir für die scheinbaren Schattenseiten unserer Existenz halten. Dann wird Selbstentfaltung gefördert, und Selbstunsicherheit kann abgebaut werden. Je stärker wir Zorn, Groll, Neid und Rivalität sanktionieren und verdrängen, desto stärker breiten sie sich aus. Wenn aber freier Zugang im Erleben und Kreativität im Umgang mit ihnen besteht, sind die Chancen groß, daß wir in unseren Kontakten Liebe und Hass gestalten können. Die Aggression ist für unser Leben ein potentieller Wert und eine elementare Kraft. Wer dies anerkennen kann, wird von ihr nicht mehr beherrscht und ist ihr nicht mehr hilflos unterworfen.

Literatur

Alfred Adler, Der Aggressionstrieb im Leben und in der Neurose, in: ders., Fortschritte der Medizin, 1908

Aristoteles, Von der Dichtkunst, in: Die Bibliothek der alten Welt, Zürich 1950

Wilfred R. Bion, Erfahrungen in Gruppen und andere Schriften, Stuttgart 1971

Ruth C. Cohn, Von der Psychoanalyse zur Themenzentrierten Interaktion, Stuttgart 1975

Erik H. Erikson, Identität und Lebenszyklus, Frankfurt am Main 1973

Sigmund Freud, Erinnern, Wiederholen und Durcharbeiten, G.W. Band 10, Frankfurt am Main 1972

Sigmund Freud, Studien über die Hysterie, G.W. Band 1, Frankfurt am Main 1970

Sigmund Freud, Das Unbehagen in der Kultur, G.W. Band 14, Frankfurt am Main 1974

Melanie Klein, Envy and Graditude and other Works, London 1980

Melanie Klein/Joan Riviere, Seelische Urkonflikte, Frankfurt a.M. 1983

Peter Kutter, Aggression als Trieb- und Objektschicksal, in: Urte Finger-Trescher/Hans-Georg Trescher (Hg.), Aggression und Wachstum, Mainz 1992, S. 11-22

Alexander Lowen, Bio-Energetik, München 1975

Margaret S. Mahler/Fred Pine/Anni Bergman, Die psychische Geburt des Menschen, Frankfurt am Main 1987

Stavros Mentzos, Neurotische Konfliktverarbeitung, Frankfurt am Main 1984

Alexander Mitscherlich, Aggression und Anpassung (I), in: Psyche X, 1956/57, S. 177-193

Albert Pesso, Dramaturgie des Unbewußten, Stuttgart 1986

Joan Riviere, Haß, Gier und Aggression, in: Melanie Klein/Joan Riviere, Seelische Urkonflikte, Frankfurt a.M. 1983

Carl R. Rogers, Encounter-Gruppen, München 1974

William C. Schutz, Encounter, Hamburg 1977

Daniel N. Stern, Die Lebenserfahrung des Säuglings, Stuttgart 1992

D. W. Winnicott, Von der Kinderheilkunde zur Psychoanalyse, München 1976

D. W. Winnicott, Reifungsprozesse und fördernde Umwelt, München 1974

3. Die psychophysiologische Theorie der Aggression

Sie baut auf der Lorenzschen Instinkttheorie auf und korrigiert diese: Verhalten und Gefühle haben eine physiologische Basis in spezifischen Hirnstrukturen und deren neurochemischen Prozessen. Bestimmend für die Entstehung von Aggression und Ärger sind vor allem die limbischen Hirnstrukturen und eine Vielzahl von hormonellen Prozessen. (vgl. Klessmann 1992, S. 42f)

Anders als im Instinktkonzept von Lorenz gibt die psychophysiologische Forschung folgende biologische Definition von Aggression: „Aggression ist der Teil des normalen Verhaltens, der in unterschiedlicher Bindung an einen Stimulus und in verschiedenen zielgerichteten Formen ausgelöst wird, um vitale Bedürfnisse zu befriedigen oder Bedrohungen der physischen und/oder der psychischen Integrität des Selbst oder der Spezies als eines lebendigen Organismus zu beseitigen bzw. zu überwinden; sie dient niemals dazu, außer bei Beute-Aktivität, den Gegner zu zerstören." (Valzelli 1981, S. 64)

Vor diesem Hintergrund können im Tierreich verschiedene, funktional sinnvolle Formen von Aggression unterschieden werden, z. B. Raub-Aggression, territoriale Aggression, mütterliche Aggression. Der Mensch praktiziert demnach mit der Zerstörung des Gegners eine Aggression, die es im Tierreich nicht gibt. Menschliches Verhalten kann daher immer nur aus der Interaktion von Gehirn und Umwelt, von physiologischen und sozialen Aspekten, verstanden werden; die Alternative „Vererbung oder Umwelt" ist falsch und irreführend. Das bedeutet, daß die Psychobiologie keineswegs einen biologischen Determinismus vertritt, sondern für die Integration mit anderen Theorien offen ist. Nach Valzelli hängt die Art und Ausdrucksweise von Aggression von ganz unterschiedlichen Faktoren ab; diese sind: das neuroanatomische Netzwerk, die genetische Prädetermination, die neurochemischen und hormonellen Gegebenheiten und die verschiedenen kulturellen Lernprozesse. Auch die weiteren Untersuchungen auf dem Gebiet der Psychobiologie der Aggression haben ergeben, daß die Interpretation der Aggression nur unter Einbeziehung des sozialen Kontextes sinnvoll erfolgen kann. (vgl. Lischke 1982, S. 124ff)

Literatur

Klessmann, M., Ärger und Aggression in der Kirche, Göttingen 1992
Lischke, G., in: Selg, H. (Hg.), Zur Aggression verdammt? Ein Überblick über die Psychologie der Aggression, Stuttgart ⁶1982
Valzelli, L., Psychobiology of Aggression and Violence, New York 1981

Hartmut Raguse

Geb. 1941. 1972-1976 Vikar und Pfarrer in Berlin. 1972 erster TZI-Kurs, 1976 Graduierung. 1979-1990 psychoanalytische Ausbildung. Mitglied der „Schweizerischen Gesellschaft für Psychoanalyse" und der „Deutschen Gesellschaft für Pastoralpsychologie". 1992 Promotion zum Dr.theol., 1994 Habilitation für das Fach „Neues Testament und Hermeneutik". Arbeitet freiberuflich in Basel.

Aggression und Destruktion in der Arbeit mit TZI-Gruppen

1. Einleitung

Ich möchte mich in dieser Arbeit vor allem mit der Frage beschäftigen, ob es eine Art von Aggression oder sogar von Destruktion gibt, die in TZI-Gruppen häufiger als in anderen Gruppenformen auftaucht, und weiterhin, in welcher Weise diese Aggressionen vor dem Hintergrund des weltanschaulichen Rahmens der TZI gefördert oder auch verändert werden. Schließlich sage ich noch einiges dazu, wie in TZI-Gruppen mit Aggressionen so umgegangen werden kann, daß Prozesse von Einsicht und Entwicklung in Gang gesetzt werden.

In der Anfangszeit der gruppendynamischen Bewegung in Europa gab es ein Angebot von „Laboratorien", wie ich sie selber in dieser reinen Form nur einmal miterlebt habe. Ich habe aber über sie auch noch einige „Augenzeugenberichte" gehört. Überdies sind diese Seminare in der Gruppenliteratur dokumentiert (Sbandi 1971, 1976). Zu solchen Veranstaltungen kamen vielleicht 40 Personen aus verschiedenen Berufen zusammen, manchmal weniger, manchmal auch noch mehr. Die Sitzungen fanden teilweise als Plenumsveranstaltungen, teils als zeitlich fest vorgegebene Trainingsgruppen (T-Gruppen) statt. Beide Sitzungstypen waren sich darin ähnlich, daß die „Leiter" in keiner Weise aktiv strukturierten, fast nichts sagten, und wenn sie dieses doch einmal taten, dann allenfalls einige Beobachtungen zum gegenwärtig ablaufenden Gruppenprozeß abgaben. Da die Teilnehmerinnen und Teilnehmer für die Kurse relativ viel Geld zahlten und hohe Erwartungen mitbrachten, erlebten sie anfänglich eine massive Enttäuschung. Sie hatten den Eindruck, nichts zu bekommen, und reagierten mit entsprechender Wut. Die Art, in der diese Wut verarbeitet wurde, war von Individuum zu Individuum und von Gruppe zu Gruppe verschieden. Manche Teilnehmer wurden psychotisch, andere reisten vorher ab, einige Seminare brachen auseinander. Aber in anderen Fällen ereignete es sich, daß die Gruppen selber versuchten, etwas aus der Situation zu machen. Die Teilnehmenden konnten dann an sich und den anderen beobachten, wie aus einer unstrukturierten Situation etwas wie ein Gruppenorganismus wurde, und sie konnten, wenn sie sich darauf einließen, vom sog. Trainer einiges über den Prozeß ihrer Gruppe lernen. Aber die Phase von Wut am Anfang war unvermeidlich, und ich selber erinnere mich an meine eigene T-Gruppenerfahrung vor über 20 Jahren, in der wir alle miteinander eine Sitzung lang fest überzeugt waren, daß unser Leiter völlig unmöglich und inkompetent sei. Wir erlebten eine Einigkeit in der Ablehnung und in der Wut. Diese Form des Lernens war erlebnismäßig eindrucksvoll, aber zugleich riskant.

Vor allem therapeutisch nicht geschulte Trainer sahen sich Situationen gegenüber, mit denen sie überfordert waren. Die gruppendynamische Arbeit hat sich seitdem grundlegend geändert, wie C. Edding es in einem sehr lesenswerten Aufsatz (1988) beschreibt: an die Stelle von Workshops, in denen es darum ging, Gruppenprozesse zunächst einmal zu erleben und dann auch zu *verstehen*, was da passiert, seien aufgabenorientierte Seminare getreten, in denen man lernen könne, Prozesse derart zu *steuern*, daß Gruppen in kürzester Zeit zu einer Arbeitsfähigkeit kämen. Edding erwähnt TZI-Gruppen nicht direkt, aber sie spielt eindeutig auf sie an, wenn sie die „Störungen" erwähnt. Störungen gäbe es nur, so sagt sie, wenn eindeutige Aufgaben zu bewältigen seien. Ginge es hingegen darum, Prozesse zu erleben und zu verstehen, dann sei es sinnlos, von Störungen zu sprechen.

Ich vermute, daß kein Zweifel daran bestehen kann, wo TZI einzuordnen ist. Es geht hier um aufgabenorientierte Gruppen, für die die Leitung eine optimale Arbeitsstruktur zu entwerfen hat. Zu ihr mag sogar gehören, daß die Teilnehmer selber mehr und mehr dazu befähigt werden, sogar auch diese Aufgabe verantwortlich zu übernehmen. Das sog. Störungspostulat ist ein hinreichender Zeuge für die eindeutige Zielorientierung. Edding sagt nun keineswegs, daß diese neue Form nur schlecht sei, aber sie bedauert, daß diejenigen Gruppenleiter, die jetzt so geschickt strukturieren, im Grunde nie erleben konnten, was mit dieser Strukturierung umgangen wird. Und das ist vor allem das Maß an Desorientierung und Wut, aus dem in günstigen Fällen doch Erkenntnis und Organisation werden konnte.

Ich kann der Argumentation von C. Edding nur zustimmen, möchte aber trotzdem nicht die Möglichkeit missen, Gruppen in möglichst kurzer Zeit zum gemeinsamen Arbeiten zu befähigen. Ich habe allerdings mehrfach erfahren, daß auch in sorgfältig geleiteten Gruppen, und gerade in ihnen, heftige Aggressivität aufsteigen kann. Sie hat ganz verschiedene Ursachen und verschiedene Ausprägungen. Es ist nötig, sich darüber klar zu sein, daß Aggressivität von Situation zu Situation etwas anderes sein kann und deshalb auch einen differenzierten Umgang erfordert. Mein Hauptziel in dieser Arbeit ist es zu zeigen, daß nicht nur die unstrukturierten gruppendynamischen Situationen, sondern auch die optimal strukturierten TZI-Gruppen ein Potential an Aggressivität, ja an Destruktivität haben. Dieses mag sich durchaus auf die Phantasie beschränken, ohne in Handlungen umgesetzt zu werden. Es geht hier mehr um das Erleben von Haß, Wut und Freude an der Zerstörung, ohne welches Taten allerdings gar nicht möglich wären.

2. Aggression in TZI-Gruppen

a. Beispiel aus einer Ausbildungsgruppe

Ich möchte damit beginnen, ein Beispiel aus meiner eigenen Arbeit darzustellen. Vor Jahren war ich in periodischen Abständen von einer im sozialen Bereich tätigen Ausbildungsinstitution damit beauftragt, Kurse zur Qualifizierung in der Beratungsarbeit mit Einzelnen zu leiten. Ich sollte eine Mischform von berufsbezogener Selbsterfahrung und praktischen Übungen zur Gesprächsführung anbieten. Alle äußeren Umstande waren sehr gut, die Gruppen meist relativ klein und gut motiviert. Ich arbeitete mit einer kompetenten Mitleiterin, und es stand uns der weite Zeitraum von 8 vollen Tagen zur Verfügung. TZI war nicht Bestandteil unseres Auftrags, aber es war allen klar, daß diese Methode die Basis sein würde. In der speziellen Situation, an die ich denke, begannen wir, wie immer, mit Ich- und Wir-orientierten Themen, die wir so wählten, daß in ihnen zugleich die Grundfragen von Beratungsarbeit anklangen. Ich nenne eine kleine Auswahl zur Illustration, die Reihenfolge ist nicht die originale: „Wie ist es für mich, gegenüber Klienten eine Autorität zu sein?", „Wie ist es mir möglich, meine Ohnmacht auszuhalten, zu warten und nicht gleich einzugreifen?", „Wie verhalte ich mich, wenn die Institution anderes verlangt als ich geben will?". Wir versuchten dabei, die Themen jeweils auch auf die gegenwärtige Gruppensituation zu beziehen, die allerdings immer schwieriger wurde. „Was wollt ihr eigentlich von uns, was sollen wir, was soll dieses Thema?", so wurden wir stets dringender und unwilliger gefragt. Wenn wir nach den Themen der Teilnehmenden fragten, dann kamen schon einige Vorschläge, aber vorwiegend solche, die mit Mißtrauen und Ärger zu tun hatten. Wir nahmen sie bereitwillig auf und erklärten geduldig unser Vorgehen. Das nützte teilweise etwas, und uns wurde deutlich, wie groß das Mißtrauen der Teilnehmenden gegenüber dem Leiter der Institution war. Aber es gelang uns nicht, mit der Gruppe zu einer nachhaltigen Bearbeitung zu kommen. Lange Schweigezeiten wechselten mit trotzig-aggressiven Ausbrüchen. Nichts veränderte sich, wir waren für die Gruppe gefährliche Verfolger, und die Teilnehmerinnen und Teilnehmer erlebten sich als verzweifelt sich wehrende Opfer. Langsam fühlte ich mich ganz ähnlich, nämlich ohnmächtig und ratlos. Sollte man den Prozeß einfach durchhalten? Uns Leitern war deutlich, daß wir uns eigentlich dieser Aufgabe stellen müßten, denn nur so würden wir zu einem Klima kommen, in dem wirkliche Arbeit an Beratungssituationen möglich wäre. Uns saß aber auch die Institution im Nacken, wir durften doch nicht scheitern, sonst würden wir vielleicht nie mehr beauftragt werden. Was mir noch auffiel, das war, daß die Teilnehmenden uns außerhalb der Sitzungen schätzten und durchaus nicht an unserer Kompetenz zweifelten. In dieser Situation der Ratlosigkeit entschieden wir uns dafür, den unfertigen und unbefriedigenden Gruppenprozeß ungeklärt stehen zu lassen und trotz allem zu unserer zweiten Aufgabe überzugehen. Wir begannen also mit Rollenspielen und Fallarbeiten, und plötzlich änderte sich die Stimmung radikal. Es war, als hörte man ein Aufatmen, und die Gruppe arbeitete in einer differenzierten Weise mit, wie ich sie nicht oft erlebt hatte. Die Anfangssituation war wie vergessen, und wir konnten heikelste persönliche Probleme ansprechen. Mit uns waren alle sehr zufrieden, und ich erinnere mich an eine Teilnehmerin, die etwa am 5. Tag sagte, sie erinnere sich eigentlich gar nicht mehr an den Anfang. Am 7. Tag arbeiteten wir den ganzen Tag über an persönlichen Rückmeldungen mit dem Thema: „Was habe ich hier im Kurs von deiner Beratungskompetenz wahrgenommen, würde ich zu Dir gehen, wenn ich in Not bin?" Auch dieses Thema wurde sensibel angegangen, und wir Leiter bekamen gute Noten. Es folgte der 8. Tag, den wir mit einer Rückschau auf den Kurs begannen. Ich stellte bald die Frage, wie wohl die beiden Teile des Kurses im Zusammenhang zu sehen seien, und ob es wohl jetzt deutlicher geworden sei, warum der Anfang so schwierig war. Hätte ich dieses nur nicht getan! (Ich würde es übrigens auf jeden Fall wieder tun!). Sogleich war die Anfangsstimmung wieder da: „Was wollt ihr mit dieser

Frage, was soll das? Warum stoßt ihr uns wieder dorthin, wo wir am Anfang waren?" Ich versuchte zu erklären, wie wichtig es sei, Prozesse zu verstehen, daß ich deshalb keineswegs die Absicht hätte, der Gruppe diesen Anfang vorzuwerfen. Er half gar nichts, und der Kurs endete am Mittag in einem völligem Mißklang: es war alles nichts gewesen! So jedenfalls sagt es meine gefühlsmäßige Erinnerung. Wenn ich nüchtern nachdenke, dann höre ich vor allem die Stimme *eines* Teilnehmers und weiß, daß er etwa von der Hälfte unterstützt wurde. Die andere Hälfte ging aber für mich in der lauten Kritik unter.

b. Kommentar zum ersten Fallbeispiel

Soweit meine Schilderung, und ich hoffe, daß jede Leserin und jeder Leser sich seine oder ihre eigenen Gedanken zu meinem Bericht macht. Ich selber bin zu dem folgenden Verständnis gekommen: Die Teilnehmer kamen zu uns zunächst mit einem rechten Mißtrauen, das sich aber auf die gesamte Organisation bezog. Sie haben uns dann als relativ wohlwollend erlebt. Das konnten sie mit einem gewissen Recht, denn auch wir Leiter hatten einige Distanz zur Institution und fanden, daß dort einiges nicht sehr gut liefe. Andererseits ließen wir uns auch nicht vereinnahmen. Wir bewahrten die Loyalität zur Institution und ließen uns auch nicht von unserem Programm abbringen. Dieses Programm war anfangs eher frustrierend und fordernd. Wir forderten, daß die Teilnehmer sich ohne allzu viele Hilfestellungen selber in die Themen gleichsam hineinbegäben und mit ihnen Erfahrungen machten. Zugleich aber merkten sie, daß wir relativ wohlgesonnen und geduldig blieben. Das heißt, wir beide wurden in gleicher Weise sowohl als frustrierend als auch als gut erlebt. Genau diese Erfahrung, so scheint es mir, war für die Gruppe desorientierend. Waren wir nun böse und verfolgend oder gut und versorgend? Es war für die Gruppe nicht möglich, zur Lösung dieses Konfliktes zwischen uns beiden Leitern eine Spaltung herbeizuführen, etwa derart, daß ich ganz böse und die Mit-Leiterin gut geblieben wäre. Versuche dazu gab es, aber sie gelangen nicht. Gegen diese Desorientierung nun, so verstehe ich es, richtete sich die Wut.

Sie hatte vor allem das Ziel, eine Eindeutigkeit zu erreichen. Das gelang auch, und zwar auf zwei verschiedene Weisen. Zuerst waren wir Leiter tatsächlich nur noch schlecht. Das machte auf uns beide einen starken gefühlsmäßigen Eindruck, wir fühlten uns tatsächlich schlecht, ratlos und begannen damit, unsererseits die Gruppe insgeheim für völlig inkompetent zu halten. Dieser Gedanke tröstete uns ein wenig, weil wir dann ohne Schuld wären. Andererseits haben wir in den Sitzungen auch weiterhin geduldig versucht zu verstehen, was los war, haben uns also sicherlich nicht als „böse" dargestellt. Als wir dann die selbsterfahrungsorientierten Themen aufgaben und uns dem anderen Teil des Auftrags zuwandten, da haben wir die „Versprechung" erfüllt, die uns die Teilnehmer immer schon angemerkt hatten: wir waren gut, versorgend und gar nicht mehr frustrierend. Der Schatten der dunklen „Vorzeit" wurde ganz hell. Was war geschehen? Mir scheint, daß die Aggression der Gruppe zwei verschiedene Lösungen ihres Problems mit der Leitung hätte ermöglichen können: entweder wir wären eindeutig schlecht. Das war aber nicht so einfach, weil wir Signale gaben, daß wir es gut meinten. Immerhin wurden wir als Kursleiter langsam selber ärgerlicher, und es hätte nicht allzu viel gefehlt, daß wir tatsächlich eindeutig zu bösen Leitern geworden wären. Oder aber, und das geschah, mit der Aggression wurden wir dazu gebracht, nun endlich die gewünschte Rolle einzunehmen. Als wir das taten, war alle Aggression unnötig, und im Kurs breitete sich diejenige Einigkeit aus, in der Aggressivität scheinbar unnötig ist. Erst als wir ganz am Schluß diese Rolle wieder infrage stellten, indem wir die Situation nicht einfach erhalten, sondern reflektieren wollten, brach die Aggressivität wieder auf. In ihr steckte etwas wie ein Hilferuf: „Merkt ihr denn nicht, daß ihr nur-gut zu bleiben habt? Wir vertragen keine Orientierungslosigkeit!" Diese Problematik konnte nicht aufgearbeitet werden, vielmehr fühlten wir uns schuldig, so angenehmen und differenzierten jungen Menschen nicht gerecht geworden zu sein.

Wenn ich es zusammenfasse, so hatte nach meinem Verständnis die Aggressivität der Gruppe zwei verschiedene Funktionen. Einerseits rührte sie aus einer – teilweise auch schon mitgebrachten

Enttäuschung, daß wir als Kursleiter die Bedürfnisse nicht erfüllten. Diese erste Form der Aggressivität vor allem war es, die in den gruppendynamischen Laboratorien erlebt und durchgearbeitet wurde. Zugleich aber sollte die Aggression eine Eindeutigkeit schaffen, deren Fehlen in der Gruppe Angst und Desorientierung bewirkte. Es ist diese zweite Art, die in TZI-Gruppen viel öfter auftritt. Wir können sie und ihre Ursachen noch besser verstehen, wenn wir uns ein anderes Beispiel ansehen. Dieses stammt nicht von mir selber, sondern aus einer Supervision. Ich habe es übrigens, wie auch meine eigene Situation, so weit verändert, daß es nicht identifizierbar ist.

c. Ein Beispiel aus einer Selbsterfahrungsgruppe

In einer Supervisionsgruppe berichtet eine Teilnehmerin, ich nenne sie Doris, über einen von ihr selber geleiteten Kurs, der eigentlich einen idealen Verlauf gehabt hätte, wenn nicht am Schluß alles umgekippt wäre. Die Struktur hatte gestimmt, die Teilnehmer wirkten hochmotiviert, alles war intensiv und tief gewesen, auch Aggressionen konnten angstfrei angesehen und bearbeitet werden. Insgesamt: ein nur guter Kurs. Man lästerte in den Pausen gern über andere Kursleiter, von denen man Schauergeschichten gehört hatte. Hier in dieser Gruppe aber war alles anders. Doris nennt als eine kleine Einschränkung ihre Beobachtung, daß sie abends immer recht erschöpft war, sie sei aber trotzdem immer noch lange aufgeblieben und hätte mit der Gruppe zusammengesessen. Am letzten Abend herrschte in der Gruppe eine ausgelassene, fast euphorische Stimmung. Auch die Leiterin saß dabei. Ihr war allerdings nicht ganz wohl. Ihr war eingefallen, daß sie die Kursbescheinigungen zu Hause vergessen hatte, und sie wollte gern noch mit dem letzten Zug vom Tagungshaus zu ihrem nahen Wohnort fahren, um sie zu holen. Sie mußte dazu einen der Kursteilnehmer bitten, sie noch mit seinem Auto zum Bahnhof zu bringen, der einige Kilometer entfernt lag. Ihr tat der Abschied recht leid, aber der angesprochene Teilnehmer hatte sich gern dazu bereit erklärt. Er kam danach allerdings erst recht spät in die Gruppe zurück, denn er hatte sich auf der Rückfahrt verfahren. In der Gruppe war die Stimmung inzwischen radikal verändert, das

Verschwinden der beiden hatte die Ausgelassenheit gestört und einem Empfinden von Verlassensein und Enttäuschung Platz gemacht. Laute Kritik an der Leiterin wurde geäußert. Das jedenfalls erfuhr Doris am nächsten Morgen, als sie ahnungslos, aber doch mit einem irgendwie beklommenen Gefühl die Tagungsstätte betrat. In den beiden letzten Sitzungen wurde sie nur noch kritisiert, der ganze Kurs sei eine Enttäuschung gewesen, alles wäre im Grunde unecht, und man hätte nichts gelernt. Die Leiterin sah sich einer nahezu einhellig empörten und erregten Gruppe gegenüber, sie war fassungslos und versuchte vergeblich eine Klärung. Der Kurs blieb in der Rückmeldung der Teilnehmer wertlos und mißlungen.

Was war geschehen? In der Supervision wurde deutlich, wie die eher ängstliche Leiterin sich bemüht hatte, ja nichts falsch zu machen. Sie hatte sich größte Mühe gegeben, nichts Wichtiges zu vergessen und fürchtete nichts mehr, als daß sie kritisiert würde. Ihre Sensibilität half ihr, die Wünsche der Gruppe dieser gleichsam von den Lippen abzulesen – und sie nach Möglichkeit zu erfüllen. Es wurde aber auch deutlich, unter welchen Druck sie sich selber setze. Daher rührte ihre abendliche Erschöpfung. Als sie merkte, daß sie die Bescheinigungen vergessen hatte, war es ihr zwar peinlich. Aber sie hatte auch ganz kurz gedacht, wie angenehm es wäre, heute unerwartet zu Hause zu sein und einmal nicht mit der Gruppe herumzusitzen. Nachträglich wurde ihr deutlich, daß sie sich gar nicht so behaglich im Kurs gefühlt hatte. Irgendwie war es ihr eng gewesen, sie hatte sich wie ein ganz braves Mädchen erlebt, und als sie im Zug saß, konnte sie viel freier atmen.

In der Supervision wurde ihr weiterhin klar, daß ihre Gefühle auch der Gruppe gegenüber gar nicht so freundlich waren, wie sie es sich selber zunächst eingeredet hatte. Sie erlebte die Gruppe als gierig und unersättlich und hatte den Eindruck, selber zu kurz zu kommen. Die Wut der Gruppe war wie ein überlautes Echo ihrer eigenen leisen, aber durchaus vorhandenen Aggression.

d. Kommentar zum zweiten Fallbeispiel

Mir scheint die geschilderte Situation, so wie ich sie verstehe, besonders interessant zu sein, weil sie wiederum Aggressivität in ganz verschiedener Funktion darstellt. Die Leiterin hatte sich gegenüber der Gruppe unter einem zunehmendem Druck gefühlt, deren Bedürfnisse zu erfüllen und darin ganz aufzugehen. Anfangs hatte sie das anscheinend noch genießen können und sich mit der Gruppe darin geeinigt, daß „wir hier" großartig und „die dort" unfähig seien. Aber der Preis für diese „Einigkeit" war hoch, sie mußte im Grunde ihr Eigenleben aufgeben. Die Gruppe verschlang sie, und während sie anfangs es nicht ungern sah, auf diese Weise „goutiert" zu werden, erlebte sie später die Gruppe mehr und mehr als gieriges Kind, von dem sie, Doris, aufgefressen wurde. Aus dieser Verklammerung mit einem scheinbar homogenen Gegenüber, der Gruppe, flüchtete sie gleichsam nach Hause, um sich dort bei ihrem Mann, der mit Gruppen übrigens nicht viel im Sinne hatte, von eben dieser Gruppe zu erholen, sich gleichsam aus dem Gruppenmaul zu ziehen. Ihre eigene Aggressivität, derer sie sich erst nachträglich recht bewußt wurde, hatte vor allem die Funktion der Trennung, der Grenzziehung zwischen ihr selber und der Gruppe. Die Beziehung zwischen Doris und den Teilnehmern war etwas wie eine Zweierbeziehung geworden, in der beide Seiten sich einander anglichen und miteinander zu verschmelzen schienen. Nicht zuletzt deshalb fuhr die Leiterin zu ihrem Mann, um in ihm einen Pol außerhalb dieser Beziehung zur Gruppe zu finden. Aus der zu nahen und bedrohlichen Zweierbeziehung machte sie, indem sie zu ihrem Mann reiste, eine viel nüchternere Dreierkonstellation.

Die Gruppe hingegen fühlte sich als Einheit gerade besonders wohl. Aber untergründig spürte sie wohl das Unbehagen der Leiterin. Das große Fest schien mir das Ziel zu haben, die Einigkeit zu festigen und alles Fremde auszuschließen. Daß Doris – und dann auch noch mit einem der Männer – am Abend verschwand, das bedrohte die Phantasie der totalen Einigkeit. Die vollkommene Versorgerin zog sich zurück und nahm sich auch noch einen Mann mit, um mit ihm diejenige Lust zu genießen, die sie der armen verlassenen Gruppe plötzlich vorenthielt. Mit diesem letzten Satz versuche ich die Phantasie zu umschreiben, die die Teilnehmer der Gruppe untergründig erlebten. Mit ihrer Aggressivität am Abend und am nächsten Morgen zeigten sie, wie verletzend es ist, in dieser Weise verlassen und aus dem Paradies gewiesen zu werden. Die Wut hatte – wenn auch vergeblich – das Ziel, die alte eindeutige Einheit wiederherzustellen, und sei es auch nur dadurch, daß sie das enttäuschende Gegenüber in der Phantasie vernichtete. Das geschah durch die Vorstellung, daß die Leiterin nur schlecht wäre und indem auch das, was vorher gut gewesen war, aus der Erinnerung ausgeschlossen und damit rückgängig gemacht wurde.

Beide Formen der Aggression, der Gruppe und der Leiterin, haben etwas Gemeinsames und etwas Verschiedenes. Beide Arten stehen im Zusammenhang mit einer Zweierbeziehung, mit der Beziehung „Ich und das oder der andere". Die Aggression der Leiterin sollte ihr selber dabei helfen, dieser zu engen Beziehung zu *entkommen*, die Gruppe aber versuchte, das Gefühl von Einssein mit Hilfe ihrer Aggression zu *bewahren*. Man könnte beide Formen von Aggression „dyadisch" (zu einer Zweierbeziehung gehörig) nennen. Sie würden sich darin unterscheiden, daß die eine „zentripetal" ist, also das Ursprüngliche wiederherstellen möchte, während die andere sich „zentrifugal" äußert, sich aus der Enge einer Zweierbeziehung befreien möchte.

Aber die Terminologie ist nicht so wichtig, obwohl ich sie als ganz anschaulich empfinde. Die Sache selber ist längst bekannt, es handelt sich dabei um die Probleme, die eine Gruppe in der Phase der Dependenz hat. In der klassischen Gruppendynamik wurde dieses Problem mit Frustration angegangen. Durch die andauernde Verweigerung der Leiter, Bedürfnisse zu erfüllen, mußten die Teilnehmer sich davon überzeugen, daß ihre Erwartungen nicht erfüllt wurden. Entweder verblieben sie dann in wütender Abhängigkeit und Enttäuschung oder sie emanzipierten sich von den Trainern und vor allem von ihren eigenen Erwartungen an sie und machten etwas Eigenes. In TZI-Gruppen braucht es nicht unbedingt anders zu sein. Wenn ein Leiter oder eine Leiterin anzeigt, daß sie die Abhängigkeits- und Versorgungsbedürfnisse der Teilnehmer zwar akzeptieren, aber nicht erfüllen, dann kann auch hier ein Prozeß zur Selbständigkeit erfolgen, der vielleicht etwas sanfter ist, aber doch einen ähnlichen Effekt hat. Aber ich glaube, daß gerade TZI-Gruppen einigen Anlaß dazu bieten, daß die Teilnehmenden eine andere

Erfahrung machen. Das zweite meiner Fallbeispiele zeigt das deutlich auf.

e. TZI-Methodik und Aggressivität

Jeder, der TZI erlernt, weiß, wie wichtig es ist, Anfangsphasen richtig zu gestalten. Namensrunden, Befragen nach der Befindlichkeit, erste soziale Kontakte durch strukturiertes Aufeinanderzugehen, all das mindert die Angst, die mit Anfängen verbunden ist, und es ermöglicht eine gewisse vorläufige Nähe. Vor allem Teilnehmerinnen und Teilnehmer, die das noch nie erlebt haben, fühlen sich oft sehr wohl und erleben die Gruppe als eine wohltuende Alternativwelt: endlich einmal darf man ein Gefühl von Sicherheit und Wärme haben, es gibt Menschen, die sich für einen interessieren, und es ist relativ leicht sich zu öffnen, zumal niemand sehr drängt. Die angenehme Umgebung einer Tagungsstätte fördert noch das Gefühl, etwas von derjenigen Harmonie wiedergefunden zu haben, die wohl einer allgemeinen Sehnsucht entspricht. Die sichere Fürsorge einer sensiblen Leitung regt unbefriedigte Wunschphantasien an, die sich ursprünglich einmal auf unsere Eltern richteten und die dort letztlich nicht erfüllt wurden. Warum sollte man dieses Klima verlassen? Es kommt noch etwas weiteres hinzu. Die Weltanschauung von TZI fördert die Vorstellung von Gleichheit, Schwesterlichkeit und Brüderlichkeit. Während reale Geschwister meist nicht auf die Idee kommen, solche Ideale untereinander zu verwirklichen, offenbart sich hier plötzlich etwas wie eine wahre Familie. Manches von dem, was ich hier schreibe, mag im Einzelfall nicht stimmen, insgesamt aber habe ich den Eindruck, daß TZI den Bedürfnissen der Teilnehmenden weit entgegenkommt und sie wenigstens teilweise zu erfüllen verspricht. Diesem Umstand einer minimalen Frustration verdankt sich vor allem die Tatsache, daß TZI-Gruppen oft recht schnell arbeitsfähig sind. Allerdings habe ich es – vor allem als Gruppenteilnehmer – oft erlebt, daß diese Arbeitsfähigkeit in erster Linie darin bestand, sich mit sich selber zu beschäftigen, während herausfordernde Themen, die gleichsam von außen kamen, eher zurückgewiesen wurden.

Es gibt eine ganze Reihe von Versucnen, den typischen oder auch idealen Verlauf von TZI-Gruppen mit einem Phasenmodell zu beschreiben. Am ausführlichsten ist in dieser Hinsicht die Arbeit von Angelika und Eike Rubner (1991), auf die ich später noch zurückkommen werde. Daß ein Verlauf, wie die Autoren ihn beschreiben, wünschenswert ist, scheint mir durchaus plausibel zu sein. Aber ich meine, das die weltanschauliche Struktur von TZI einen solchen Ablauf eher erschwert oder ihn sogar verhindert. Denn wenn es auch das erklärte Ziel von TZI-Gruppen ist, die Dependenz in vielerlei Hinsicht zu überwinden, so muß man sich doch fragen, was *nach* dieser Überwindung folgt, *wofür* man sich befreit. Während sich eine Gruppe in der Dependenzphase gleichsam homogenisiert und sich, freundlich oder feindlich, als abhängig von der Leitung erlebt, sehen sich die Mitglieder nach Auflösung oder Relativierung dieser Abhängigkeit mit den Beziehungen untereinander konfrontiert. An die Stelle einer, wie ich es nannte, dyadischen Beziehung tritt jetzt eine andere Form, die zwar auch noch etwas mit Zweiheit zu tun hat, in der es zugleich immer auch um etwas Drittes geht. Das Grundmuster wird am deutlichsten in Rivalitätsbeziehungen: ich rivalisiere mit dir um die Liebe und/oder Anerkennung einer dritten Instanz. Diese dritte Gestalt kann durchaus auch einen symbolischen Charakter haben, sie kann etwa in der Würdigung durch die Gesellschaft bestehen. Es geht aber immer darum, daß ich mich mit dem anderen in bezug auf etwas Drittes auseinandersetze. Dabei spielt auch die Aggression eine Rolle, aber es ist eine andere Aggression als die in den Dependenzkonflikten. Ich möchte sie probeweise „triadische Aggression" nennen. Sie unterscheidet sich wesentlich von der vorher beschriebenen Aggressivität. Diese, die ich dyadisch nannte, hat zum Ziel, entweder einen als gut erlebten Zustand von Verbindung und von Abhängigkeit gegen Einflüsse von außen zu bewahren oder aber sich von diesem frühen Zustand zu befreien. In beiden Fällen haben Aggressionen letztlich das Ziel, etwas zu zerstören: entweder dasjenige, was die dyadische Verbindung bedrohen könnte oder aber diese dyadische Verbindung selber, weil sie als einengend, ja als identitätsbedrohend erlebt wird. Die triadische Aggression will hingegen nicht einen Zustand gegen äußere Angriffe bewahren oder sich von ihm emanzipieren, sondern sie handelt *innerhalb* einer bestimmten Beziehung. Nehmen wir wiederum die Rivalitätsbeziehung als Beispiel. *Wenn* ich rivalisiere und *solange* ich wirklich rivalisiere, will ich nicht die Rivalität als solche vernichten, sondern ich möchte gern mich als stärker als der oder die andere erweisen. Es geht in rivalisierenden Auseinandersetzungen nie primär um Vernichtung, sondern um Überlegenheit über den Gegner. Damit die Aggressivität innerhalb einer Rivalität vernichtend wird, muß noch etwas anderes hinzukommen. Aber davon möchte ich erst schreiben, wenn ich in einem nächsten Teil ein für mich besonders plausibles Konzept von Aggressivität vorgestellt habe. An dieser Stelle will ich nur festhalten, daß eine Tabuisierung von Rivalität – wenn sie wirklich gelingt – den Ausgang aus einer zerstörerischen Dependenzaggression erschwert oder unmöglich macht. Von daher muß man damit rechnen, daß Aggressivität, *wenn* sie in TZI-Gruppen auftritt, eher gefährlicher ist als sonst.

3. Die Entwicklung der Aggressivität gemäß der Psychoanalyse Melanie Kleins

Warum hat diese dyadische Aggressivität ein solches zerstörerisches Potential? Die für mich anschaulichste Theorie ist die Entwicklungspsychologie Melanie Kleins[1], die noch innerhalb der Freudschen Psychoanalyse steht, aber doch einige Akzente deutlich anders setzt. Es hat auch deshalb einen Sinn, sich für das Nachdenken über Gruppen den Theorien Melanie Kleins zuzuwenden, weil Wilfried Bion, auf den ein Teil der modernen Gruppenbewegung zurückgeht, ein kritischer Anhänger von Melanie Klein war. Bions schwierige Schriften sind ohne den Hintergrund ihrer Theorien kaum verständlich.

Melanie Kleins Ansichten haben für viele Leser, z. B. auch für mich,

---

[1] Eine Einführung in das Werk Melanie Kleins gibt Hanna Segal (1974). Speziell über die Funktion des Hasses im Werk Melanie Kleins informiert eine Arbeit von Betty Raguse-Stauffer (1990).

eine große Plausibilität. Trotzdem muß man bei ihnen beachten, daß es Theorien über die Entwicklung des kindlichen Erlebens sind, die sich vor allem mit einer Phase *vor* dem Erwerb der Sprache beschäftigen. Alles das, was ich gleich sagen werde, hat niemals ein Kind sagen und damit auch nicht explizit erleben können. Aber, so betont Melanie Klein es immer wieder, das frühe sprachlose Erleben hat Spuren hinterlassen, die *nachträglich* in Sprache gefaßt werden können. Diese frühen nichtsprachlichen Spuren können wir uns metaphorisch als eine Bilderschrift vorstellen, die später erst sprachlich entziffert wird. Trotzdem, so ist es die Überzeugung Kleins und der gesamten Psychoanalyse, sind diese frühen Spuren gleichsam die maßgeblichen Gußformen, in die unser späteres Erleben gegossen wird. Und zu diesem Erleben gehören auch unser späterer Haß, unsere spätere Wut und überhaupt unsere spätere Aggression.

Wie also kann man sich die frühesten Erfahrungen eines Kindes vorstellen? Mit der Geburt eines Kindes kommt ein Wesen auf die Welt, das hilflos ist und zunächst vollkommen auf die Versorgung durch andere, meist durch die Mutter, angewiesen bleibt. Vorher, also vor der Geburt, war das auch nicht anders, nur war dort die Versorgung biologisch sichergestellt. Aber mit der Geburt geschieht wenigstens in *einer* Hinsicht eine radikale Veränderung, denn die Geburt bedeutet für Mutter und Kind die erste Trennung, und damit entsteht zum ersten Mal eine Möglichkeit von Frustration. Aber die Trennung kann teilweise wieder rückgängig gemacht werden, und das geschieht vor allem dann, wenn die Mutter dem Kind Nahrung gibt. Doch es ist nicht die Nahrung allein, es ist auch das Halten des Kindes, die Atmosphäre der Situation, die wiederum etwas von derjenigen „Einheit" vermittelt, die das Kind durch die Geburt unwiederbringlich verloren hat. Melanie Klein benennt nun die Mutter, insofern sie für das Kind gut ist, mit einer Metonymie, also mit einem Ausdruck, in dem ein symbolisch besonders geeigneter Teil für das Ganze steht. Sie spricht von der „guten Brust". Dabei ist es völlig gleich, ob es sich um eine Flasche oder um eine reale Brust handelt, wesentlich ist, daß damit eine mühelose Versorgung und etwas wie die Wiederholung der Urharmonie erlebt werden kann. Die gute Brust ist nur gut, nichts anderes, und ihr gilt die gesamte

Liebe des Kindes. Sie steht aber im Kontrast mit einer abwesenden Mutter, die nichts gibt, die nicht versorgt, die sich sogar um andere Kinder kümmert, die mit dem Vater zusammen ist und das Kind aus dieser Beziehung ausschließt. Diese andere Mutter nennt Klein die „böse Brust". Sie gibt nicht, und ihr gilt der ganze Haß, den das Kind von Anfang an entwickeln kann. Die frühe Welt ist damit in einen unüberbrückbaren Gegensatz aufgespalten: gut und böse. Diese Polarisierung ist eines der frühesten Bilder der „Bilderschrift", von der ich sprach, und die in uns erhalten bleibt. Sie ermöglicht uns auch später noch, gut und böse, genauer: dasjenige, was wir für gut oder böse halten, voneinander radikal zu trennen.

Zu den wichtigsten Einsichten Melanie Kleins gehört nun, daß das Kind diese „beiden" Mütter, die gute und die böse, zunächst nicht in das Bild *einer* Person vereinen kann. Wenn man die Mutter als ein „Gegenüber" zum Subjekt und damit als ein „Objekt" ansieht, dann wäre die „gute Mutter" nur der *Teil* eines Objektes, aus dem der andere Teil ausgeschlossen und als „böse Mutter" abgetrennt ist. Diese Trennung oder „Spaltung" hat zum Ergebnis, daß auf beiden Seiten starke Gefühle erlebt werden können. Die gute Mutter wird nur geliebt, weil sie nur gut ist, die böse Mutter, die eine ganz andere ist, wird nur gehaßt, weil sie nur böse ist. Damit wird die gute Teil-Mutter durch den Haß in keiner Weise beeinträchtigt, und das erlaubt, diesen Haß in ungehemmter Weise auszuleben. Weil Liebe und Haß voneinander getrennt bleiben – sie richten sich ja auf radikal gespaltene Teilobjekte –, bleiben auch die urtümlichen Gefühle in ihrer ganzen Gewalt erhalten. Melanie Klein nennt diese frühe Einstellung zur Welt, in der das Gegenüber in nur-gute und in nur-böse Teilobjekte aufgespalten ist, die „paranoid-schizoide Posi-tion". „Paranoid" heißt sie deshalb, weil in einer Welt, in der ein Teil nur böse ist, eben dieser Teil als verfolgend und böse erlebt wird. Mit diesem Wort meint Melanie Klein aber keineswegs eine Krankheit, allerdings behauptet sie, daß durch Störungen der Entwicklung in dieser frühen Phase die Krankeit der Paranoia verursacht werde.

a. Anwendung auf den Gruppenprozeß

Ich unterbreche hier meine Darstellung der psychonalytischen Entwicklungstheorie Melanie Kleins. Ich hatte gesagt, daß die frühesten Erfahrungen wie eine Bilderschrift aufbewahrt blieben und unser Erleben auch dann noch prägten, wenn wir bereits Erwachsene sind. Ich möchte nun zeigen, wie eben diese frühesten Erfahrungen unser Erleben auch in Gruppen und speziell in TZI-Gruppen prägen. Die Wärme und Nähe, die Sorgfalt der Vorbereitung und die Sensibilität einer Leitung, die die richtigen Themen zur richtigen Zeit anbietet, aktiviert Phantasien, die aus jener frühen Zeit stammen, von der ich eben sprach. Die Gruppe scheint eine nur gute Welt zu verheißen, aus der Böses verbannt ist. Frustration ist auf ein Minimum beschränkt. Zwar muß die „Mutter Gruppe" mit anderen geteilt werden, aber diese sind alle gleich, sind freundliche Ichs, die eine ähnliche Sprache sprechen und ähnliches wollen. Jeder ist Chairperson und ist glücklich, inmitten einer zerstörten und zerstörerischen Welt eine Heimat gefunden zu haben. Ich denke, daß die Struktur deutlich wird, die ja nicht nur eine Phantasie ist, sondern der auch Elemente der Realität entgegenkommen. Die Gruppe ist gut, die Welt oder wesentliche Teile von ihr sind hingegen schlecht. Wenn ich sage, daß das nicht ausschließlich einer Phantasie zuzuschreiben ist, so meine ich damit, daß in der Tat in Gruppen oft ein gutes und lebensförderndes Klima herrscht, während die Welt draußen bedrohlich ist und starke Spuren von Zerstörung zeigt. Um so unanfechtbarer aber erscheinen dann Vorstellungen, die die Gruppe als Inbegriff des Humanen idealisieren und die Welt draußen entwerten. Sie soll zwar nicht zerstört werden, wie das in apokalyptischen Systemen üblich ist, aber gerettet werden muß sie in der Tat. Und retten muß man nur, was der Rettung bedarf.

Welche TZI-spezifischen Aggressionen werden in dieser Situation gefördert? Es sind die zwei schon bekannten Formen. Die eine versucht, die gute Gruppe gegen Feinde von außen zu bewahren. Auch wenn sich dieses nicht in einer lauten Form zeigt, so ist die Aggressivität bereits in der Wahrnehmung der Welt als „schlecht" vorhanden. Das ist der dunkle Hintergrund von scheinbar so wohlgemeinten „Missionsbestrebungen", die immer voraussetzen, daß der andere oder die anderen der Mission und damit der Rettung aus dem Bösen bedürfen. Aber die Sicht, daß das andere schlecht und rettungsbedürftig sei, ist immer auch (keineswegs aber ausschließlich) ein Ausdruck einer aggressiven Phantasie, mit der das Böse nach außen verlegt wird. Diese Form von früher Aggressivität ist vor allem deshalb auf die Dauer so lebensfeindlich, weil damit zugleich definiert ist, wie das Gute zu sein habe. Die Normen dafür sind sehr eng, und alles, was darüber hinausgeht, gerät leicht in den Sog der Spaltung und damit der Verdammung. Alle fundamentalistischen Bewegungen sind dieser Gefahr immer schon erlegen, und überall dort, wo man zu wissen glaubt, wie es richtig ist (z. B. wie TZI zu sein habe und wie nicht), lauert die Gefahr einer richtenden Intoleranz und einer desintegrierenden Spaltung.

Die andere TZI-spezifische Aggression dieser Phase ist aber diejenige, mit der sich einige oder alle Teilnehmenden aus der „Harmonie" befreien wollen, um sich entwickeln zu können und um diese Spaltung von Gut und Böse nicht mehr mitmachen zu müssen. Was aber geschieht, wenn Menschen sich aus einer Welt befreien, die von einer Spaltung gekennzeichnet war? Damit möchte ich wieder zur Entwicklungspsychologie Melanie Kleins zurückkehren.

b. Melanie Klein – Fortsetzung

Sehr früh schon, so meint die Autorin, erwirbt das Kind die Fähigkeit, die gute und die böse Mutter auch als eine einzige zu sehen. Damit ist die Möglichkeit gegeben, die Spaltung aufzuheben. Diese Integration hat zwei Folgen. Erstens wird die andere Person als ganze gesehen, als gute *und* als frustrierende, aber zugleich wird auch das Selbstbild des Kindes ein anderes. Das Kind kann sich selber als teilweise gut und als teilweise böse erleben, beides aber zugleich und nebeneinander. Sich in dieser Weise doppelt zu erfahren, ist schmerzlich. Das Kind phantasiert dabei, daß es selber die Ursache sei, daß die Mutter sehr oft zwar gut, manchmal aber auch durchaus böse und versagend sein kann. Sich aber als Ursache für das Verhalten anderer anzuerkennen, das heißt, eine Einsicht in mögliche Schuld zu gewinnen. Erst die Integration von Gut und Böse erlaubt die Möglichkeit, sich schuldig zu fühlen. In einer gespaltenen Welt ist die Erfahrung von Schuld nicht möglich. Derjenige, der sich schuldig fühlt, ahnt immer etwas davon, daß sie oder er jemand sei, der voll von Aggression ist und fürchten muß, jemand, den er liebt, zugleich zu verletzen. Wenn ein Kind anfängt, fürsorglich an die Mutter zu denken, so ist das nicht nur das Erwachen einer humanistischen Gesinnung, sondern hat auch etwas damit zu tun, das geliebte Gegenüber vor den Folgen der phantasierten Beschädigung durch die eigene Destruktivität zu schützen. Fürsorge ist damit immer auch eine Reaktion und ein Schutz vor der eigenen Wut. Sie ist der Versuch einer Wiedergutmachung. Melanie Klein nennt die Haltung, in der die Bilder der anderen Person und das Selbstbild integriert werden, die „depressive Position". Sie hat dafür zwei Gründe: erstens ist es schmerzlich zu erkennen, daß man dieselbe Person liebt und zugleich haßt, und zweitens sind es ungelöste Konflikte dieser Phase, die zur Krankeit der Depression führen.

c. Reflexion der TZI-Gruppen

An dieser Stelle ist es sinnvoll, wieder von der kindlichen Entwicklung zur TZI-Gruppe zu wechseln. Wie sieht eine Gruppe aus, in der Strukturen dieser späteren Phase wiederbelebt werden? Mir scheint, daß das vor allem dann geschieht, wenn die Teilnehmenden ihre eigene Verantwortung und ihren eigenen Anteil für alles, für das Gute und für das Böse, also auch für die Aggression und Destruktion anerkennen. Anerkennung heißt, weder sich unrealistisch zu loben, aber vor allem auch nicht, sich übermäßig anzuklagen. Es heißt, die Dinge einigermaßen realistisch zu sehen, und realistisch bedeutet in diesem Zusammenhang: sich und die Welt nicht zu sehr unter der Perspektive der eigenen Wünsche zu erfahren. Mit dem, was ich hier schreibe, werde ich vermutlich niemanden zum Widerspruch reizen. Aber diese Haltung bedeutet noch mehr: die Anerkenntnis einer nicht nur wunschbestimmten Welt schließt die Erfahrung ein, daß es Unterschiede gibt: Unterschiede der Geschlechter, des Alters und

damit der Generationen, Unterschiede der Begabung, der Lern-
fähigkeit, Unterschiede im eigenen Schicksal, denn manche Menschen
sind begünstigt, andere benachteiligt. Es gibt in jeder Gruppe auch
Unterschiede in der Beliebtheit, in der Macht, im Einfluß. Es gibt
schließlich einen Unterschied zwischen Leitern und Teilnehmern. Die
Anerkenntnis, daß es Unterschiede gibt, schließt nicht ein, daß jeder
und jede sie gleich erleben müsse. Auch Unterschiede können ganz
unterschiedlich erfahren werden. Unterschiede anzuerkennen heißt
weiterhin, daß ich meine Beziehungen unterschiedlich erlebe: einigen
Menschen fühle ich mich überlegen, anderen unterlegen, einige liebe
ich, andere hasse ich, und bei einigen erfahre ich beides miteinander.
Vor allem die Ambivalenz von Haß und Liebe bringt die Erfahrung
mit sich, schuldig zu werden. Wann immer Menschen beieinander
sind und gemeinsam etwas tun, nimmt einer dem anderen etwas
weg. Gewiß gibt es gelegentlich humane Weisen des Ausgleichs, aber
es führt kein Weg an der Erfahrung vorbei, daß ich mich immer
wieder darin schuldig mache, jemandem etwas zu nehmen, was sie
oder er auch sehr gern gehabt hätte. Zumindest in Liebesverhält-
nissen werden die meisten Paare dritte Konkurrenten auszuschließen
versuchen, jedenfalls der eine Teil einer Paarbeziehung. Zur Anerkenntnis einer Welt, die voll von Unterschieden ist, gehört die
Akzeptanz vielfältiger Gefühle. Und da diese Welt der Unterschiede
nicht dyadisch, sondern vielfältig ist, wird die Möglichkeit, rivalisierende Gefühle zu erleben und auch in der Tat auszuleben,
lebensnotwendig.
Und genau an dieser Stelle besteht in der Weltanschauung der TZI
eine merkwürdige und verhängnisvolle Hemmschwelle. Rivalität gilt
bei Ruth Cohn (1973), der sich z.B. auch Matthias Kroeger (1974)
anschließt, als destruktiv. Daß Rivalität in Destruktion ausarten kann,
will ich nicht bestreiten. Aber dazu wird sie nur, wenn sie sich
gleichsam einfärbt mit jener frühen Welt, die in Gut und Böse
gespalten ist. Dann, und nur dann, ist Rivalität eine Gefahr, denn
Rivalität ist in diesem Falle etwas wie der Kampf zwischen Licht und
Finsternis. Der aber ist in der Tat immer tödlich. Doch gerade, wenn
Rivalität sich davon löst, wenn sie als reife Möglichkeit zu einer
Auseinandersetzung erfahren wird, wenn akzeptiert wird, daß es

unmöglich ist, nicht schuldig zu werden, dann verliert Rivalität ihre zerstörerische Kraft. Sie wird, nach einer treffenden Formulierung von Karl Jaspers, zu einem „liebenden Kampf".

Während mir die meisten Gruppenleiterinnen und Gruppenleiter in dem werden folgen können, was ich zur Anerkennung der Unterschiede gesagt habe, hört bei der Rivalität meist die Zustimmung auf. Eine Ausnahme dürfte hier Dietrich Stollberg (1992) sein. Ich glaube aber, daß die „Verteufelung" der Rivalität besonders fatale Folgen hat. Damit wird nämlich die Möglichkeit ausgeschlossen, einen progressiven Ausweg aus der Gruppendependenz zu finden. Diese beruht auf Gleichheit, Gleichheit wird ermöglicht durch einen Verzicht auf Individualität, der aber mit einer frustrationsmindernden Versorgung belohnt wird. Eine Individuation aber ist immer mit dem Erkennen von Ungleichheit verbunden. Gewiß, neben der Ungleichheit besteht auch weiterhin eine teilweise Gleichheit in Bezug auf einzelne Eigenschaften. Aber der humanistische Ansatz, wie er von TZI vertreten wird, überfordert vermutlich die meisten Menschen mit seinem Anspruch, aufgrund teilweiser Gleichheit auf diejenigen Gefühle zu verzichten, die aus der Ungleichheit rühren. Und dazu gehören ganz zentral die Gefühle von Rivalität und Eifersucht. Allerdings können diese Gefühle verschieden gelebt werden. Sie haben die Moglichkeit, sich elementar und gewalttätig zu äußern, sie können leise und verborgen, aber um so wirkungsvoller sein, und schließlich gibt es sozial akzeptable und relativ wenig zerstörerische Formen, mit diesen Gefühlen zu leben. Eine Grunderkenntnis der Psychoanalyse ist es nun, daß alles das, was nicht abgewehrt, sondern akzeptiert wird, sich zu reiferen Formen entwickeln kann, während diejenigen Phantasien und Empfindungen, die tabuisiert sind, in einem archaischen Zustand verharren, Wo Rivalität verteufelt wird – M. Kroeger (1974) hält sie bezeichnenderweise für etwas Anales –, dort verharrt sie in der Tat in archaischen Formen. Und von daher ist D. Stollbergs Klage in dem eben erwähnten Aufsatz nur allzu verständlich, wenn er sagt, daß er selten derart viel Rivalität erlebt habe wie in Kreisen von TZI-Gruppenleitern.

Die These, die ich mit diesen Bemerkungen vertreten möchte, ist also die folgende: Ich glaube, daß es in TZI-Gruppen eine strukturelle Neigung gibt, in den frühen Formen archaischer Aggressivität zu verharren. Das kann entweder diejenige Aggressivität sein, mit der die Gruppe gegen Außenfeinde verteidigt wird, oder auch die eher verzweifelte Aggressivität, mit der sich Teilnehmerinnen und Teilnehmer aus der Dyade lösen wollen. Verzweifelt kann sie vor allem deshalb sein, weil es keinen akzeptablen Ausgang gibt, der es erlaubte, sich zu befreien und trotzdem noch auf eine neue Weise zur Gruppe hinzuzugehören. Wenn ich sage, es gäbe in TZI-Gruppen eine „strukturelle Neigung", so meine ich, daß das Konzept der TZI eine solche Fixierung der Aggressivität fördert. Daß es in vielen tatsächlichen Gruppen anders aussieht, bestreite ich nicht, aber ich denke, daß dann einige der Gruppennormen sich haben anders entwickeln müssen, damit die Teilnehmer eine solche Befreiung aus der Dependenz vollziehen können.

In einem letzten Teil möchte ich den Bedingungen nachgehen, unter denen die Verhaftung an die Dependenzphase aufgelöst werden kann.

4. Über den möglichen Umgang mit Aggression in TZI-Gruppen

Ich habe im letzten Teil darüber geschrieben, welche Art von Aggression besonders leicht in TZI-Gruppen auftaucht. Ich möchte jetzt einiges dazu sagen, worauf beim Leiten von Gruppen zu achten ist, damit diese Formen von Aggression nicht fixiert werden, sondern sich verändern können.

1. Das wichtigste scheint mir die Fähigkeit der Leiterin oder des Leiters zu sein, dasjenige wahrzunehmen und zu akzeptieren, was in einer Gruppe geschieht. Es ist eine Tatsache, daß einzelne Teilnehmer oder auch ganze Gruppen intensive Wünsche nach oder Angst vor Abhängigkeit haben. Man muß als Leiter ein Gefühl dafür entwickeln, in einer wie engen Beziehung Abhängigkeit und Destruktion zueinander stehen. Intensive Wünsche, sich geborgen zu fühlen und versorgt zu werden, tragen insgeheim die größte Aggressivität und den wütendsten Haß in sich. Und ebenso mag eine heftige

Aggression die Vorderseite eines intensiven Wunsches nach Anlehnung sein. Wer als Leiter nie etwas erfahren hat von der Wonne der Abhängigkeit und von der Verzweiflung, sich aus dieser Abhängigkeit, vor allem von dem eigenen *Wunsch* nach Abhängigkeit, freizumachen, der wird als Gruppenleiterin oder Leiter einige Mühe haben. Aber ebenso ist es gut, wenn ich mit meinen Rivalitätsphantasien und -bedürfnissen im Kontakt bin. Wenn ich weiß, wie schön es ist zu gewinnen und auch wie verletzend es sein kann zu unterliegen, dann werde ich in einer Gruppe entsprechende Gefühle zulassen und brauche sie nicht zu sanktionieren. Nur wenn ein Leiter einen leichten Zugang zur ganzen Breite seiner Gefühle hat, braucht er sie bei anderen nicht zu bekämpfen.

2. Ein Phasenmodell der Gruppenentwicklung, wie es Angelika und Eike Rubner für TZI-Gruppen entwickelt haben, zeichnet nicht einfach nur nach, was in Gruppen geschieht, es ist vielmehr auch etwas wie ein Plan, eine Partitur, nach der eine Gruppe gelenkt wird oder auch sich selber lenkt. Ich glaube nicht, daß es spontan ablaufende Gruppenprozesse gibt, die von vorauslaufenden Konzepten völlig unabhängig sind. Hierin hat Peter Rohner (1992) mit seinen kritischen Anfragen durchaus recht. Vor allem suggeriert jedes Phasen-Modell, daß es eine lineare Gruppengeschichte gebe, die von einem Anfang zu einem Ende fortläuft. Das ist zwar nicht einfach falsch, aber es bedarf einer Ergänzung. Alle Phasen, die vielleicht normalerweise nacheinander ablaufen, sind der *Möglichkeit* nach immer auch gleichzeitig vorhanden. Im Zusammenhang mit der Aggressivität bedeutet das folgendes: es gibt keine starr aufeinander folgenden Aggressionsphasen, aber es gibt durchaus die Möglichkeit, bestimmte Formen von Aggressivität durch ein Leiterverhalten derart zu verstärken, daß es so aussieht, als seien sie allein vorhanden.

Ich will das noch etwas weiter ausführen. Ich sprach vorhin von dyadischer Aggressivität innerhalb der Dependenzkonflikte und von triadischer Aggressivität, wenn es speziell um Konflikte im Zusammenhang mit der Rivalität geht. Diese Unterscheidung ist zwar sinnvoll, aber sie ist ein wenig zu einfach. Denn beides kann durchaus gleichzeitig auftreten. Die dyadische Aggressivität soll ja gerade entweder verhindern, daß es es zu einer drohenden und damit in der Vorstellung schon anwesenden Triade kommt. Oder aber sie sucht sich den Ausweg in ein triadisches Rivalisieren, das als Möglichkeit schon vorgestellt wurde. Aber überdies ist fast jeder Erwachsene im Prinzip zu rivalisierenden Beziehungen fähig. Sie oder er wird also vielleicht sogar mit anderen darum wetteifern, wer die Gruppe am besten und am wirkungsvollsten vor Rivalität schützt. Doch auch derjenige, der gern rivalisiert, braucht dieses Verhalten meist, um die ersehnte Dyade, vielleicht im sexuellen Erleben, wiederzugewinnen.

Ich möchte das noch konkretisieren und komme auf mein zweites Fallbeispiel, die „ideale" Selbsterfahrungsgruppe, zurück. Sie spielte sich anscheinend ganz in einer dyadischen Beziehung ab. Die Gruppe forderte, und die Leiterin erfüllte. Wenn das alles gewesen wäre, und wenn beide Seiten damit ein ungetrübtes Glück hätten erleben können, dann würde man von einer vollkommenen Dyade reden. Doch erstens war auch diese Gruppe zeitlich eingegrenzt, die Zeit vorher und die Zeit nachher spielte schon von sich her die Rolle einer „Grenze", die als Drittes die Zweiheit umschloß. Aber die „Trübung" machte sich an einer anderen Stelle noch deutlicher bemerkbar: im schlechten Gefühl der Leiterin. In ihm stellte sich etwas von der Gefahr dieser Dyade dar, die Gefahr vor allem, die Individualität zu verlieren und in einem Kollektiv undifferenziert unterzugehen. Dieses schlechte Gefühl suchte sich eine Erleichterung bei einem realen „Dritten", beim Ehemann der Leiterin, der von Gruppen nicht viel hielt und seiner Frau dabei half, sich aus der Verklammerung wieder lösen zu können.

Die rechtzeitige Reflexion auf das schlechte Gefühl hätte vielleicht einen Ausweg schaffen können. Damit wird auch deutlich, warum die Gefühle so wichtig sind: sie zeigen an, wo etwas einseitig und damit gefährlich zu werden droht. Doch auch schon die Reflexion selber, das Nachdenken über sich selber in bezug auf die Gruppe, schafft eine gewisse Distanz und damit eine Art Dreiheit, deren drei Instanzen die folgenden sind: „Die Gruppe – Ich als Erlebender – Ich als Reflektierender". Ausschließlich erlebnisorientierte Gruppenkonzepte, in denen jede Reflexion verpönt ist, bieten einen idealen Nährboden für dyadische Gruppensituationen mit all ihren Problemen an. Aber daß manche Teilnehmer in solchen Gruppen „aussteigen", überhaupt nur aussteigen *können*, zeigt doch die latente Gegenwart eines „Außen", einer dritten Instanz an.

Umgekehrt sind, wie ich schon andeutete, auch in rivalitätsgeprägten Situationen insgeheim Wünsche nach Nähe oder Verschmelzung vorhanden. Warum sollte man denn siegen, wenn nicht, um in irgendeiner realen oder symbolischen Weise diejenige Liebe wiederum zu erlangen, die wir ganz früh einmal verloren haben und nach der wir uns sehnen.

Auf diese Weise sind triadische und dyadische Strukturen in einer Gruppe immer gegenwärtig. Was ich mir selber als Ziel einer guten Gruppenleitung vorstelle, ist nicht so sehr ein „Weg" vom einen zum anderen, ich denke eher an eine gegenseitige „Durchlässigkeit". Das würde bedeuten, daß keine der beiden Erlebnisweisen exklusiv gilt, sondern daß beide in einem steten Wechsel stehen. Der Weg, wenn es unbedingt einen geben muß, wäre eher ein Weg zur Auflösung starrer Ausschließlichkeit.

3. Das wichtigste, was eine Leiterin oder ein Leiter einer TZI-Gruppe können muß, das ist etwas letztlich Unerreichbares. Ich formuliere es der Deutlichkeit halber als Paradox. Der Leiter muß erstens die Aggressivität, seine und die in der Gruppe, sensibel wahrnehmen und sich von ihr berühren lassen, ja er muß im Grunde zu einem Teil des aggressiven Prozesses werden, um ihn richtig wahrzunehmen. Und andererseits muß sie oder er gelassen und unerschrocken daneben stehen und damit der Gruppe zeigen, daß die Aggressivität zwar vorhanden, aber keineswegs so gefährlich ist, wie man es vielleicht vermutet. Diese Spannung von Berührtwerden und Distanz aufrechtzuerhalten, ist die ebenso unumgängliche wie schwierige Voraussetzung allen Leitens von TZI-Gruppen. Immer wieder gerät jeder Leiter in Versuchung, sich an einem der beiden Pole festzuhalten, entweder nur mitzuerleben oder sich nur zu schützen. Aber indem er lernt, beides nebeneinander zu tun, geschieht folgendes: einerseits wird die Aggressivität wirklich erlebt, vielleicht auch in ihrer Bedrohlichkeit und Destruktivität erfahren. Aber indem sie zugleich aus einer gewissen Distanz reflektiert wird, verliert sie etwas von ihrer ängstigenden Unmittelbarkeit. Etwas, was ich von außen

sehe, hat eine Form, ist damit begrenzt und verliert den Anschein von Unendlichkeit. Wahrgenommene Gefahren sind vielleicht immer noch sehr groß, aber sie sind endlich.

Ich möchte das eben Gesagte an zwei chassidischen Erzählungen (Buber 1949) erläutern, die diese Spannung in unübertroffener Weise erzählerisch darstellen. Die erste Geschichte (S. 781) heißt „Von außen" und geht so: „Man fragte den Kozker Rabbi, woher er die Chassidim, die zu ihm kamen, in ihren Geschäften zu beraten verstehe, da er doch außerhalb dieses Getriebes stünde. Er erwiderte: ‚Von wo aus kann man ein Ding in seiner Ganzheit am besten überblicken?' " Aber diese Erzählung ist für mich nur die eine Hälfte der Wahrheit, und deshalb ergänze ich sie durch eine zweite (S. 427): „Rabbi Schlomo sprach: ‚Wenn Du einen Menschen aus Schlamm und Kot heben willst, wähne nicht, du könntest oben stehenbleiben und dich damit begnügen, ihm eine helfende Hand hinabzureichen. Ganz mußt du hinab, in Schlamm und Kot hinein. Da fasse ihn dann mit starken Händen und hole ihn und dich ans Licht' ".

4 . Eine reflektierte Nähe zur Aggressivität erlaubt im günstigen Falle einen Vorgang, durch den die erschreckende Destruktivität zu einer bearbeitbaren Aggressivität umgeformt wird. Ein Leiter, den die Destruktivität erschreckt, der ausweicht, der das Thema wechselt oder gar sagt, daß er sich diesem Haß nicht gewachsen fühle und daß ein solcher Haß ausschließlich in eine Therapie gehöre, mag recht haben. Aber er signalisiert einer Gruppe deutlich, für wie gefährlich er die Situation hält. Er wird auf diese Weise einer Gruppe kaum Vertrauen geben können. Wenn er hingegen mit ungespielter Gelassenheit sagen kann „Das ist jetzt eine sehr schwierige Situation, und wir müssen miteinander verstehen, was geschehen ist und wie wir weiterkommen", dann ist allein durch diese Intervention ein Teil der Gefahr gebannt. Es ist deshalb immer eine heikle Intervention, wenn ein Leiter oder eine Leiterin etwas von der eigenen Angst mitteilt. Sie kann in einer reifen Gruppe den Beginn eines Klärungsprozesses bedeuten oder aber in einer Gruppe, die durch ihre eigene Destruktivität schon sehr geängstigt ist, diejenige Basis zerstören, auf der allenfalls ein solcher Prozeß geschehen könnte.

5. Wie kann eine Leiterin oder ein Leiter zu der Sicherheit kommen,

die sie oder ihn befähigt, der Aggressivität nicht auszuweichen? Ich glaube, daß das nur durch hinreichende Selbsterfahrung geschehen kann. Dazu reicht sicherlich nicht ein Kurs, wahrscheinlich reichen aber auch fünf Kurse dazu nicht aus. Wichtig ist vor allem die Bearbeitung der eigenen Verletzbarkeit, eine Durcharbeit der Trennungsthematik und schließlich die Auseinandersetzung mit der Möglichkeit, sich lustvoll auch auf Rivalität einzulassen. Das alles ist, wie jede Leserin und jeder Leser merken werden, eine Lebensaufgabe, aber sie kann durch Kurse – und vor allem durch eine therapeutische Erfahrung – genügend angestoßen werden.

6. Schließlich ist eine Gruppenleiterin oder ein Gruppenleiter in der Position, einiges dafür zu tun, um Aggressionen und Destruktivität nicht unnötig anzuregen. Die TZI-spezifische Aggressivität dreht sich vor allem, wie ich oben zu zeigen versuchte, um diejenigen Probleme, die mit einer dyadischen Beziehung in Verbindung stehen. Diese Dyade ist zwar eine Illusion, aber ich kann als Leiter ihre Möglichkeit durchaus vorspiegeln und sie aufrechterhalten. Damit bleibt die Grenze der Dyade fast unsichtbar am Rande. Das Erwachen erfolgt bei den Teilnehmenden erst nach dem Kursende und mündet oft in diejenige Gruppensucht, die manche Menschen von Kurs zu Kurs reisen läßt. Wenn ein Leiter diese Illusion nicht errichtet, dann kann er zwar die dyadische Aggressivität nicht ganz vermeiden, weil die Teilnehmer und er selber sie teilweise auch mitbringen, aber er hält den Ausweg in ein reifes triadisches Miteinander immer schon offen. Wer nicht ein Paradies verspricht, das es sowieso nicht mehr gibt, der erreicht dreierlei: er vermeidet erstens unnötige Enttäuschungen, zweitens gewalttätige Versuche, die Illusion zu sichern und drittens die verzweifelte Gewalt, aus ihr auszubrechen, wenn sie zu eng wird.

Literatur

Martin Buber: Die Erzählungen der Chassidim. Zürich 1949

Ruth C. Cohn: Zur Humanisierung der Schulen. Vom Rivalitätsprinzip zum Kooperationsmodell mit Hilfe der themenzentrierten Interaktion (TZI) (1973). In: Ruth C. Cohn: Von der Psychoanalyse zur Themenzentrierten Interaktion. Stuttgart 1975

Cornelia Edding: Die Domestizierung der Gruppendynamik. Gruppenpsychother. Gruppendynamik (23) Heft 4, 1988, S. 341-357

Matthias Kroeger. Profile der Themenzentrierten Interaktion. Wege zum Menschen (26) 1974 S. 458-478. Auch in: Erfahrungen lebendigen Lernens (Rolf Birmelin u. a., Hg.). Mainz 1985, S. 23-47

Betty Raguse-Stauffer: Entwicklungslinien und Manifestationen des Hasses in psychoanalytischer Sicht. Wege zum Menschen (42) Heft 8, 1990, S. 457-469

Peter Rohner: Phasentheorie und Gruppenvielfalt. Themenzentrierte Interaktion (6) Heft 1, 1992, S. 50-55

Angelika Rubner/Eike Rubner: Entwicklungsphasen einer Gruppe. Themenzentrierte Interaktion (5) Heft 2, 1991, S. 34-48

Hanna Segal: Melanie Klein. Eine Einführung in ihr Werk. München 1974

Pio Sbandi: Zur Entwicklung gruppendynamischer Laboratorien im deutschen Sprachraum. Gruppenpsychother. Gruppendynamik (5) Heft 1, 1971, S. 1-16

Anna Vogl/Pio Sbandi: Reflektierte oder unreflektierte Gruppenarbeit. Gruppenpsychother. Gruppendynamik (10) Heft l, 1976, S. 1-19

Dietrich Stollberg: Wo viel Licht ist, ist viel Schatten. Zum Begriff des Schattens in der TZI. In: TZI, Pädagogisch-therapeutische Gruppenarbeit nach Ruth C. Cohn (Cornelia Löhmer/Rüdiger Standhardt, Hg.) Stuttgart 1992

4. Frustrations-Aggressions-Hypothese

Die Frustrations-Aggressions-Theorie versteht die Aggression als einseitig reaktives Verhalten, wohingegen die Triebtheorie Aggressionen vorwiegend als spontan begreift und die Lerntheorie sowohl spontane als auch reaktive Aggressionen erklärt.

Die amerikanischen Wissenschaftler Dollard, Doob, Miller, Mowrer und Sears entwickelten die These, daß aggressives Verhalten durch Frustration ausgelöst wird. „Aggression ist immer eine Folge von Frustration." (Dollard 1939, nach Selg 1982, S. 11) Frustration wird verstanden als die Störung/Behinderung einer zielgerichteten Aktivität und kann sich auch auf das Ausbleiben der erwarteten Bekräftigung (Erfolg) nach der ausgeführten Handlung beziehen. Frustration kann im weitesten Sinne durch jedes unlustvolle Erlebnis, jeden Mangelzustand entstehen. Aggression ist also ein reaktives Verhalten – ob es als solches angeboren oder erlernt ist, bleibt in dieser Theorie offen. Die Autoren stellen lediglich fest, daß es immer in Reaktionseinheit mit Frustration auftritt.

Ärger ist der emotionale Zustand, der die Frustration begleitet und dann zu aggressivem Verhalten führen kann. Dem Wut- oder Ärgeraffekt schenkt Berkowitz (1962, nach Selg 1982, S. 20f) besondere Beachtung: Er hält es für möglich, daß diese emotionale Reaktion angeboren ist und daß evtl. die Aggression eine angeborene Reaktion auf Wut und Ärger ist. Es ist aber ebenso wahrscheinlich, daß Aggressionen gelernt sind, daß es z. B. Verhaltensweisen sind, die in vielen Fällen bei Frustration zum Erfolg führen und schon in den ersten Lebensjahren gelernt werden. Berkowitz nimmt auch insofern eine Weiterentwicklung der Theorie vor, als er ihre Gültigkeit einschränkt: Hindernisse, Mißerfolge, Angriffe und andere Frustrationen rufen nicht immer Emotionen wie Ärger, Zorn, Wut hervor, die dann ihrerseits Aggressionen auslösen, sondern nur dann, wenn das Ereignis vom Betroffenen als aversiv (störend, bedrohlich) bewertet wird und nicht womöglich als unwichtig oder unverständlich eingestuft wird. Er führt also einen kognitiven Faktor ein, der die individuelle Bewertung eines Ereignisses betont und die Sicht der Aggression als zwangsläufige Reaktion auf Frustration relativiert. Mit dieser Entwicklung der Frustrations-Aggressions-Theorie rückt die Beeinflußbarkeit des aggressiven Verhaltens in den Blick, und eine Annäherung an die Lerntheorie wird deutlich. (Nolting 1987, S. 11)

Literatur

Berkowitz, L., A social Psychological Analysis, New York 1962 [nach Selg, H. (Hg.), Zur Aggression verdammt? Ein Überblick über die Psychologie der Aggression, Stuttgart [6]1982]
Dollard, et al., Frustration and aggression, New Haven 1939 [nach Selg, H. [6]1982]
Nolting, H.-P., in: Grubitzsch, S./Rexelius, G. (Hg.), Psychologische Grundbegriffe, Reinbek 1987

Erika Arndt

Geb. 1944. Germanistin/Anglistin; Zweitstudium in Pädagogik/Psychologie. Graduierte am WILL-Institut. Arbeitsschwerpunkte sind: Begleitung von Lehr- und Lernprozessen in Unterricht und Fortbildungen, Supervision. Lehrauftrag für Gruppenpädagogik (TZI) an der Pädagogischen Hochschule Freiburg.

Geschlechtsspezifische Ausdrucksformen von Aggression in Gruppen

Frauen und Männer gehen mit eigenen und fremden aggressiven Impulsen offensichtlich unterschiedlich um, d.h. es gibt nach heutiger Forschungslage nachweislich geschlechtsspezifische Ausdrucksformen und einen geschlechtsspezifischen Umgang mit Aggressionen. Diese Forschungen (vgl. Literaturliste) beziehen sich allerdings vorwiegend auf Angehörige der Mittelschichten, so daß die Unterschiede zwischen Männern aus unterschiedlichen Schichten beispielsweise noch größer als zwischen Männern und Frauen einer Schicht sein können. Wenn ich mich bewußt auf diese „Mittelschichtuntersuchungen" beziehe, dann auch angesichts der Tatsache, daß wir es in Gruppen vorwiegend mit ähnlichen schichtspezifischen Sozialisationen zu tun haben. Wieweit die hier feststellbaren Unterschiede genetisch bzw. sozial bedingt sind, ist weiterhin umstritten. Stand-

151

punkte sind auch in diesen Untersuchungen politisch, weltanschaulich und nicht zuletzt geschlechtsspezifisch beeinflußt, auch das macht die Auseinandersetzung mit diesem Thema zu einer persönlichen Herausforderung.

Die große Zahl von Untersuchungen in den letzten Jahren ist einmal auf die wachsende Friedensforschung zurückzuführen, die als Reaktion auf atomare Bedrohungen und kriegerische Auseinandersetzungen an Bedeutung und Beachtung gewonnen hat. Zum anderen hat die Frage nach gelingenden und nicht gelingenden Paarbeziehungen und nach der Neudefinition der Geschlechterrolle Konjunktur. Der Umgang mit Aggressionen wurde hier ein beachteter Teilaspekt.

Je nach Ausrichtung der Autorinnen und Autoren wird Aggression sehr unterschiedlich als vorwiegend negativ, positiv oder neutral gesehen und beschrieben. Einmal geht es um die eher destruktive Seite: um Kampf, der Verletzung und Vernichtung einschließt oder beabsichtigt. In eher psychologisch-therapeutisch orientierten Untersuchungen gilt das Interesse mehr dem konstruktiven Umgang mit dem ohnehin als vorhanden angenommenen Aggressionspotential, das auch als Energie gewertet wird.

Aggression kann Menschen psychisch und physisch vernichten – streiten kann aber auch verbinden. Der Balanceakt dazwischen ist schwierig und historisch, kulturell und persönlich bestimmt.

In der Arbeit mit Gruppen ist die erweiterte Wahrnehmung nach innen und nach außen eines der wichtigsten Ziele. Sie ist auch Vorbedingung für einen bewußteren konstruktiven Umgang mit eigenen und fremden Aggressionen.

Drei Fragen sind mir bei der Auseinandersetzung mit diesem Thema wichtig geworden und bestimmen diesen Aufsatz:

– Wie sehen geschlechtsspezifische Ausdrucks- und Umgangsformen im Hinblick auf Aggressionen aus, und wie werden sie erklärt?
– Auf welche Weise begegnen sie uns in der Arbeit mit Gruppen?
– Und in welcher Weise können sich gerade im Rahmen von TZI-Gruppen Wahrnehmungsmöglichkeiten und Handlungsspielräume in bezug auf Aggressionen erweitern?

Diese Fragen waren mir ziemlich schnell klar, aber mit dem „richtigen" Anfang zu diesem Aufsatz habe ich mich schwergetan.

Als Frau beschäftige ich mich, da ich mit Menschen lebe und arbeite, mit meinen Möglichkeiten, mit eigener und fremder Aggressivität umzugehen. Über (zu?) friedfertige Frauen und ihre (unterentwickelte?) Art, sich selbst zu behaupten, habe ich viel gelesen und mich selbst vor dem Hintergrund dieses Lesestoffes infrage gestellt. Aber das setzte offensichtlich nicht genug Energie frei, um mit dem Schreiben anzufangen.

Dann sagte mir mein Sohn Peter (15), wohlwissend um meine Schwierigkeiten bei diesem Aufsatz, diese Woche beim Mittagstisch: „Herr K. (sein Deutschlehrer) findet den Streit zwischen Maria Stuart und Elisabeth von England (Schiller „Maria Stuart" III, 4 – für die, die nachlesen wollen!) ganz typisch für Frauen." ‚Der Streit der Königinnen' ist seit Jahrzehnten ein beliebt-berüchtigtes Aufsatzthema für pubertierende Schülerinnen und Schüler. Geschichtlicher Hintergrund: zum ersten Mal in der Geschichte Europas wurde ein Herrscher von Gottes Gnaden (in diesem Fall eine Herrscherin, Maria Stuart, Königin von Schottland) hingerichtet ... und zwar durch eine andere Herrscherin (Elisabeth, Königin von England). Illegale Morde waren damals normal – aber keine legalen wie dieser. Schiller ist bei der Bearbeitung des Stoffes mit der historischen Wahrheit ziemlich großzügig umgegangen. Ihn interessierten nach eigenen Aussagen vor allem „die Frau" Maria und „die Frau" Elisabeth. Nach Schillers Meinung (und da kann er immer noch viele Bürger hinter sich versammeln) haben Frauen bescheiden, nachdenklich und der Liebe ergeben zu sein, sind Frauen dazu geschaffen, Harmonie und Frieden zu verbreiten.

Bei dem Zusammenprall dieser Frauen klappt das nicht, und das scheint ihn fasziniert zu haben. Und obwohl es in der realen Geschichte um handfeste politische Machtansprüche auf den englischen Thron geht, kann sich Schiller diesen Streit offenbar nur genährt aus Elisabeths Neid auf die attraktivere Maria vorstellen. Die Eskalation der hochaggressiven Auseinandersetzung ist durch die Vorwürfe der gegenseitigen offenen bzw. verborgenen, Frauen nicht zustehenden „Lüsternheit" angeheizt, die Rechtmäßigkeit des Thronanspruchs ist zwischen diesen Frauen (bei Schiller!) nur nebenbei Thema.

Typisch weiblich ist, so hat Herr K. im Unterricht erklärt, wie die Frauen hier zuerst ‚hintenrum' sprechen, sich zunächst nur unterschwellig beleidigen, verdeckt taktieren, dann die „Heulmasche" abziehen (Zitat Peter), um erst zum Schluß zuzuschlagen.

Die Deutschstunde ereignete sich, wie wahrscheinlich viele in ähnlicher Form an anderen Orten, im Herbst 1993 in einem liberalen Gymnasium ... genau 193 Jahre nach der Erstaufführung dieses Dramas. Für mich als Frau, Mutter eines Sohnes, TZI-Leiterin, Pädagogin und Germanistin lieferte sie endlich Grund und „aggressive" Energie genug, um an diesen Aufsatz zu gehen.

„Gibt es geschlechtsspezifische, also nicht nur geschichts- und gesellschaftsbedingte Eigenarten und Eigenschaften der Frau, die sie fähiger machen zur Friedfertigkeit, z.B. die Mütterlichkeit?" Das wurde Margarete Mitscherlich in einem veröffentlichten Interview (Mitscherlich 1990) gefragt, sie antwortete: „Ich denke eigentlich, daß die Frauen nur deswegen friedfertiger und mütterlicher sind, weil ihnen gar nichts anderes übrigbleibt. Wir sind, meines Erachtens, viel zu friedfertig, denn die Friedfertigkeit der Frau hat den Männern erlaubt, ihre Friedlosigkeit, ihre Kriege und ihre innere und äußere Feindsuche ad infinitum fortzuführen. Die Friedfertigkeit ist der Frau durch den Rollenzwang zu einem bestimmten Verhalten quasi auf den Leib geschrieben. Durch die Erziehung, die sie seit Jahrhunderten genossen hat, durch die wie selbstverständlich an sie gestellten Erwartungen hat sie gelernt, sich in kleine Kinder, aber beispielsweise auch in ihren Mann einzufühlen und sich den Launen der Familie zur Verfügung zu stellen (S. 15) ... Eigentlich ist es unverständlich, daß diese Art der Liebe gegenüber dem Kleinkind fast nur Frauen überlassen wird. Das ist, wie man aus der Psychologie weiß, auch sehr schädlich: die übermäßige Abhängigkeit von einem einzigen Wesen, der Mutter, schafft Unfreiheit, schafft Angst vor eigenen Aggressionen, Angst vor Trennungen, alles Ängste, die Entfaltung der Persönlichkeit verhindern (S. 16) ... Aufgrund der Neigung der Frau, sich für Hilfsbedürftige einzusetzen, wird sie nicht selten ausgebeutet, oder aber sie infantilisiert die Menschen mit dieser Neigung. Dadurch kann die positive Eigenschaft Mütterlichkeit in einer falschen Weise benutzt werden." (S. 46)

In einer Reihe Untersuchungen (Nancy Chodorow, Carol Gilligan, Christiane Olivier, Harriet G. Lerner, Christa Rohde-Dachser) setzen Autorinnen sich mit der Frage auseinander, was es für die Entwicklung der Geschlechter bedeutet, daß fast immer Frauen es sind, die die Betreuung und Erziehung von Kindern übernehmen. In bezug auf den Umgang mit der eigenen Aggressivität wird übereinstimmend darauf hingewiesen, daß dem Jungen ein aggressiveres Verhalten offen oder unbewußt zugestanden wird. Einmal entspricht es dem männlichen Stereotyp. Daneben gehört zu seiner Individuation die Loslösung von der Mutter, das ist psychologisch begründet und auch gesellschaftlich akzeptiert. Dem Mädchen bleibt, vereinfacht gesagt, die viel schwierigere Aufgabe, sich mit der Mutter zur Erlangung einer eigenen Identität gleichzeitig zu identifizieren und sich von ihr zu lösen – eine Aufgabe, die gerade auch den von M. Mitscherlich beschriebenen Umgang mit Aggressionen, die zur Loslösung gehören, für Frauen schwerer macht. Erscheinungsformen von weiblicher Aggressivität und weiblichem Umgehen mit Aggressionen sind, wie ich noch ausführen will, oft durch weniger Deutlichkeit und Ambivalenzen geprägt und liegen u.a. hierin begründet.

Harriet G. Lerner (1991) geht es vor allem um die sozial positiven Aspekte von Aggressionen. Sie weist darauf hin, daß empirische Forschungsergebnisse belegen, wie weibliche Erziehung Mädchen und Frauen in ihrem Ausdruck von Aggression stark einschränkt und damit diese Art von Durchsetzung und Selbstbehauptung hemmt. Frauen, so führt sie aus, dürfen nach allgemeinem Verständnis Wut zeigen und aggressiv handeln, wenn sie Menschen verteidigen, die schwächer und hilfloser sind als sie selber, aber gegen Männer gerichtete Aggressionen werden „durch die ständige Warnung vor dem furchterregenden und verabscheuungswürdigen Klischee, das Frauen als bösartig, neidisch, rachsüchtig oder kastrierend darstellt, in Schach gehalten" (Lerner 1991, S. 36/37). Daß sich der Mythos von der femininen Frau, die keine Wut und keine Aggressionen kennt, so dauerhaft halten konnte, sieht Lerner aber auch durch tiefere intrapsychische Ängste vor weiblicher Wut begründet. (Vielleicht auch bei Schiller?) Schließlich war jedes

Kleinkind von einer mächtigen Frau abhängig und hat diese Erfahrung gespeichert. Aufschlußreich für das hier behandelte Thema und für die Arbeit in TZI-Gruppen ist die Unterscheidung, die Lerner macht zwischen Wut und Verletztheit: Im Gegensatz zur Wut, bei der es vor allem um das autonome ICH geht, resultiert das Grundgefühl der Verletztheit eher aus einer Angst vor dem WIR-Verlust. Nach Lerners Untersuchungen hat sich bestätigt, „daß es Frauen besonders schwerfällt, das Gefühl des Getrenntseins und Alleinseins, das der Erfahrung der Wut innewohnt, auszuhalten." Nach ihrer Erklärung löst „das Gefühl des Auf-sich-selbst-gestellt-Seins ... die unbewußte Angst vor dem Verlust des Liebesobjekts aus und ruft Trennungsängste wach; die Frau versucht, die Person, auf die sie wütend ist ‚zurückzugewinnen', indem sie weint, sich entschuldigt, Selbstkritik übt oder Gekränktheit und Depression zur Schau stellt." Lerner meint, daß diese Trennungsangst unabhängig von den Ängsten der Frau vor der destruktiven Wirkung ihrer Aggressionen oder vor dem möglichen Gegenangriff des anderen existiert, und erklärt dies wieder damit, daß es für die Mädchen schwieriger ist als für Jungen, sich in der Getrenntheit und Verschiedenheit von der Mutter zu behaupten. Töchter erleben den Autonomieprozeß unbewußt als gefährlich, als wäre es ein Akt der Illoyalität und ein Verrat an der Beziehung, ohne die Mutter eine vollständige Person zu sein. „Wenn es gefährlich ist, die eigene Autonomie ... auszudrücken, kann die Erfahrung des Auf-sich-selbst-gestellt-Seins und des Sich-Unterscheidens von anderen, die mit der Wut verbunden ist, ebenfalls zum Tabu werden" (S. 41/42).

In ihrem Buch „Wohin mit meiner Wut?" (1987) beschreibt Lerner allerdings auch die Aggression, die aus Angst vor Getrenntsein entsteht und den Versuch darstellt, Nähe aufrechtzuerhalten. Offensichtlich gibt es die regelmäßigen oder häufigeren Wutausbrüche, die zum Erhalt des Status quo beitragen, und die vom Partner oder anderen Beteiligten vor allem dann akzeptiert sind, wenn sie von Angst und Reue und Wiedergutmachungsbestrebungen gefolgt sind, im Grunde also nichts ändern, teilweise sogar demütigende Formen annehmen. (vgl. auch Kaplan 1991)

Frauen, die Kinder erziehen, geraten ebenfalls in ein Dilemma: als erste und wichtigste Bezugsperson ihres Kindes ist die Mutter allen Forderungen und Angriffen eines kleinen Menschen ausgesetzt, der noch nicht gelernt hat, auf andere Rücksicht zu nehmen. Wenn sie, durch publizierte Erziehungsratgeber und natürlich durch eigene Sozialisation geprägt, meint, daß die Bedürfnisse und Förderung ihres Kindes absoluten Vorrang haben, d.h. das Zurückstellen eigener Bedürfnisse sie zu einer guten Mutter machen, können sich ihr unterdrückter Ärger und ihre Frustration langsam in ein Grundgefühl von Ausgenutztsein und Übergangensein verwandeln. Das kumuliert – aus Angst vor offener Aggression – nicht selten in einem anklagenden und anschuldigenden Ton der Umwelt gegenüber, der den jeweiligen Gegenüber in diffusen Schuldgefühlen gefangenhält.

Wenn die alte Mutter gegenüber ihrer erwachsenen Tochter, die für sie einen schönen Tag gestalten wollte und sie zum Essen ausgeführt hat, als Rückmeldung äußert „Was kann ein alter Mensch schon verlangen?", ist das ein hochaggressiver Akt. Der kann, obwohl es so bescheiden klingt, immer noch von diffusen Vergeltungsabsichten gespeist sein. In diesem Beispiel erlaubt er der Tochter ein ärgerliches Reagieren wieder nur mit Schuldgefühlen vermischt, es sei denn, sie hat, wie in diesem Fall, die Möglichkeit, die Szene in einer Gruppe nachzuerleben und neu zu bewerten.

„Der emotionale Streß des Mutterseins resultiert aus den Gefühlen, die aus einer Beziehung erwachsen, in der über einen längeren Zeitraum die Bedürfnisse einer anderen Person Vorrang haben. Dieser emotionale Streß wird allerdings noch durch die Zweifel der Mutter an ihren eigenen Gefühlen und durch die Angst verstärkt, ihrem Kind gegenüber auf negative aggressive Weise reagieren zu können. Sie braucht Selbstvertrauen, um diese Gefühle in den Griff zu bekommen, anstatt sie in destruktives Verhalten ihrem Kind gegenüber umzusetzen. Ihr Ziel muß sein, ihrem Kind allmählich klarzumachen, daß auch sie ein Mensch ist, dessen Bedürfnisse berücksichtigt werden müssen. Und das kann sie nur erreichen, wenn sie an sich selbst glaubt" (Heffner 1980, S. 45).

Elaine Heffner, die sich in ihrem Buch für eine neue entidealisierte Beziehung zwischen Mutter und Kind einsetzt, bringt das Dilemma von Müttern auf den Punkt: „Unglücklicherweise verstanden die meisten Mütter nicht, daß sie einem Druck von zwei Seiten ausgesetzt waren (den neuen Idealen der Kindererziehung und den Wertmaßstäben der eigenen Sozialisation, E.A.) Sie fühlten nur Empörung und Schuld: Empörung über das Verhalten ihrer Kinder und Schuld wegen ihrer eigenen Empörung" (S. 59).

Es leuchtet ein, daß ein souveräner Umgang mit der eigenen Aggressivität in diesem Durcheinander von Gefühlen und sozialen Verstrickungen erheblich erschwert ist!

Aggressionen im Sinne eines kämpferischen Mutes zu entwickeln, sich öffentlich und offen ein- und durchzusetzen, ist, wie deutlich wurde, vor dem Hintergrund weiblicher Sozialisation schwierig. Sich öffentlich einzumischen heißt Rivalität, Abwertung, Isolation zu riskieren, was – wie oben beschrieben – in weiblichen Lebenszusammenhängen durchschnittlich stärker angstbesetzt ist als in männlichen. Wenn Tapferkeit, Selbstsicherheit, Herrschaft immer noch mit Männlichkeit gleichgesetzt werden, weibliche Idealbilder dagegen durch Freundlichkeit, Fügsamkeit und Sorge für andere geprägt und verinnerlicht sind, werden sich geschlechtsspezifische Unterschiede im Umgang mit Aggression halten ... auch wenn sie intellektuell als überholt gelten.

So kommt es in Situationen, in denen Selbstbehauptung gefordert wäre, bei Frauen (und teilweise auch bei Männern) oft zu „Selbstsabotagen", die auch in Gruppen zu beobachten sind. Sprachliche Indizien sind bei deren Entlarvung hilfreich. In unterschiedlichen Sprachuntersuchungen (z.B. Tröml-Plötz 1984) wird die weibliche Eigenheit herausgestellt, Redebeiträge in einer Gruppe oft mit Selbstverkleinerungen zu beginnen wie „Vielleicht ist das, was ich sage ja dumm, aber ...!" / „Ich kenne mich nicht so gut aus, aber ..." / „Eigentlich ist es nichts Besonderes, was ich hinzufügen will..." Wahrscheinlich ist, daß in diesen Formen der Selbstverkleinerung der Wunsch nach der Gestaltung von harmonischen und konkurrenzlosen Beziehungen ausschlaggebend ist. Von daher ist auch zu erklären, was in diesen Untersuchungen immer wieder herausgestellt wird, daß nämlich Frauen zu einer eher vorsichtigen Sprechweise mit relativierenden Ausdrücken neigen.

Barbara Berckhan, Carola Krause und Ulrike Röder, die sich in ihrem Buch (Berckhan u.a. 1993) mit der Redeangst von Frauen auseinandersetzen, nennen folgende Merkmale:

„–die Verwendung von einschränkenden Wendungen wie ‚vielleicht‘, ‚möglicherweise‘, ‚ungefähr‘, ‚ein bißchen‘, ‚vermutlich‘, ‚irgendwie‘;
– die Verwandlung eines Aussagesatzes in eine Frage durch ein angehängtes ‚nicht wahr?‘ oder ‚oder nicht?‘;
– der häufige Satzanfang mit ich-betonten Formulierungen wie ‚Meiner Meinung nach ...‘ oder ‚Ich denke ...‘, ‚Ich glaube ...‘.“

Männer, so hat sich erwiesen, vertreten in ihren Äußerungen sehr viel häufiger einen direkten „So-ist-die-Welt"-Standpunkt, und zwar auch dann, wenn sie sich innerlich gar nicht so sicher sind, wie sie sich nach außen darstellen „... Dieser männliche Redestandard wird in der Öffentlichkeit – und zwar bei Männern wie bei Frauen – mit Selbstsicherheit, Klarheit und Führungskompetenz gleichgesetzt. Nach dieser Norm erzeugen Frauen, die sich vage und mit einschränkenden Redewendungen ausdrücken, den Eindruck von Unsicherheit und Unkenntnis.

Wenn Frauen sich allerdings von einem solchen ‚weiblichen‘ Redestil abwenden und anfangen, in der eher ‚männlichen‘ ‚Daran-gibt-es-nichts-zu-Rütteln‘-Manier zu sprechen, dann kann es ihnen leicht passieren, daß sie von anderen als unweiblich, hart und aggressiv abgeurteilt werden" (S. 146f).

In der Zeitschrift ‚Psychologie heute‘ (12/93) wurde über ein Forschungsergebnis der amerikanischen Psychologin Linda Carli berichtet, die die oben beschriebenen Merkmale weiblichen Verhaltens bestätigte und zusätzlich herausfand: „Während Frauen eine klare Sprache bei ihren Geschlechtsgenossinnen befürworten, lassen sich Männer sehr viel häufiger von Frauen beeinflussen, wenn diese zurückgenommen argumentieren ... Wie sich herausstellte, beurteilten die männlichen Beobachter Frauen mit einem kompetenten Sprechstil als weniger sympathisch und weniger überzeugend als die Männer, die ihre Argumente in dieser Weise vortrugen ... Schlagen sie (die Frauen) ... einen freundlichen, zögerlichen Ton an, fürchten Männer keine Konkurrenz und hören bereitwilliger zu" (S. 16ff). Eine neue

Variante des Grunddilemmas, das auch die Arbeit in Gruppen beeinflußt.

Kleine Mädchen erleben häufig, daß sie Wünsche eher erfüllt bekommen, wenn sie niedlich sind. Sie lernen, daß es, um sich durchzusetzen, günstig ist, beim Sprechen den Kopf schräg zu legen, leicht zu lächeln und die Stimme anzuheben.

Die Niedliche-Mädchen-Tour kann sich so einprägen, daß Frauen, die von Alter und Selbstverständnis her durchaus erwachsen sind, in einer aggressiven Auseinandersetzung – wie z.B. in Gruppen – plötzlich den Kopf schräg legen, lächeln und in eine höhere Tonlage wechseln. So können sie auch hier – oft unbewußt – ihr Anliegen verniedlichen, um dann erbittert festzustellen, daß sie nicht ganz ernst genommen werden oder ärgerliche Reaktionen erleben. Mir fällt bei bestimmten, meist eher mädchenhaft wirkenden Gruppenteilnehmerinnen häufiger auf, wie sie während ihres Beitrags, in dem sie erbost über eine Zumutung am Arbeitsplatz oder in der Familie berichten, allmählich umschlagen in eine eher hilflose oder weinerliche Wortwahl, Stimme oder Gestik.

Der Zwiespalt, der sich hier dokumentiert, verstärkt sich gleichzeitig dadurch, daß diese Art selbstverkleinernde Körpersprache oder Wortwahl das Grundgefühl von Unsicherheit und Selbstzweifel nochmal wachsen läßt. In Gruppen kann dieses Gefühl hilfloser Wut ansteckend sein. Interessanterweise kann man hier den Zwiespalt oft in einer Spaltung der Gruppe reinszeniert erleben: Es bilden sich dann „Fraktionen" in der Gruppe, eine, die voller Anteilnahme, und eine, die eher ungehalten oder ablehnend reagiert. Eine Situation, die als Lernsituation ausgesprochen erhellend sein kann, wenn man sie zur Verdeutlichung innerer Vorgänge heranzieht!

Empirisch relevante Daten kann ich hier nicht anführen, möchte aber in diesem Zusammenhang eine wiederholte Beobachtung in Gruppen anfügen: In Situationen, in denen es in Gruppen zu Auseinandersetzungen kam, an denen eine Frau maßgeblich beteiligt war, ist mir häufiger begegnet und ich habe es mir von anderen auch berichten lassen, daß es zu einer Solidarisierung durch andere Teilnehmerinnen *nach* der Sitzung oder in einer Kleingruppe kam. So wurde Anteilnahme bekundet, die offene Auseinandersetzung gegen die

Leitung oder den ‚mächtigeren' Teil der Gruppe vorerst vermieden. Erst durch die Rückversicherung – die Bindung – in der Kleingruppe wächst der Mut zur Auseinandersetzung. Ein Kriterium, das für Leiterinnen und Leiter von Gruppen bei der Entscheidung für eine bestimmte Struktur natürlich wichtig ist.

In ihrem vieldiskutierten Buch über unterschiedliches Kommunikationsverhalten und -verständnis von Männern und Frauen hat Deborah Tannen (1991) viele der oben besprochenen Untersuchungen herangezogen. Sie nennt darüber hinaus zwei aufschlußreiche idealtypische Aspekte, die männliches bzw. weibliches Verhalten bestimmen: den *Statusaspekt* und den *Beziehungsaspekt*. Wenn es zutrifft, daß vor allem der Beziehungsaspekt das Interaktionsverhalten von Frauen bestimmt, d.h. Gemeinsamkeiten, Anteilnahme eher betont werden und rivalisierendes Aushandeln des jeweiligen Status eher zweitrangig ist oder vermieden wird, dann kommt *ein* wichtiger Grund für aggressives Verhalten nicht oder nur sehr verborgen zum Tragen.

Wenn zwei widerstreitende Pole jede Kommunikation mitbestimmen, nämlich das Bedürfnis nach Intimität und das nach Unabhängigkeit, sind sie zwar bei jedem Gesprächspartner vorhanden, je nach Geschlecht aber unterschiedlich gewichtet. Bleibt die Frage, wo zugunsten der Bindung zurückgehaltene Aggressionen ihr Ventil finden. Sie ist auch für das Verstehen von Gruppengeschehen wichtig und spannend, wenn sie thematisiert wird. Man/frau kann auch mit Nähebedürfnissen jemanden verfolgen, z.B. indem Beziehungsgespräche permanent eingeklagt und als Störungen thematisiert werden. Gruppen wie diejenigen, die nach TZI arbeiten, die Beziehungsebene also wichtig nehmen, verführen manchmal dazu, vor allem, wenn befreundete Paare teilnehmen.

In diesem Zusammenhang scheint mir Lerners (Lerner 1987) Beschreibung von unterschwellig aggressivem Verhalten auch bei der Reflexion von Gruppengeschehen nachvollziehbar und nützlich: „Vorwürfe und Schuldzuweisungen sind bei beiden Geschlechtern verbreitet", schreibt sie, „aber bei Frauen ist die Vorwurfshaltung vielleicht auffälliger. Dafür gibt es gute Gründe: unter anderem unsere tiefsitzende Wut über unsere kulturell vorgeschriebene

Selbstverleugnung und Unterlegenheitshaltung, verbunden mit den Tabus, denen die Erkenntnis und der offene Widerstand gegen unseren zweitrangigen Status unterliegen – und unsere Angst- und Schuldgefühle über den möglichen Verlust einer Beziehung" (S. 181). Vorwürfe und Schuldgefühle können den status quo in einer Beziehung gleichzeitig angreifen und bewahren und sind damit vordergründig ein Ausweg aus dem beschriebenen Dilemma – nicht eigentlich konstruktiv natürlich, weil eine direkte Stellungnahme vermieden und nichts wirklich verändert wird. Dieses zu erkennen, Gründe zu verstehen und alternative Möglichkeiten im Schutz der Gruppe auszuprobieren, ist für Gruppenmitglieder oft eine Erfahrung, die als fundamental erlebt wird.

Für die Arbeit mit Gruppen sind Untersuchungen aufschlußreich und anregend, die Tannen zum Thema Anpassungsverhalten in unterschiedlichen Gruppen referiert.

„Untersuchungen aus den unterschiedlichsten Disziplinen zeigen, daß Frauen sich in gemischten Gruppen eher anpassen als Männer. Elisabeth Aries verglich die Körperhaltung von jungen Männern und Frauen in reinen Männer-, reinen Frauen- und gemischten Diskussionsgruppen und stellte fest, daß die Männer mehr oder weniger in derselben Haltung saßen, ob Frauen dabei waren oder nicht: Sie streckten sich ‚entspannt' aus und beanspruchten viel Platz um sich herum. Die Frauen in Aries Untersuchung nahmen dagegen in Gesellschaft von Männern eine enge und ‚damenhafte' Haltung an, saßen aber offen und entspannt, wenn sie unter sich waren ... Ein ähnlicher Aspekt taucht in Alice Deakings' Studie über Gesprächsthemen von Männern und Frauen auf ... [sie] stellte fest, daß die Männer unter sich hauptsächlich über Geschäftliches ... redeten. Wenn Frauen unter sich waren, sprachen sie am häufigsten über Menschen ... Wenn Frauen und Männer zusammensaßen, tendierten sie dazu, die jeweiligen Lieblingsthemen zu vermeiden und sich auf Themen zu konzentrieren, die beide Gruppen interessierten. Aber bei der Diskussion dieser Themen richteten sie sich ausschließlich nach dem Gesprächsstil der Männer" (S. 260f). Tannen bringt viele Beispiele dafür, daß die Schwierigkeiten von Frauen, sich in größeren öffentlichen Gruppen Gehör zu verschaffen, mit ihren beziehungsorientierten Sprechgewohnheiten zusammenhängen. Geringere Beachtung ihrer Wortbeiträge, wie sie Frauen immer wieder beklagen und als diskriminierend erleben, haben hier eine Ursache.

Hier stellt sich die Frage, inwieweit sich z.b. in TZI-Gruppen Ähnliches ereignet oder inwieweit sie auch eine Gegenerfahrung vermitteln und stabilisieren können. Vom Anspruch her, die Balance herzustellen zwischen sach- und beziehungsorientiertem Lernen und Arbeiten, werden Teilnehmer und Teilnehmerinnen naturgemäß die eher frauenspezifische Sprechweise wählen, ohne in der rein persönlichen Betrachtungsweise verhaftet zu bleiben. Die Überzeugungsgewalt der „So-ist-es"-Sprechweise und daraus resultierende weibliche Diskriminierung und Wut müßten sich zwangsläufig relativieren!

Mit diesem Gedanken bin ich bei der letzten Frage dieses Aufsatzes: In welcher Weise können sich im Rahmen von TZI-Gruppen Wahrnehmungsmöglichkeiten und Handlungsspielräume in bezug auf Aggressionen erweitern?

Körpersignale als wichtige Indizien zum Verstehen von sich selbst und anderen zu beachten, ist in TZI-Gruppen wichtiger Bestandteil des Lernens. „Achte auf deine Körpersignale!" kann Frauen und Männer auf widersprüchliche, z.B. selbstentwertende, Botschaften ihrer Körpersprache aufmerksam machen und die nach außen vermittelte Widersprüchlichkeit verdeutlichen helfen. Die Frage nach den widersprüchlichen Erfahrungen, Bedürfnissen, Befürchtungen, die hinter solchem Verhalten stehen, ergeben sich zwangsläufig. Welche Alternativen werden als möglich und wünschenswert gesehen? – Ähnliche Fragen können zu sachlich und persönlich wichtigen Themen im Prozeß werden.

Von den oben genannten Untersuchungsergebnissen über unterschiedliches geschlechtsspezifisches Verhalten in Gruppen ergibt sich ein weiterer neuer Wahrnehmungs- und Handlungsspielraum in TZI-Gruppen:

Wenn Themen so eingeführt werden, daß sowohl der persönliche Zugang mit allen Gefühlen, Erinnerungen und Phantasien als auch überpersönliche Aspekte Platz in der Arbeit haben, besteht eher die Möglichkeit, daß Symmetrie zwischen Frauen und Männern in bezug auf Sprechweise und Gesprächsverlauf möglich wird. Sich abgrenzen und in der Beziehung bleiben als hohe Kunst der Balance ist eines der Grundthemen der Themenzentrierten Interaktion. Der unterschiedliche Umgang in diesem Balanceakt hatte sich ja in bezug auf Aggressionen erwiesen, könnte sich hier aber annähern.

In der Gruppenarbeit auf eigene Stärken und Defizite aufmerksam zu werden, sie zu akzeptieren und zu benennen ist eine permanente Aufgabe. Männliche Gruppenteilnehmer können sich bewußt werden, wie die „übliche" Erwartung an sie, erfolgreiche Beziehungen zu anderen zu gestalten und immer auch Rangordnungen auszuhandeln, ein mühseliger und widersprüchlicher Auftrag sein kann. Frauen erleben und begreifen vielleicht bewußter den Druck, unter den sie geraten, wenn sie Status erwerben, Beziehungen erhalten und Konflikte vermeiden wollen. Dieses innere Dilemma bei sich und anderen zu erkennen und biografisch und sozial zu verstehen, ist der erste Schritt zu einem bewußteren Verhalten in solch komplexen oder paradoxen Situationen.

Das Streben nach Autonomie und das Bewußtsein von Interdependenz bedeutet nach TZI die Anerkennung beider Pole, wie sie oben als tendenziell männlich bzw. weiblich beschrieben wurden. TZI-Gruppen können verdeutlichen helfen, daß beide Geschlechter diese Bestrebungen haben, nur in unterschiedlicher und teilweise aufeinander reagierender Gewichtung. Eine ausgeglichenere Verteilung in diesem Balanceakt ist für beide Geschlechter emanzipatorisch, auch weil es einen angst- und damit aggressionsfreieren Umgang ermöglicht.

Kommunikationsformen (Postulate und Regeln), wie sie in TZI-Gruppen erfahrbar werden, sind absolut geeignet, Warhnehmungs- und Handlungsmöglichkeiten auch im Umgang mit Aggressionen zu erweitern:

Der „Chairman" ist inzwischen zur „Chairperson" geworden. „Sei deine eigene Chairperson" bedeutet, schenke dir, dem anderen und eurem gemeinsamen Anliegen dieselbe Aufmerksamkeit. „Ich akzeptiere mich, wie ich bin – was meine Wünsche, mich zu ändern, einschließt," schreibt Ruth Cohn (Cohn 1975, S. 121). Das kann hier für Frauen z.B. bedeuten: Ich nehme meine Unterwerfungs- und

Fluchttendenzen in Konfliktsituationen wahr, mache mir bewußt, welche Angstgefühle oder früheren Aufträge dem zugrunde liegen, wäge ab und versuche – im Schutz der Gruppe –, neues Verhalten auszuprobieren. Ich flüchte nicht, verkneife mir moralisierende Anschuldigungen, halte den Kopf gerade und bestehe auch meine Angst vor Beziehungsverlust – bzw. Statusverlust.

Das klingt, so in einer Satzfolge gesagt, plausibel und einfach, ist aber ein mühseliger Lernweg, der immer wieder Unterstützung und Konfrontation durch Leiter und Leiterin braucht. Das Chairperson-Postulat kann auf diesem Lernweg eine Erlaubnis und Ermutigung geben, die bei den einzelnen zu Beginn der Arbeit noch zu wenig innere Stimme haben. Ich erlebe in Seminaren immer wieder, daß die Chairperson – Regel als Selbstvergewisserung und Selbstermutigung zitiert wird. „Ich soll doch Verantwortung übernehmen, also ..."

„Wenn Sie Beziehungsstrukturen verändern wollen, bereiten Sie sich nicht nur auf heftige Gegenreaktionen von anderen, sondern auch auf ihre eigenen Widerstände vor" schreibt Lerner (1987, S. 185). Eigene und fremde Verhaltensmuster beobachten und verstehen lernen sieht auch sie als Grundlage für einen stärker selbstbestimmten und verantwortungsvollen Umgang mit Aggressionen. Die Beobachtungs-kriterien, die Lerner anführt, sind zwar verallgemeinernd, haben sich für die ersten Schritte zur Auseinandersetzung mit dem Thema Aggressionen in TZI-Gruppen als aufschlußreich und nützlich erwiesen, um eigenen Reaktionsmustern auf die Spur zu kommen. Sie bietet für diese Spurensuche folgende vier Kategorien, unter denen Teilnehmerinnen und Teilnehmer sich wiederentdecken können:

„Nähe-Sucher

· reagieren auf Ängste durch verstärkte Bedürfnisse nach Zusammengehörigkeit und Bindung;

· legen großen Wert darauf, sich über Probleme auszusprechen und Gefühle auszudrücken – und meinen, daß andere das auch tun sollten;

· fühlen sich zurückgewiesen und nehmen es als persönliche Kränkung, wenn jemand, der ihnen nahesteht, Zeit und Spielraum für sich und außerhalb der Beziehung beansprucht;

- neigen dazu, den Partner zu bedrängen und sich dann, wenn er Distanz sucht, kühl zurückzuziehen;
- bewerten sich selbst negativ als zu ,abhängig' und ,zu fordernd' in Beziehungen;
- haben die Neigung, dem Partner vorzuwerfen, er könne nicht mit Gefühlen umgehen und keine Nähe ertragen.

Distanz-Sucher
- suchen bei starken seelischen Belastungen emotionale oder physische Distanz;
- betrachten sich als unabhängige, eigenständige Persönlichkeiten, die sich eher selbst helfen, als die Hilfe anderer in Anspruch zu nehmen;
- haben Schwierigkeiten, ihre abhängige, bedürftige, verletzliche Seite zu zeigen;
- werden von wichtigen Partnern oft als ,emotional unansprechbar', ,verschlossen', ,unfähig mit Gefühlen umzugehen' bezeichnet;
- kompensieren Ängste in persönlichen Beziehungen durch stärkere Konzentration auf den Berufsbereich;
- tendieren dazu, eine Beziehung abzubrechen, wenn sie problematisch wird, statt dranzubleiben und den Konflikt auszutragen;
- können sich am leichtesten öffnen, wenn sie sich nicht unter Druck gesetzt fühlen.

„Unterfunktionierende"
- haben meistens einige Lebensbereiche, mit denen sie einfach nicht zurechtkommen;
- werden, wenn sie unter Spannung stehen, noch ,unfähiger' und fordern dadurch andere auf, sich um sie zu kümmern;
- neigen bei beruflichen und familiären Streßsituationen dazu, Symptome physischer oder psychischer Störungen zu entwickeln;
- werden leicht zum Konzentrationspunkt familiärer Ängste und Sorgen und zum Hauptgegenstand des Familienklatsches;
- ziehen Klassifizierungen wie ,neurotisch', ,krank', ,gestört', ,das Problem', ,der Patient' auf sich;
- haben Schwierigkeiten, nahestehenden Menschen ihre starke, kompetente Seite zu zeigen.

Schuldzuweisende
- reagieren auf Ängste mit emotionaler Aufladung und Streit;
- fahren leicht aus der Haut;
- verbrauchen viel Energie bei dem Versuch, jemanden zu ändern, der sich nicht ändern will;
- neigen zu zyklisch wiederkehrenden Streitigkeiten, die kurzfristig die Spannung lösen, aber das alte Beziehungsmuter erhalten;
- machen andere für ihre eigenen Gefühle und Handlungen verantwortlich;
- sehen andere als Hindernis an, das den eigenen Veränderungen entgegensteht" (Lerner 1987, S. 178ff).

Ich führe diesen Katalog hier auf, weil ich ihn, wie gesagt, nützlich für die Arbeit in TZI-Gruppen finde. Wenn diese Beschreibungen verschiedener Reaktionsmuster als Hilfe zur Selbst- und Fremdeinschätzung z.B. in der Einzel- oder Kleingruppenarbeit benutzt werden, können sich viele wiedererkennen und oft auch weitere Muster ergänzen. Wichtig ist, daß es dabei nicht um richtig oder falsch, gut oder böse geht, sondern um das Benennen und Austauschen, das jedem Verstehen und Verändern vorausgehen muß. Oft macht es auch die gegenseitigen Rückmeldungen einfacher, wenn zunächst auf diese Formulierungen zurückgegriffen werden kann. Reaktionsmuster haben Gründe und eine Geschichte, durch bloße Appelle sind sie kaum zu verändern, vor allem dann nicht, wenn eine tieferliegende Angst mitbestimmend ist. Das kann an diesen Stellen deutlich und damit weiter zumThema werden.

Spannend ist in diesem Zusammenhang auch die Frage, wie sich Reaktionsmuster verändern, wenn unterschiedliche bzw. gleiche Verhaltensstile aufeinandertreffen. Das läßt sich an aktuellen Interaktionen in der Gruppe, aber auch anhand von Rollenspielen, in denen unterschiedliche Verhaltensweisen durchprobiert werden, bearbeiten und führt zu lebendigem Austausch und wachsender Lust am Experimentieren.

„Störungen" (z.B. Antipathien, unausgesprochener, unterdrückter Ärger, Rivalitätsgefühle, Langeweile, Kopfschmerzen ...) haben – so das zweite wichtige Postulat bei TZI – Vorrang. Sie sind Realität, die, wenn sie nicht unterdrückt wird, für die gemeinsame Arbeit oft besonders erkenntnisträchtig ist. Gerade im Umgang mit aggressiven Impulsen sind Störungen wertvoller Sand im Getriebe. Mein Zuspätkommen, mein Vergessen, mein Mißverstehen, aber auch meine Kopfschmerzen an bestimmten Stellen im Gruppenprozeß oder im Umgang mit bestimmten Personen treten eben nicht zufällig auf, sondern haben etwas mit dem zu tun, was ich zu unterdrücken versuchte ... z.B. um des „reibungslosen" Ablaufs willen so wie ich es „draußen" in anderen Gruppen oder Beziehungen gewohnt bin.

Wenn ich als Frau lerne, ICH zu sagen, lerne ich partiell auf das stützende WIR zu verzichten zugunsten des eigenen Standpunkts. Wenn ein Mann lernt ICH zu sagen, lernt er vielleicht, sich nicht hinter der Sache zu verbergen sondern seine Subjektivität mit zu erkennen zu geben.

Wenn Frauen im Zweifel zur Anteilnahme anstatt zur Auseinandersetzung tendieren, kann die Kehrseite der Medaille sein, daß sie Andersartigkeit – auch unter Frauen – schwer ertragen. Tatsächlich erlebe ich in Gruppen meistens eine große Bereitschaft zur Solidarisierung unter Frauen – aber auch, daß schnell Verrat gewittert wird, wenn einzelne Frauen sich dem WIR-Frauen-Diktat nicht unterwerfen. Die aggressive Reaktion zeigt sich dabei eher in der Bereitschaft zur Ausgrenzung als zum Kampf. Bei männlichen Teilnehmern konnte ich tatsächlich eher eine Vorliebe für das MAN und das „So ist es"-Diktum beobachten. In beiden Fällen kann das Abtragen der Schichten bis zum ICH viel Zeit in Anspruch nehmen, es bedeutet Umwertung und Neuorientierung, die auch ängstigt. Allgemeinplätze, Vorwürfe, Schuldzuweisungen, Interpretationen muß die Gruppenleiterin, der Gruppenleiter in ICH-Aussagen zu übersetzen versuchen und damit das Gefühl für die andere Qualität von Kommunikation ermöglichen. Die authentischen Aussagen über Ängste, Verletzungen, verborgene Wut, die so gefördert werden können, überraschen diejenigen, die sie endlich äußern können, oft ebenso wie die anderen Gruppenmitglieder. Wenn sie nicht, wie insgeheim befürchtet, zum Kontaktabbruch oder zum Statusverlust in der Gruppe führen, sondern zu mehr Transparenz in der Kommunikation, kann das eine wesentliche Erfahrung für konstruktives Verhalten in Konfliktsituationen sein und kann den Verzicht auf die

„quantitative Unerstützung" oder aggressive Verschleierung durch das WIR oder MAN ermöglichen.

Bei der Arbeit an diesem Aufsatz habe ich etliche eigene Widerstände durchlebt. Ich habe ganze Seiten verloren oder versehentlich im Computer getilgt (Selbstsabotage?). Ich habe verunsichert festgestellt, daß ich immer noch eine (zu ausgeprägte?) Vorliebe für relativierende Einschübe habe. Ich habe mir ausgemalt, wieviele (rivalisierende?) Leserinnen und Leser wohl die auch von mir vermuteten Unstimmigkeiten und Schwachstellen in dieser Arbeit finden und aggressiv reagieren könnten. Andererseits war es dies, was ich – weiblich – im Augenblick zum Thema Geschlecht und Aggression zu sagen habe.

Persönliche und gesellschaftliche Veränderungen in Richtung auf einen verantwortungsvollen Umgang mit Aggressionen zu erreichen, ist angesichts vorhandener Vernichtungsmöglichkeiten zur Überlebensfrage geworden, das wird uns täglich in den Nachrichten demonstriert. Menschen, die in TZI-Gruppen Erfahrungen machen und Erkenntnisse gewinnen, können in diesem Bewußtseins- und Veränderungsprozeß einen Beitrag leisten.

Literatur

Benard, Ch. / Schlaffer,E.: Liebesgeschichten aus dem Patriarchat, Reinbek b. Hamburg 1984

Berckhan, B./ Krause C. / Röder. U.: Schreck laß nach! Was Frauen gegen Redeangst und Lampenfieber tun können. München 1993

Bach, G.R. / Goldberg, H.: Keine Angst vor Aggression. Frankfurt 1987

Bach, G.R. / Wyden, O.: Streiten verbindet. Frankfurt 1992

Brückner,M.: „Frauen: Lebensstark, beziehungsschwach" in: das Ich im Lebenslauf. Weinheim 1989

Camenzind, E. / Knüsel, K.: Starke Frauen zänkische Weiber? Frauen und Aggression. Zürich 1992

Chodorow, N.: Das Erbe der Mütter. Psychoanalyse und Soziologie der Geschlechter. München 1985

Cohn, R.C.: Von der Psychoanalyse zur Themenzentrierten Interaktion. Stuttgart 1975.

Dorst, D.: „Die Bedeutung von Frauenfreundschaften im weiblichen Lebenszusammenhang", in: Gruppendynamik Juni 1993

Gilligan, C.: Die andere Stimme. München 1988

Heffner, E.: Die grundlegenden Freiheiten der Frau. München 1980.

Kaplan, Louise J.: Weibliche Perversionen. Von befleckter Unschuld und verweigerter Unterwerfung. Hamburg 1991

Lerner, H.G.: Das mißdeutete Geschlecht. Zürich 1991

Lerner, H.G.: Wohin mit meiner Wut? Zürich 1987

Lerner, H.G.: Was Frauen verschweigen. Warum wir täuschen, heucheln und lügen müssen. Zürich 1993.

Loccumer Protokolle 9/1982 „Zärtlichkeit und Macht (Selbsterfahrung und Politik der Geschlechteremanzipation)

Mitscherlich, M.: Die Zukunft ist weiblich. München 1990.

Olivier,C.: Jokastes Kinder. Die Psyche der Frau im Schatten der Mutter, Düsseldorf 1984

Rohde-Dachser,Ch.: Expedition in den dunklen Kontinent. Berlin 1991.

Schoenthal,G.: „Sprache, Geschlecht und Macht. Zum Diskussionsstand feministischer Thesen in der Linguistik" in: Mitteilungen des Deutschen Germanistenverbandes 39/1992

Tannen, D.: Du kannst mich einfach nicht verstehen. München [6]1993

Trömel-Plötz, S.: Gewalt durch Sprache. Frankfurt/M. [11]1992

5. Die Lerntheorie der Aggression

Bei dieser Theorie steht nicht die Frage nach der Herkunft der Aggression im Vordergrund, sondern die Frage, wovon es abhängt, ob es zu aggressivem Verhalten kommt oder nicht. „In der Sicht der sozialen Lerntheorie ist der Mensch weder von inneren Kräften getrieben noch hilflos von Umwelteinflüssen bedrängt. Psychologisches Funktionieren läßt sich am besten verstehen als dauernde reziproke Interaktion zwischen Verhalten und seinen kontrollierenden Bedingungen." (Bandura 1979, S. 43)

Die sozial-lerntheoretischen Erklärungen für aggressives Verhalten basieren auf breit fundierten empirischen Untersuchungen. Sie ergeben, daß aggressives Verhalten auch ohne vorangehende Frustration auftreten kann, und daß aggressive, nämlich direkt auf Schädigung drängende Impulse **nicht** die einzige Motivation sind. Es können also auch nicht-aggressive Bedürfnisse sein, die aggressives Verhalten hervorbringen, wenn es sich erweist, daß aggressives Verhalten zu deren Befriedigung beiträgt (Lernen am Erfolg). Das primäre Ziel kann z.B. Beachtung, Gewinn, Durchsetzung oder Selbstschutz sein, und die Aggression ist dabei nur Mittel zum Zweck; oft findet solche instrumentelle Aggression ohne Ärger statt wie z.B. bei einem Raub, oder sie geht einher mit Angst wie bei Schutz-Aggression.

Auf dem Hintergrund der unterschiedlichen Motivationen geht die Lerntheorie von drei Arten der Aggression aus, die natürlich häufig in Verbindung miteinander auftreten:

- „Ärger-Aggression (expressive Aggression): reaktiv, primär von Affekten bestimmt, die durch vorangehende Frustration aktiviert werden; Variationen von relativ ungerichteter Unmutsäußerung bis zu gezielter Vergeltung, bei der die bloße Leidzufügung mit positivem Selbstwertgefühl verbunden ist.
- Instrumentelle Aggression: Prospektiv, primär von erwarteten Effekten bestimmt, die jenseits von Schädigung und Schmerz liegen; ist vor allem Mittel für Durchsetzung und Gewinn, Beachtung und Anerkennung, Abwehr und Schutz; kann mit positiver Selbstbewertung verbunden sein.
- Eigenständig-spontane (verselbständigte) Aggression: Gesuchte Aggression aus persönlicher Neigung zur Schädigung und Schmerzzufügung (von Streitereien bis Grausamkeiten), da diese vermutlich mit Stimulation oder erhöhtem Selbstwertgefühl (Bestätigung von Macht, Stärke usw.) einhergeht." (Nolting 1987, S. 12)

Ob es allerdings zu aggressivem Verhalten kommt, hängt neben der Motivation davon ab, über welche Verhaltensmöglichkeiten und -gewohnheiten die Person verfügt, und diese erklären sich vor allem aus den bisherigen Lernprozessen in der sozialen Umwelt. Dabei spielt das Lernen am Modell (Vorbilder in Familie, Gesellschaft) und das Lernen am Erfolg (Verstärkung durch Zielerreichen, durch soziale Reaktionen wie Zustimmung oder Tadel etc.) die wichtigste Rolle. Ferner wird das Auftreten aggressiven Verhaltens davon beeinflußt, ob eine Person Hemmungen entwickelt hat aus Angst vor Strafe oder aufgrund moralischer Einstellungen.

Neben diesen personalen Faktoren haben auch situative Bedingungen einen nicht zu unterschätzenden Einfluß auf aggressives Verhalten; diese können sein: Anwesenheit von Zielpersonen, aggressive Symbole, Signale, Waffen, Gruppenstrukturen etc. Situative Faktoren, die Hemmungen auslösen können, sind Verbote, Strafandrohungen und Hinweise auf die Unangemessenheit aggressiven Verhaltens.

Auf der Basis der lerntheoretischen Erkenntnisse entwickeln sich -entsprechend den verschiedenen Bedingungen für aggressives Verhalten – Strategien zu ihrer Verminderung:

– Verminderung der situativen Anregungsfaktoren (Abbau von aggressionsfördernden Bedingungen in der engeren und weiteren Umwelt)
– Änderungen auf der Bewertungsebene (Sichtweisen, Einstellungen, Bewertung der situativen Anreger)
– Erlernen alternativen Verhaltens (adäquate Formen von Selbstbehauptung, von Konfliktlösung, kooperatives Verhalten, gewaltloser Widerstand etc.)
– Förderung von Aggressionshemmungen (wichtiger als Strafen sind moralische Einstellungen, die auf dem Hintergrund glaubwürdiger Modelle und einem positiven emotionalen Bezug in der Erziehung als interne Kontrolle entwickelt werden). (vgl. Nolting 1987, S. 14f)

Für die Lerntheorie hat sich das Kanalisieren und Abreagieren der Aggression in akzeptablen Formen als falsch erwiesen, weil das Ausleben selbst aggressiv ist. Solchen Vorschlägen zur Aggressionsbewältigung liegt die Vorstellung des hydraulischen Modells zugrunde, das sich auch deshalb als unzutreffend erwiesen hat, weil es von zielunspezifischen Impulsen ausgeht.

Die neuere sozial-kognitive Lerntheorie betont noch stärker den Aspekt der Kognition, indem sie auf die – sozial vermittelten und kulturell bedingten – Bewertungen und Interpretationen von Gefühlen und Situationen, die zu Aggression führen können, hinweist: „Jeder einzelne aggressive Akt ist vielmehr als Resultat einer Reihe von kognitiven Entscheidungsprozessen aufzufassen, die verstehbar werden, wenn man die jeweiligen lerngeschichtlich entstandenen Erwartungshaltungen der Handelnden kennt." (Bandura, nach Verres/Sobez 1980, S. 107)

„Unter dem Aspekt, daß aggressives Verhalten gelernt wird, läßt sich die folgende These vertreten: Der Glaube an die biologische Verankerung aggressiven Verhaltens als ‚Aggressionstrieb' bewirkt, aggressives Verhalten als unabwendbar und notwendig hinzunehmen; dieser Glaube kann für den Ablauf des sozialen Lebens eine größere Störquelle bedeuten als das aggressive Verhalten selbst." (Belschner 1982, S. 96)

Literatur

Bandura, A., Aggression: Eine lerntheoretische Analyse, Stuttgart. 1979
Bandura, A., nach: Verres, R./Sobez, I., Ärger, Aggression und soziale Kompetenz, Stuttgart 1980
Belschner, W. in: Selg, W. (Hg.), Zur Aggression verdammt? Ein Überblick über die Psychologie der Aggression, Stuttgart [6]1982
Nolting, H.-P., in: Grubitzsch, S./Rexilius, G. (Hg.), Psychologische Grundbegriffe, Reinbek 1987

Hansjörg Neubert

Geb. 1941. Studium der Wirtschafts- und Sozialwissenschaften (Diplom 1967).
Aufbaustudium der Erziehungswissenschaften in Konstanz (Lizenziat 1970) und
Stanford/USA (M.A. 1972). Promotion 1975. Prof. f. Erziehungswissenschaften an
der FU Berlin. Dipl.TZI 1987. Seit 1986 Projekt- und Seminarleitungen im Bereich
betrieblicher Weiterbildung.

Um der Lebendigkeit willen: der narrative Zugang zum Thema Agression

„...Hält man dagegen die Sprache der frühen Theoretiker, Verhaltensforscher und Ethnographen – Hesiods, der Vorsokratiker, Herodots – ihren Zauber, ihre Disziplin, ihre Leichtigkeit, ihre Phantasie, ihre Freiheit, ihre Knäppe, kurz: ihre Schönheit, dann begreift man, wie heruntergekommen unsere Auseinandersetzung mit der Welt, wie heruntergekommen das fade Paukerrokoko unserer Hochschulen und Magazine.

Sie werden einwenden, unsere Welt habe sich differenziert, die Zusammenhänge seien komplizierter geworden, Zeit weniger und teurer – Fachsprachen, Sonderzeichen nur vermöchten noch unsere Realität auszudrücken. Schon die Keilschrift und die Tantrik überliefern Sonderzeichen, Formeln. Hier geht es um die Metasprache, mit der die Formeln eingeführt werden, jene Sprache der Wissenschaft, die uns an jeder Ecke die Realität und die Wirklichkeit verstellt, redundant, pompös, feige, feinsinnig. Wer redet uns da ein, nur durch Fachsprachen sei die Welt noch zu erfassen?

Was wird damit bezweckt?

Die Entmündigung." (Fichte 1980, S. 59f)

I.

Ob es richtig ist, mit Blick auf die Fachsprachen und Fachbegriffe gleich von „Entmündigung" zu sprechen, wie es Hubert Fichte in dem einleitenden Zitat tut, sei dahingestellt. Aber die warnenden Worte gilt es zu bedenken, und vor allem dann zu bedenken, wenn uns der Gebrauch der Fachsprachen und Fachbegriffe zur Alltäglichkeit geworden ist. „Widerstand", „Projektion", „Regression", „Übertragung", „Psychose", „Gegenübertragung" und natürlich auch „Aggression" – dies alles sind psychologische Termini, die uns leicht vom Munde gehen. Mit diesen Termini beschreiben wir höchst komplexe Phänomene, bringen sehr verwickelte Prozesse „auf den Begriff", in der Hoffnung, mit ihrer Hilfe das psychische Geschehen des einzelnen oder einer Gruppe besser verstehen und erklären zu können.

Ich schreibe „wir" – ein bei TZI-lern wegen seiner Vagheit wenig geschätztes Wort. Aber ich habe es in vielen Gruppen, in vielen Supervisionsgesprächen, in vielen Prozessanalysen häufig so erlebt: Der Jargon schleicht sich rasch ein, und das gewohnte psychologische Sprachspiel beherrscht die Szene. Gewiß, die Kenntnis der einschlägigen psychologischen Begrifflichkeit ist in vielen Fällen weiterführend und hilfreich. Außerdem, klappern gehört zum Handwerk! – zeugt doch der souveräne Umgang mit der Fachterminologie von methodischer Kompetenz und Urteilsfähigkeit. Aber eben nicht immer. Ja, es scheint, daß die Phänomene, um die es geht, durch die abstrakte Begrifflichkeit vielfach verstellt und etikettiert werden; ganz abgesehen davon, daß die Terminologie oft Anlaß zu Mißverständnissen und Mißdeutungen gibt.

Genug der Klage, die, wie gesagt, im Sinne von TZI völlig unprofessionell ist. Doch ich habe mich schon manches Mal über den Insider-Jargon geärgert, und ein wenig anfänglicher Ärger bringt das hier anstehende Thema vielleicht schärfer ins Spiel.

Um was es mir geht: Ich möchte am Thema Aggression einige Überlegungen darüber anstellen, wie man einen umgangssprachlich zwar eingeführten, aber gleichwohl doch abstrakten Begriff, der vielfach nur eine Chiffre für höchst komplexe Phänomene darstellt, über Geschichten und Geschichtenerzählen wieder dechiffriert und so die zugrundeliegenden Phänomene sinnlich erfahrbar macht. Es geht mir darum, daß von dem, was die Menschen umtreibt, wenn sie von Aggressionen reden oder in diese verstrickt sind, wieder *erzählt* wird – um der Lebendigkeit, der Klarheit und der Anteilnahme willen. Und es geht mir schließlich darum, ganz allgemein auf die Bedeutung der Sprache als das wichtigste, zugleich aber auch das subtilste Instrument bei der Leitung von Gruppen hinzuweisen. Subtil ist dieses Instrument aber nur dann, wenn die Sprache, wie es Heinrich Böll einmal ausgedrückt hat, eine „bewohnbare Sprache" ist. Geschichtenerzählen scheint mir hier ein Weg zu sein.

II.

Ich möchte mit einer kleinen Geschichte beginnen, die aus dem Buch
Lun Yü, der Sammlung der Gespräche des Konfuzius, berichtet wird:

„Dsi Lu sprach: ‚Der Fürst von We wartet auf den Meister, um die Regierung
auszuüben. Was würde der Meister zuerst in Angriff nehmen?' Der Meister
sprach: ‚Sicherlich die Richtigstellung der Begriffe.' Dsi Lu sprach: ‚Darum sollte es
sich handeln? Da hat der Meister weit gefehlt! Warum denn deren Richtigstellung?' Der Meister sprach: ‚Wie roh Du bist!... Wenn die Begriffe nicht richtig
sind, so stimmen die Worte nicht; stimmen die Worte nicht, so kommen die
Werke nicht zustande; kommen die Werke nicht zustande, so gedeiht Moral und
Kunst nicht... Darum sorge der Edle, daß er seine Begriffe unter allen Umständen
zu Wort bringen kann und seine Worte unter allen Umständen zu Taten machen
kann...'" (Kung-Futse 1945, S. 135).

Anknüpfend an diese kleine Geschichte, die um 485 v. Chr. datiert,
möchte ich fragen, wie es, in unseren Tagen, um die „Richtigstellung"
und um das gemeinsame Verständnis des Aggressionsbegriffs bestellt
ist.

1. Vor einiger Zeit habe ich in einer TZI-Gruppe anläßlich eines
Gesprächs über Gewalt, in der der Begriff „Aggression" sehr häufig
verwendet wurde, gefragt, was jede(r) darunter versteht. Ich erhielt
folgende Wortliste: Wut, Zorn, Angriff, Feindseligkeit, Boshaftigkeit,
Drohungen, Gewalt, Haß, Verletzen, Zerstören, Wehtun, Feindschaft,
Bösartigkeit, Kampf, Schädigung, Streit.

Jede(r) verstand also unter Aggression etwas anderes. Zwar war man
sich über einen gemeinsamen Verständniskern einig – Aggression als
Form der Austragung von Konflikten. Aber die genannten Worte
deckten doch sehr unterschiedliche Reaktionsweisen und Verhaltens-
nuancen ab, die mit dem schlagwortartigen Begriff „Aggression"
schlicht geglättet und sprachlich eingeebnet wurden. Daß derartige
formelhafte Etikettierungen aber mehr verdecken als aufdecken, und
zwar sowohl bezogen auf den lebendigen Umgang miteinander, als
auch bezogen auf die Sache selbst, ist anzunehmen.

2. Die Mehrdeutigkeit des Begriffes „Aggression" berührt einen
weiteren Aspekt: Was umgangssprachlich so leichthin als Aggression
bezeichnet wird und sich zunächst als einfacher deskriptiver Begriff

darstellt, entlarvt sich beim näheren Hinsehen als eine höchst komplexe Begriffsbildung, die sowohl deskriptive als auch normative Elemente enthält (Werbik 1982). Wenn aber schon über den deskriptiven Gehalt des Aggressionsbegriffs unterschiedliche Auffassungen bestehen, dann umso mehr über die ethisch-normativen Beurteilungskriterien, die es in begründeter Weise erlauben, ein Handeln als Aggression zu bezeichnen.

Ferner: Ob ein Verhalten als Aggression bezeichnet wird, hängt maßgeblich auch mit der Rolle zusammen, die jemand im Aggressionsgeschehen einnimmt, also ob es Handelnder, Betroffener oder neutraler Beobachter ist. Je nachdem kann dasselbe Verhalten als Aggression oder als etwas ganz anderes begriffen werden.

Fängt man also an nachzufragen, verdeckt der Begriff „Aggression" eine Menge ungeklärter Probleme.

3. Die mangelnde Eindeutigkeit des Begriffes „Aggression" im umgangssprachlichen Bereich hat ihr Pendant im wissenschaftlichen Sprachbereich. Über den Begriff „Aggression" gibt es in der wissenschaftlichen Literatur eine Vielzahl unterschiedlicher Definitionsversuche, die mehr oder weniger adäquat sind, je nachdem welche Phänomene untersucht werden sollen. Der Aggressionsforscher Herbert Selg hat mit kaum verhohlener Ironie auf die andauernde Definitionsleidenschaft der Aggressionsforscher hingewiesen (Selg 1982).

Also auch hier: selbst eine tendenziell eindeutige und einheitliche wissenschaftliche Begriffsbildung ist kaum zu finden.

4. Das gleiche Bild zeigt sich, wenn man den Aggressionsbegriff nicht zu beschreibenden, sondern zu erklärenden Zwecken verwendet und ihn auf seinen theoretischen Begründungszusammenhang hin befragt. Auch hier wiederum die unterschiedlichsten Sichtweisen! Neben der am häufigsten zitierten Frustrations-Agressions-Hypothese von Dollard u.a. gibt es die triebtheoretischen Ansätze, von denen die Freudsche Version häufiger ins Spiel gebracht wird, als die Version von Lorenz. Als drittes Modell in dieser Palette der Aggressionstheorien ist der lerntheoretische Ansatz von Bandura u.a. zu erwähnen, wobei sich dieser wiederum in verschiedene Zweige aufspaltet (s. hierzu Hilke/Kempf 1982). Über die Frage, wie Aggressionen

zustandekommen, gibt es also sehr verschiedene Auffassungen.

Fazit: Auch von den theoretischen Erklärungsmodellen her verbietet sich eine allzu unbefangene und lockere Verwendung des Aggressionsbegriffs.

Nach dieser überaus kursorischen Übersicht können wir nun, die anfängliche Geschichte aus dem Buch Lun Yü wieder aufnehmend, feststellen, daß man allenthalben weit davon entfernt ist, den Aggressionsbegriff „richtiggestellt" und für alle eindeutig „in Worte gebracht" zu haben. Und so wird es wohl auch bleiben.

5. Auf einen letzten Punkt möchte ich aufmerksam machen, der, über die angesprochenen sprachlichen und theoretischen Unklarheiten des Aggressionsbegriffs hinaus, einen grundsätzlichen *sprachkritischen* Aspekt hervorhebt: ich meine die Gefahr eines durch eine allzu vorschnelle Verwendung fachwissenschaftlicher Termini bedingten entfremdeten Sprachgebrauchs und eines damit einhergehenden „verdinglichten Bewußtseins" (Adorno), welches dem Lebendigen Lernen[1] entgegensteht und, an das einleitende Zitat von Hubert Fichte erinnernd, Entmündigung bedeutet. Adorno schreibt:

„Was ich mit verdinglichtem Bewußtsein meine, kann ich, ohne umständliche philosophische Erwägungen, am einfachsten mit einem amerikanischen Erlebnis illustrieren. Unter den vielfach wechselnden Mitarbeitern, die im Princetonprojekt an mir vorüberzogen, befand sich eine junge Dame. Nach ein paar Tagen faßte sie Vertrauen zu mir und fragte mit vollendeter Liebenswürdigkeit: ‚Dr. Adorno, would you mind a personal question? Ich sage: ‚It depends on the question, but just go ahead', und sie fuhr fort: ‚Please tell me: are you an extravert or an introvert?' Es war, als dächte sie bereits als lebendiges Wesen nach dem Modell der Cafeteria-Fragen aus ‚Questionnaires'" (Adorno 1969, S. 122).

Die Geschichte ist ein extremes Beispiel eines distanzierenden, schablonenhaften, eben entfremdeten Sprachgebrauchs, dem jede Lebendigkeit und Nähe zum Phänomen abhanden gekommen ist. In pseudo-therapeutischer Distanz wird die Wirklichkeit stereotypisiert

---

[1] Der Begriff „Lebendiges Lernen" ist ein Zentralbegriff im Rahmen von TZI und wird häufig gleichbedeutend mit dieser Methode verwandt. Lebendiges Lernen wird in diesem TZI-spezifischen Sinn hier gebraucht und daher mit großen Anfangsbuchstaben geschrieben.

und eingängig klassifiziert. Für feinsinnigen und nuancierenden Sprachgebrauch, für phänomenologisch wertvolle begriffliche Distinktion und für einen sensiblen und aufschließenden Kontakt zur Wirklichkeit ist hier kein Platz mehr.

Um keine Mißverständnisse aufkommen zu lassen: Ich behaupte nicht, daß innerhalb von TZI mit solchen Platitüden gearbeitet wird – das methodische Instrumentarium, die Hilfsregeln und Postulate sind so geartet, daß ein solcher Unsinn nicht stattfinden dürfte. Aber ich warne vor zu viel Selbstsicherheit! Sicherlich wird in den TZI-Gruppen die Welt nicht in extravertierte und introvertierte, neurotische und psychotische, depressive und hysterische, tolerante und aggressive usw. Menschen unterteilt. Dennoch – schon die Begriffe sind gefährlich. Sind sie doch gleichsam „Türöffner" zu einem verdinglichenden Reden und Denken, in dem für Lebendiges Lernen kein Raum mehr ist. Wissenschaftliche Begriffsbildung hat sich noch nie als eine lebendig-dialogische Sprache verstanden. Sie dient der Beweislogik, nicht der Lebenslogik. Sie ist klassifikatorisch, neigt zum analytisch-distanzierenden Blick und erstarrt allzu leicht zum Schema und zur griffigen Formel, vor allem dann, wenn in umgangssprachlicher Leichtigkeit damit verfahren wird. Der Begriff „entseelt" gleichsam das Phänomen in objektiver Unverbindlichkeit und macht es zum *Fall*. Was für den theoretischen Diskurs nützlich sein kann, ist hinderlich für den lebenspraktischen Umgang – der Baum der Erkenntnis ist eben nicht der Baum des Lebens.

Das Ziel Lebendigen Lernens ist es aber, etwas von jenem Leben einzufangen und das anzusprechen, was Menschen berührt und betrifft. „Es geht ums Anteilnehmen ..." – sagt Ruth Cohn (1989). Und dieses Anteilnehmen beginnt mit dem lebendigen Wort, nicht mit dem abstrakten Begriff.

Was bleibt nach alledem? Sollen wir – konkret gesprochen – auf den Aggressionsbegriff verzichten? Die Frage ist müßig. Der Aggressionsbegriff ist nun einmal eingeführt und läßt sich trotz aller Unschärfe aus dem pädagogisch-therapeutischen Wortschatz von TZI nicht mehr hinausmanövrieren. Aber selbst, wenn man es könnte – der Verzicht auf den Aggressionsbegriff würde schlicht zu Orientierungs- und Verständigungsproblemen führen. Denn immerhin gelingt es mit seiner Hilfe, eine komplexe Wirklichkeit sprachlich verfügbar zu machen, Blickrichtungen und Wahrnehmungshilfen an die Hand zu geben und somit ein erstes Vorverständnis über die „Sachlage" zu bekommen. Ohne diese, wenn auch leichthändige begriffliche Vorarbeit wäre menschliches Geschehen schwerlich zugänglich und erfahrbar. Aber es darf eben nicht bei der Vorarbeit, bei der begrifflich-klassifikatorischen Zuschreibung stehenbleiben, da wir sonst nie verstehen werden, was Aggressionen für den einzelnen bedeuten und wie mit ihnen umgegangen werden kann.

Im folgenden möchte ich versuchen, über jene begriffliche Vorarbeit hinauszukommen und einen Weg aufzeigen, wie man über Geschichten und Geschichtenerzählen das Thema Aggression sinnlich anreichern kann und in einen TZI-gemäßen, erfahrungsoffenen Verstehens- und Verständigungsprozeß, d.h. in Lebendiges Lernen überführt (s. hier auch Neubert 1986).

Zuletzt noch eine kurze Bemerkung: Das, was ich vorschlage, ist beileibe nicht neu. Jeder von uns erzählt im alltäglichen Leben immer schon Geschichten, wenn er etwas über sich selbst, sein Denken, Fühlen und Handeln aussagen möchte. Aber es ist eigenartig: Das, was wir im alltäglichen Umgang immer schon tun und auch zu tun vermögen, verliert sich vielfach im *professionellen* Handeln, und das Einfache des gelebten Lebens wird auf Expertenebene gebrochen und nimmt dort merkwürdig sperrige und gespreizte Formen an. Es ist daher notwendig, angesichts einer zunehmenden terminologischen Überfrachtung gerade der pädagogischen und psychologischen Sprache, an einfache, immer schon vertraute und vor allem sehr konkrete Rede- und Umgangsformen zu erinnern und sie auf ihre Erkenntnis- und lebenspraktischen Möglichkeiten hin zu befragen – um der Lebendigkeit willen.

III.

Sich die Welt erzählend zu eigen zu machen, ist wohl eine der ursprünglichsten und elementarsten Aneignungsformen des Menschen. Die kleine Gute-Nacht-Geschichte, die dem Kind vor dem Schlafengehen erzählt wird, über die Alltagsgeschichten, die uns den

Tag über begleiten bis hin zu den großen Geschichten der Menschheit, den Ursprungs- und Heilsgeschichten – in ihnen allen geht es um die Weitergabe von Erfahrungen, um Deutung und Sinngebung von Welt, zugleich aber auch um das Herstellen von Nähe und Gemeinschaft.

Einige knappe Hinweise zu vier wichtigen Merkmalseigenschaften des Geschichtenerzählens sind zum Verständnis der weiteren Ausführungen wichtig.

1. Erzählen ist gemeinschaftliche, höchst sinnlich erfahrene Rede. Im Geschichtenerzählen geht es immer um Mitteilen auf der einen Seite und Zuhören auf der anderen Seite, und beide, Erzähler wie Zuhörer, bestimmen – im besten Falle – *gemeinsam* den Gang der Erzählung. Das Miteinandersein und das Zugewandtsein sind wesentliche Elemente des mündlichen Erzählens.

2. Erzählen ist nicht die Vermittlung von Informationen oder die Darstellung „objektiver" Tatsachen und Geschehnisse, sondern die Wiedergabe subjektiver Erlebnisse und Erfahrungen. Das, was einem *widerfährt*, wird erzählt. Und nur der kann erzählen, dem etwas *Besonderes* widerfahren ist. Dabei wird die erzählte Geschichte umso bewegender und existenziell bedeutsamer, je mächtiger das erzählte Geschehen in die gewohnte Ordnung einbricht – es sei denn, der Einbruch ist von solcher Macht, daß die Worte verstummen und das Geschehen nicht (oder noch nicht) erzählbar ist.

3. Die erzählten Geschichten beanspruchen keinen Wahrheitsgehalt im Sinne der Übereinstimmung des Erzählten mit der Realität. In den Geschichten tauchen zwar Elemente der Realität auf, sie werden aber im Erzählvorgang (oft bis zur Unkenntlichkeit) umgedeutet.

4. Mündliches Erzählen lebt in gewisser Weise vom „Reiz der Wörter". Die erzählerische Sprache ist abwechslungsreich, situationsgebunden und von alltäglicher Einfachheit. Anstatt dürrer, informativer Worte lebt das Erzählen vielfach von Bildern, Symbolen und Metaphern.

Die vier genannten Merkmalseigenschaften mögen an dieser Stelle genügen.

Damit keine Mißverständnisse entstehen, noch abschließend eine kurze Bemerkung: Ich verstehe unter Geschichtenerzählen (zunächst) nicht das Erzählen der großen literarischen Geschichten. Nicht die poetische Kunst, nicht das dichterische Wort sind gemeint. Es kommt mir überhaupt nicht auf die literarische Qualität der Geschichte an, sondern allein auf ihre *Authentizität* im Hinblick auf den Erzähler und das von ihm Erlebte und Erfahrene. Auch das Brüchige, Stammelnde und nach Worten Ringende – und vielleicht gerade dieses! – ist Geschichtenerzählen im hier gemeinten Sinn, wenn es dazu dient, im Erzählen bislang nicht Begriffenes zu begreifen, und einem anderen begreifbar zu machen. Geschichtenerzählen ist also *lebensgeschichtliches* Erzählen, d. h. eine lebenspraktische, zutiefst menschliche Form des Miteinanderumgehens, in dem Situationen verstanden und geklärt, Erfahrungen vermittelt und Menschen gestärkt werden. Christa Wolff drückt es poetisch aus: „Erzählen ist human und bewirkt Humanes: Gedächtnis, Anteilnahme, Verständnis – auch dann, wenn die Erzählung teilweise eine Klage ist über die Zerstörung des Vaterhauses, den Verlust des Gedächtnisses, das Abreißen von Anteilnahme, das Fehlen von Verständnis" (Wolf 1983, S. 36).

IV.

Daß in einer Gruppe oder bei einem Menschen bestimmte Reaktionsformen und Verhaltensweisen als „Aggressionen" bezeichnet werden, ist keine große Erkenntnis, ja führt rasch zu stereotypen Vereinfachungen und Zuschreibungen, die weder zur Analyse aggressiven Verhaltens noch zu einem gelingenden Umgang mit Aggressionen beitragen. Was not tut, ist zur Sache selbst vorzudringen und sich mit dem Phänomen vertraut zu machen. Durch eine vorschnelle Begrifflichkeit wird dies nicht erreicht .
Ein wichtiger Schritt zu einem konkreten und lebendigen Verständnis der Aggression ist getan, wenn man sich vor Augen hält, daß diesem Phänomen höchst komplexe, vielschichtige und zum Teil auch diffuse Erfahrungen zugrunde liegen. Im Lebendigen Lernen geht es nicht darum, diese Erfahrungen in distanzierender Weise begrifflich auf den Punkt zu bringen, sondern sie in anschaulich-sinnlicher Weise

„zu Wort" kommen zu lassen. Dies geht nur im konkreten Sprechen, d.h. im Sprechen über konkrete, selbst erlebte Situationen, Vorfälle und Ereignisse, in denen Erfahrungen mit einem wie auch immer verstandenen Aggressionsgeschehen gemacht wurden. Ein solches konkretes Sprechen über gemachte Erfahrungen und Widerfahrnisse ist das *Erzählen von Geschichten*. Es gibt keinen anderen Weg, über Erfahrungen zu reden, als von ihnen zu erzählen, vor allem, *wie* man sie gemacht hat. Und da Erfahrungen immer subjektiv sind, hat auch jeder seine eigenen Geschichten, die seinen Erfahrungen Ausdruck geben. Max Frisch hat dies in seinem Roman „Mein Name sei Gantenbein" in unnachahmlicher Weise ausgesprochen: „Ein Mann hat eine Erfahrung gemacht, jetzt sucht er die Geschichte dazu – man kann nicht leben mit einer Erfahrung, die ohne Geschichte bleibt... und manchmal stellte ich mir vor, ein andrer habe genau die Geschichte meiner Erfahrung" (Frisch 1976, S. 11).

Bezogen auf unser Thema: Allein im Geschichtenerzählen gewinnen die mit und im Aggressionengeschehen gemachten Erfahrungen ihre persönlichen Konturen, erfahren eine selbstbezügliche, erlebnishaltige und biographische Wertigkeit. Oder anders ausgedrückt: nur derjenige weiß um (nicht über!) Aggressionen Bescheid, der in „Aggressionsgeschichten" gleichsam verstrickt war (oder ist) und diese erzählend deutet, auslegt und bewertet. Allein dieses Erzählwissen ist – im Unterschied zum Faktenwissen – *lebendiges* Wissen, da es die biographisch besetzte und subjektiv gedeutete Wirklichkeit authentisch widerspiegelt. Aus dem *Faktum* und der dazugehörigen Chiffre „Aggression" wird die *Aggressionsgeschichte*, die die aggressive Dramatik szenisch erlebbar und verständlich werden läßt.

Konkret und beispielhaft: Aus dem aggressiven Nachbar wird: wie ein Mann einmal seinen Nachbarn anbrüllte – so wie es uns von Paul Watzlawick erzählt wird:

Ein Mann will ein Bild aufhängen. Den Nagel hat er, nicht aber den Hammer. Der Nachbar hat einen. Also beschließt unser Mann, hinüberzugehen und ihn auszuborgen. Doch da kommt ihm ein Zweifel: Was, wenn der Nachbar mir den Hammer nicht leihen will? Gestern schon grüßte er mich nur so flüchtig. Vielleicht war er in Eile. Aber vielleicht war die Eile nur vorgeschützt, und er hat etwas gegen mich. Und was? Ich habe ihm nichts angetan; der bildet sich da etwas ein. Wenn jemand von mir ein Werkzeug borgen wollte, *ich* gäbe es ihm sofort. Und warum er nicht? Wie kann man einem Mitmenschen einen so einfachen Gefallen abschlagen? Leute wie dieser Kerl vergiften einem das Leben. Und dann bildet er sich noch ein, ich sei auf ihn angewiesen. Bloß weil er einen Hammer hat. Jetzt reicht's mir wirklich. – Und so stürmt er hinüber, läutet, der Nachbar öffnet, doch bevor er ‚Guten Tag' sagen kann, schreit ihn unser Mann an: ‚Behalten Sie sich Ihren Hammer, Sie Rüpel!' (Watzlawick 1983, S. 37).

Die Geschichte spricht für sich selbst. Die Dramatik des aggressiven Geschehens ist sinnlich erlebbar. Die Aggression zeigt einen Teil ihrer Physiognomie und löst sich auf in eine Sequenz, besser: in ein Knäuel von Handlungen, Interpretationen, Affekten und Fehleinschätzungen.

Gehen wir über das Beispiel hinaus und fragen allgemeiner nach den Erkenntnis- und lebenspraktischen Möglichkeiten des Geschichtenerzählens.

Geschichtenerzählen und der physiognomische Blick

Das Aggressionsgeschehen ist unentwirrbar, mehrschichtig, mit zum Teil paradoxen Gefühls- und Handlungsaspekten. Vergangenes und Unerledigtes mischt sich mit Gegenwärtigem und deutet sich gegenseitig aus. Alte Geschichten, alte Aggressionsthemen werden plötzlich wieder aktuell und bilden die aggessiven Inszenierungsmuster für das Heute – dies alles aber höchst diffus, unwägbar und unscharf. Auch die Ausdrucksformen der Aggression sind gleicherweise vielschichtig, schillernd und sprunghaft. Da verflechten sich gezielte Absichten mit plötzlichen Affekten, die geplante Aktion mit dem zufälligen Geschehen. Wie sich in diesem Labyrinth zurechtfinden?

Die Antwort auf diese Frage ist im Lebendigen Lernen nicht das rasche „Auf-den-Begriff-Bringen", die terminologische Zusammenbündelung, die den Blick trübt für die ungeheure Erfahrungs- und Affektvielfalt, die sich unter dem Begriff „Aggression" verbirgt. Hier bedarf es vielmehr einer begriffslosen, impressionistischen und erfahrungsoffenen Denk- und Redeweise, die die subjektiven Anteile des Aggressionsgeschehens ebenso nachzeichnen kann wie dessen subtile, verwickelte, labyrinthische Struktur. Allein das Erzählen ist von seinem sprachlichen Formenreichtum und seinem assoziativsinnstiftenden Gehalt hierzu das geeignete Medium. Die Geschichten geben Raum für subjektive Erfahrungen, für existenzielle Betroffenheit und für persönliche Dramen, die mit dem Aggressionsgeschehen verbunden sind. Sie geben gleicherweise Raum für das Nichtabgeschlossene, Schwebende und Paradoxe der menschlichen Aggression.

Geschichtenerzählen ermöglicht gleichsam den „physiognomischen Blick". Geschichten öffnen und eröffnen Wege zur Person und zum aggressiven Geschehen, lassen individuelle Nuancen und Facetten auftauchen, lassen subtile persönliche Details und Handlungsabfolgen aufleuchten. Die Person des Erzählers wird auf eine eigentümliche Weise transparent und spürbar und die „Aggression" ist nicht mehr vages Geschehen, sondern sehr konkretes Befangensein in konkreten Situationen. Dieses entzieht sich aber dem begrifflich-theoretischen Zugriff. Es muß erzählt werden. „Wovon man nicht theoretisch sprechen kann, davon muß man erzählen", so sagt es Umberto Eco. (Eco 1980)

Im Erzählen verliert der Begriff „Aggression" seine theoretische Abgehobenheit, verflüchtigt sich und nimmt in einer Vielzahl von Geschichten sinnlich-konkrete Gestalt an. Szenen werden lebendig, Details gewinnen schlagartig einen neuen Stellenwert. Und die erzählten Geschichten ziehen wieder andere Geschichten nach sich, mit neuen Sichtweisen und neuen Deutungen. Und alle diese Geschichten tasten die (nie auszulotende) Physiognomie der Aggression immer wieder neu ab, lassen aufmerken und Merkwürdiges aufspüren. Ernst Bloch schreibt über das Denken in Geschichten:

„Kurz, es ist gut, auch fabelnd zu denken. Denn so vieles eben wird nicht mit sich fertig, wenn es vorfällt, auch wo es schön berichtet wird. Sondern ganz seltsam geht mehr darin um, der Fall hat es in sich, dieses zeigt oder schlägt er an. Geschichten dieser Art werden nicht nur erzählt, sondern man zählt auch, was es darin geschlagen hat oder horcht auf: was ging da. Aus Begebenheiten kommt da ein Merke, das sonst nicht so wäre; oder ein Merke, das schon ist, nimmt kleine Vorfälle als Spuren und Beispiele. Sie deuten auf ein Weniger oder Mehr, das erzählend zu bedenken, denkend wieder zu erzählen wäre; das in den Geschichten nicht stimmt, weil es mit uns und allem nicht stimmt. Manches läßt sich nur in solchen Geschichten fassen, nicht im breiteren, höheren Stil, oder dann nicht so" (Bloch 1983, S. 16).

Aggressionen wühlen auf, hinterlassen Betroffenheit und offene Fragen. Kopfschüttelnde Verwunderung über das Geschehen ist noch die distanzierteste Reaktion. Daneben gibt es Ärger, Abscheu, Ohnmacht. Angesichts von aggressiver Wut ist man gelähmt.

Kopfschütteln oder ohnmächtige Lähmung reichen aber nicht aus. Der Zugang zum anderen muß wieder gesucht werden. Die Ratlosigkeit verlangt nach dem guten Rat.

Der gute Rat ist offen oder versteckt jedem Geschichtenerzählen eigen. Kein Geschichtenerzählen ohne die latente Frage nach der „Moral von der Geschicht'". Geschichten-erzählen ist keine gleichsam durch die Fotolinse wahrgenommene Chronik des Geschehens. Es ist befangenes, sich selbst versicherndes Sprechen, aus existenzieller Not geboren. Die erzählte Aggressionsgeschichte rekonstruiert ein problematisch gewordenes Stück Lebenswirklichkeit in pragmatischer Absicht. Als solche gibt sie, beabsichtigt oder unbeabsichtigt, Denkanstöße und praktische Ratschläge für den Umgang mit Aggressionen.

Die Kunst des Geschichtenerzählens zeigt sich darin, *wie* sie den guten Rat erzählend anbietet. Keine gute Geschichte, kein guter Erzähler werden sich je zu einem einfachen „du sollst!" hinreißen lassen. Das Dogmatische ist der Geschichte fremd. Die Handlungsregel, die Moral, die Weisheit der Geschichte entwickelt sich eher wie von selbst im Erzählen der Geschichte und steht am Ende wie selbstverständlich da. Ohne diese Selbstverständlichkeit geht es nicht. Die Geschichte müßte sonst anders erzählt werden.

Geschichtenerzählen und Entlastung

Die Aggression ist ein Geschehen von hoher psychischer und sozialer Dynamik – für den Handelnden wie für alle Betroffenen. Aus dieser Dynamik herauszukommen ist schwierig, manchmal kaum möglich. Das aggressive Geschehen hinterläßt Spuren, die nicht ohne weiteres auszulöschen sind. Aber man muß sich von ihnen entlasten, um leben zu können. Man muß wissen, daß man in seiner Not nicht allein ist und verstanden werden kann.

Geschichtenerzählen entlastet und befreit – sowohl für den, der erzählt als auch für den, der zuhört. Im Erzählen der eigenen Geschichte lebt zwar das aggressive Geschehen noch einmal auf, aber es betrifft nicht mehr unmittelbar. Die mit dem aggressiven Akt in all seinen Ausprägungen und in all seiner Dynamik verbundenen Erlebnisse und Gefühle können sich zwar erzählend noch einmal verdichten, aber der Erzählende ist nicht allein und kann sich seine Geschichte „von der Seele reden". Und auch den Zuhörer der Geschichte entlastet das Gefühl, daß es anderen ähnlich geht.

Aber das Erzählen kann auch schwierig werden und schließlich verebben. Dies ist dann der Fall, wenn die Betroffenheit über das Geschehene zu groß ist, um „einfach" davon zu erzählen. Hier gilt es, das Nichterzählbare allmählich entweder erzählen zu *lernen* oder eine „andere" Geschichte zu erzählen, die die Schwere des Geschehenen gerade nicht wachruft, sondern sie (zunächst einmal) maskiert und verdeckt. Diese „Deckgeschichten", die weniger der Verarbeitung des Geschehenen, sondern der aktuellen Lebensbewältigung dienen, können in vielerlei Gestalt auftreten: sie reichen von (unbewußten) „Lügengeschichten", um sich selbst und andere zu täuschen, über Rechtfertigungsgeschichten und Selbstbestrafungsgeschichten bis hin zu Verleugnungsgeschichten der Art „es hätte-auch-noch-schlimmer-sein-können". Alle diese Geschichten entlasten: Sie entlasten von der (noch nicht) zu ertragenden Wahrheit und helfen zu leben.

Geschichten und Einfachheit

Aggressionen machen blind. Sie sind unberechenbar und ausufernd. Das, was geschieht, geschieht plötzlich, unerwartet, bricht hervor. Man spricht von der blinden Wut, dem Jähzorn, dem ohnmächtigen Haß. Aber auch der stille Zorn, die lautlose Verweigerung, die wortlose Verbitterung wühlen tief. Im aggressiven Akt selbst ist kein Raum für Analyse und distanzierte Betrachtung. „Never analyze in a burning house!" Dieser Satz von Ruth Cohn ist ein kluger Hinweis im Umgang mit Aggressionen.

Doch irgendwann brennt das Haus nicht mehr, und es ist an der Zeit, die Scherben, und was dazu geführt hat, einzusammeln. Was ist passiert? Wie ist es passiert? Was war zuerst? Was geschah dann? In dem Roman „Der Mann ohne Eigenschaften" stellt Robert Musil mit Blick auf Ulrich, der Hauptfigur des Romans, folgende Überlegung an, die eine Antwort auf unsere Fragen sein könnte:

„Und als einer jener scheinbar abseitigen und abstrakten Gedanken, die in seinem Leben oft so unmittelbare Bedeutung gewannen, fiel ihm ein, daß das Gesetz dieses Lebens, nach dem man sich, überlastet und von Einfalt träumend, sehnt, kein anderes sei als das der erzählerischen Ordnung. Jener einfachen Ordnung, die darin besteht, daß man sagen kann: ‚Als das geschehen war, hat sich jenes ereignet!' Es ist die einfache Reihenfolge, die Abbildung der überwältigenden Mannigfaltigkeit des Lebens in einer eindimensionalen, wie ein Mathematiker sagen würde, was uns beruhigt; die Aufreihung alles dessen, was in Raum und Zeit geschehen ist, auf einen Faden, eben jenen berühmten ‚Faden der Erzählung', aus dem nun also auch der Lebensfaden besteht..." (Musil 1990, S. 650).

Geschichten haben eine einfache Struktur. In seiner elementarsten Form ist das Erzählen nichts anderes als eine chronologische Ordnung von Ereignissen. Das Vielfältige, Zerstreute, Sich-Überlagernde und Undurchschaubare, kurz, das Alles-hängt-mit-allem-Zusammen des Aggessionsgeschehens, wird durch die erzählte Geschichte zeitlich geordnet und in eine Reihen- und Rangfolge gebracht. Es ist das einfache Muster: „Es ist etwas passiert... und was geschah dann." Dieser zeitliche Faden der Erzählung ist aber zugleich der Ariadnefaden, der die Richtung weist für weitere symbolische Ordnungsformen und Sinnstiftungen und damit für lebensgeschichtlich bedeutungsvolle Verortungen des aggressiven Geschehens und des eigenen Verstricktseins darin.[2]

Die Einfachheit des Geschichtenerzählens hat einen weiteren Aspekt: es ist die Erzählsituation selbst. Da ist der Erzähler: man sieht ihn, hört seine Stimme, spürt seine Regung. Mimik, Gestik, der Tonfall der Rede, die gewählten Worte, der Rhytmus der Sprache, die

---

[2] S. hier auch Nadolny 1990: „Es muß wohlgemerkt nicht unbedingt eine zeitliche Reihenfolge sein, die hergestellt wird. Es kann auch anders her-gezählt werden. Wichtig ist, daß Einzelheiten überhaupt in einen Zusammenhang gebracht werden" (S. 48).

Stimme – dies alles sind einfache, konkrete und sehr sinnliche Formen des Ausdrucks, die das Atmosphärische, das Nichtangesprochene, die Stimmung und Gestimmtheit der Situation und der erzählten Geschichte leibhaft spüren und nachfühlen lassen. Dieses einfache, sinnlich-konkrete Befangensein in der Erzählsituation, dieses Pathos der Nähe, läßt das Erzählgeschehen einmünden in teilhabendes Verstehen, in Mitfühlen und Mitleiden, in der für alle am Erzählen Beteiligten die Brüchigkeit, Bedürftigkeit und Verstricktheit aggressiven Geschehens, kurz dessen Pathologie, „hautnah" erfahren wird.

Die Einfachheit des Geschichtenerzählens hat noch einen letzten Aspekt: es ist die Konkretheit und Sinnlichkeit der erzählenden Sprache. In ihr gibt es nichts Abgehobenes, dem Leben Fernes, keine gespreizte Begrifflichkeit. Die erzählende Sprache ist einfach, lebendig und verständlich. Die Worte haben den Bezug zum alltäglichen Leben noch nicht verloren. Man kann in ihnen seine eigenen Worte und die eigene Sprache wiederfinden. Niemals verläßt diese Sprache das Greifbare, Bildhafte, Anschauliche. Erzählen ist Reden und Denken in Anschauung. Erzählen ist Aufgehobensein in der Sprache. Ohne dieses Aufgehobensein, Beheimatetsein in der Sprache, ist aber Lebendiges Lernen nicht möglich.

Geschichtenerzählen und Gemeinschaft

Aggressionen sind Störungen kommunikativen Handelns. Sie verletzen, reißen Gräben auf, machen sprachlos. Sie zerstören, zumindest für einen Moment, die Gemeinschaft. Wie jeder mit seinen oder des anderen Aggressionen umgeht und damit fertig wird, hängt auch davon ab, wie weit zerbrochene Gemeinschaft wieder gekittet werden kann und Handelnder wie Betroffener aufeinander zugehen können. Aber wie kann das Eis gebrochen werden?

Verständnis, Anteilnahme, Empathie, Akzeptanz – es gibt viele Worte, die hier die Richtung weisen. Eines aber steht fest: der Zugang zum anderen geschieht über das Erzählen der *eigenen* Geschichte. Das Erzählen der eigenen Geschichte schafft Vertrautheit und Nähe. Es übt auf den Zuhörer einen fast magischen Reiz aus, auch von *sich* zu erzählen und eigene Geschichten beizutragen. Keiner möchte in einer Erzählgemeinschaft am Rande stehen. Dem Erzählen der eigenen Geschichte eignet etwas Verführerisches und dieser Verführung erliegt nicht nur der, der ohnehin leichten Herzens von sich redet, sondern auch der, dessen Geschichten schwer sind und schmerzen. Es gibt so etwas wie eine narrative Geborgenheit.

Sicher hängt die Faszination des Geschichtenerzählens mit diesem Gefühl der Geborgenheit und der sinnlichen Nähe zusammen. Wir haben uns zusammen Geschichten erzählt! Wenn jemand dies sagt, denken wir an Intimität, Vertrauen, Sich-Nahekommen, an Ruhe, Zuhören, Sich-Zurücklehnen. Die Dramaturgie des Erzählens und der Erzählgemeinschaft ist vor allem eine Dramaturgie von Sprache und Stimme, denen man nicht einfach zuhört, sondern denen man *lauscht*, um sich einfangen zu lassen von dem Erzähler und seiner Geschichte.

Soziale Beziehungen bedürfen der Geschichten, um sich zu erhalten, und alle Gemeinschaften sind im tiefsten Erzählgemeinschaften. Das trifft auf Liebesbeziehungen genauso zu wie auf Völkergemeinschaften. Sind es nicht letztlich die vielen Geschichten, die das vereinigende Band darstellen? Mit den Geschichten werden gemeinsame Deutungsmuster entwickelt, Traditionen geschaffen, Gemeinsamkeiten geknüpft. Dort, wo keine Geschichten mehr erzählt werden, gibt es keine Gemeinschaft. Peter Bichsel hat dies in seiner Frankfurter Poetik-Vorlesung so gesagt: „Einem Ehepaar, das in aller Freundschaft und Freundlichkeit kaum mehr zusammen spricht, fehlen nicht etwa die Inhalte, dem sind die Geschichten abhanden gekommen" (Bichsel 1982, S. 9).

Welche Geschichte sich wann eignet, um durch Aggressionen gestörte Gemeinschaften wieder zu kitten, ist eine Frage des Taktes und des persönlichen Stils. Viel Intuition, Einfühlungsvermögen und ein gut Teil Neugierde, ja Lust an der Enträtselung des Menschlichen spielen da hinein. Auch die Gunst der Stunde! Auch hier gilt, was Ruth Cohn in pointiert-metaphorischer Weise ausspricht „Zu viel geben ist Mord, zu wenig geben ist Diebstahl."

V.

Die allzu frühe begriffliche Festlegung eines Geschehens als „Aggression" verhindert (oder erschwert zumindest) – das war die Ausgangs-
these – den teilnehmenden Blick, die Kunst schwebender Aufmerksamkeit, die sinnlich-konkrete Wahrnehmung, die notwendig sind,
um das Geschehen phänomenologisch tief genug und in seinen
subjektiven Bezügen erfassen zu können. Die Physiognomie und
subjektive Dramatik des Aggressionsgeschehens erschließt sich nur
dann, wenn das begrifflich-distanzierende Sprechen in Geschichten,
in Geschichtenerzählen einmündet. Erst wenn die Menschen
erzählen, was ihnen widerfahren ist, bewegen sie sich in jenem
lebendigen Empfindungs- und Reflexionshorizont, der sie erkennen
läßt, was passiert ist und vor allem, was *mit ihnen* passiert ist. Und im
Erzählen kommen sie sich näher, werden miteinander vertraut,
entlasten sich und geben sich den Rat, den sie zur Bewältigung des
Lebens brauchen.
Geschichtenerzählen als Paradigma Lebendigen Lernens geht aber
über das Erzählen der kleinen und alltäglichen Geschichten hinaus
und weist auf jene *großen* Geschichten, in denen menschliches Leben
in all seinen existenziellen Höhen und Tiefen poetisch-eindringliche
Gestalt angenommen hat: die Fabeln, Märchen, Gleichnisse, Mythen,
die Befreiungs-Erlösungs- und Heilsgeschichten. In ihnen erzählt die
Menschheit von ihren Hoffnungen, Visionen, Ängsten, ihrem Glück
und ihren Nöten und gibt Weisheit und Kunde von einem
gelingenden Leben. „...und manchmal stellte ich mir vor, ein anderer
habe genau die Geschichte meiner Erfahrung" (Frisch 1976, S. 11). –
Die nach Geschichten drängende Erfahrung des Menschen findet hier
ein tiefes und unerschöpfliches Reservoir von bewährten und
bergenden Wahrheiten.

Seit Anbeginn der Welt haben die Menschen aus jenem „Meer von
Geschichten" geschöpft. Es scheint aber, daß wir uns damit immer
schwerer tun. Mit der Kunst des Erzählens ist es zu Ende gegangen,
schreibt Walter Benjamin in seinem Erzähleressay: „... Immer seltener
wird die Begegnung mit Leuten, welche rechtschaffen etwas erzählen

können. Immer häufiger verbreitet sich Verlegenheit in der Runde, wenn der Wunsch nach einer Geschichte laut wird" (Benjamin 1977, S. 439). Ist unsere Zeit eine Zeit der verlorengegangenen Geschichten? Und ist es längst nicht wieder an der Zeit, das Geschichtenerzählen vor den distanziertenBegriffen zu schützen? Im Blick auf Lebendiges Lernen wäre hierüber weiter nachzudenken.

Literatur

T.W. Adorno, Erfahrungen in Amerika. In: Stichworte, Kritische Modelle, Frankfurt 1969

W. Benjamin, Ges. Schriften, Bd. II, Aufsätze, Essays, Vorträge, Frankfurt 1977

P. Bichsel, Der Leser. Das Erzählen. Frankfurter Poetik-Vorlesungen. Darmstadt und Neuwied 1982

E. Bloch, Spuren, Frankfurt 1983

R.C. Cohn, Es geht ums Anteilnehmen. Perspektiven der Persönlichkeitsentfaltung, Freiburg u.a. 1989

U. Eco, Il nome della rosa, Milano 1980 (Klappentext).

H. Fichte, Ketzerische Bemerkungen für eine neue Wissenschaft vom Menschen. In: Petersilie. Die afroamerikanischen Religionen IV, Frankfurt 1980, S. 360-

M. Frisch, Mein Name sei Gantenbein. In: Gesammelte Werke in zeitlicher Folge Bd. V, 1, Frankfurt 1976

R. Hilke/W. Kempf (Hg.), Aggression. Naturwissenschaftliche und kulturwissenschaftliche Perspektiven der Aggressionsforschung, Bern u.a. 1982

Kung-Futse, Gespräche, verdeutscht und erläutert von R. Wilhelm, Jena 1945

R. Musil, Der Mann ohne Eigenschaften, Erstes und Zweites Buch, hg. v. A. Frisé, Reinbek 1990

S. Nadolny, Das Erzählen und die guten Absichten. Münchener Poetik-Vorlesungen, München 1990

H. Neubert, Die Suche nach Geschichten als Prinzip pädagogischer Reflexion. In: Grundschule 1986, H. 10

H. Selg, Aggressionsdefinitionen – und kein Ende? In: R. Hilke/W. Kempf 1982, S. 351-360.

P.A. Watzlawick, Anleitung zum Unglücklichsein, München 1983

H. Werbik, Zur terminologischen Bestimmung von Aggression und Gewalt. In: R. Hilke/W. Kempf 1982, S. 334-350.

Ch. Wolf, Voraussetzungen einer Erzählung: Kassandra, Darmstadt 1983

Ruth C. Cohn, Helga Herrmann und Matthias Kroeger*

Ruth C. Cohn, Dr.phil. h.c. Begründerin der TZI. Teilzeitberaterin an der Ecole d'Humanité, Hasliberg-Goldern.

Helga Herrmann, Dipl. Ehe- und Lebensberaterin in einer Ev. Beratungsstelle und eigener Praxis; graduierte WILL-Gruppenleiterin.

Matthias Kroeger, Professor für Kirchengeschichte (Universität Hamburg); (Ehe-)Berater; graduierter WILL-Gruppenleiter.

TZI und Aggression – ein Gespräch

Matthias: Wenn wir die Aggressionsfrage deutlich machen wollen, müssen wir uns auf einige Punkte konzentrieren. Ich habe mir zunächst drei Schritte überlegt. Ich würde gerne, damit die vorbehaltsvollen und kritischen Dinge nachher Raum haben, am Anfang über Tatsache und Erwünschtheit von aggressiven Komponenten in jedem menschlichen Verhalten und Zusammensein sprechen.

---

* Was mit einem Schreibauftrag des Verlags zum Thema TZI und Aggression an Matthias Kroeger begann, wurde zu einem langen Prozeß. Matthias lud seine Kolleginnen Ruth C. Cohn und Helga Herrmann zu einem gemeinsamen Gespräch ein, und Esther Maag wurde als Redakteurin zugezogen. Sie besorgte die Tonbandaufnahme, Transkription und großenteils die Redaktion des Gesprächs vom Dezember 1993.

Ein weiterer wichtiger Akzent ist mir, daß wir dadurch, daß wir unsere Gruppen leiten und dabei Strukturen setzen, einen Rahmen geben für aggressive Prozesse, in dem sie konstruktiv bleiben können und nicht ausufern oder destruktiv werden müssen. Dies scheint mir einer der Hauptunterschiede zu den Laborsituationen der Gruppendynamik zu sein, die relativ ungeleitet sind, und wo sich die GruppenleiterInnen heraushalten, wodurch Rivalität und Aggression gefördert werden. AnalytikerInnen tun dies ja auch ähnlich.

Und in einem dritten Schritt würde ich gerne darauf eingehen, daß ich heute manchmal bei vielen Leuten eine Art „weltanschaulicher Anhänglichkeit" an die Aggression zu sehen meine. Da zeichnen sich fatale Überbetonungen ab, mit denen ich mich gerne auseinandersetzen würde. Weiteres wird sich ergeben.

Einleitende Überlegungen

Ruth: Da kommt natürlich die uralte Frage auf, ob wir die Erbeigenschaften von Tieren in uns haben, daß der Stärkere siegt, um die Rasse zu erhalten, oder ob der geistige Atem, der uns Menschen zu eigen ist, etwas anderes von uns fordert, als nur das Recht des Stärkeren.

Als humanistische Psychologin glaube ich, daß Humansein bedeutet, daß wir das Recht des Stärkeren nur sehr bedingt für Menschen anerkennen sollten, wenn es z.B. um den Kampf für bessere Lebensverhältnisse für alle Menschen geht und nicht nur für die Stärksten, nämlich Geldbesitzer oder Rüstungsmagnaten oder Kraftprotzen. Also gewissermaßen uns einsetzen als „Stärkere" für eine solidarische Ethik und nicht eine Herrscherrolle.

Das bedeutet für mich, daß wir eigene Aggressionen nicht blind zum Ausdruck bringen sollten, sondern Bewußtsein suchen, wie wir positiv oder negativ damit umgehen können.

Was mich an diesem Thema, zu dem Du, Matthias, Helga und mich eingeladen hast, besonders reizt, ist die von Kollegen oft geäußerte Anklage, daß wir TZI-ler die Aggression nicht zulassen, sondern sie absägen und verdrängen.

Und ich möchte eine klare Antwort darauf geben: Wichtig ist, daß in TZI-Gruppen die Einzelnen ermutigt werden, sich auf ihre eigenen Gedanken und Gefühle einzulassen und ebenso die der anderen als real zu akzeptieren. Gefühle und Gedanken sind frei; nicht alle Handlungen dürfen es sein. Um eine Atmosphäre zu schaffen, in der die Echtheit des Ausdrucks immer offener werden kann, ist es notwendig, zunächst eine Atmosphäre zu schaffen, in der Freiheit von Gefühlen und Gedanken immer deutlicher werden kann. Und das geht nur durch das Entstehen einer Sicherheit, daß die Realität des Menschen, jedes Teilnehmers, jeder Teilnehmerin, hier akzeptiert wird. Das bedeutet nicht das Aufgeben einer Ethik, die uns als Wert leitet zu lebensfördernden und sozialen Handlungen, und die sich einsetzt gegen Tötungsgewalt, sei sie psychischer oder materieller Natur.

Bösartige und zerstörerische Aggression, tödliches Handeln, ist meist eine Reaktion auf überwältigende Frustration, sei diese aus inneren Quellen oder äußeren Anlässen.

Und dann kommt meine TZI-Überzeugung: Wenn die Furcht der einzelnen Teilnehmer im Raum zu groß ist, um „böse" Gefühle und Gedanken zu äußern, gehört es zur Leitungsfunktion im ersten Zusammentreffen, glaubwürdig zu erkennen zu geben, daß alle Menschen verschiedener Art egoistische und solidarische, bösartige und feine Tendenzen haben, und daß wir gut dran tun, ehrlich mit guter und mit böser Zunge zu reden und mit gutem und mit bösem Ohr zuzuhören. Und das alles mit einer Prise Humor, wenn möglich.

Menschen bringen ihre Erlebnisse, ob feindselig oder zärtlich, eher zum Ausdruck, wenn sie angefangen haben, unserer Basisakzeptanz zu vertrauen. Die Zeit, wo selbstverständliche Frustrationen und daher auch mehr Aggressionen in der Gruppe entstehen, kommt früher oder später, auch ohne Provokation unsererseits. Doch dann hat sie einen tragfähigen Boden – sowohl im Aushalten von Gefühlen und Gedanken, als auch im Wunsch, zu verstehen.

Helga: Mir liegt in Einzelgesprächen wie auch in Gruppen sehr daran, die Begriffe Aggression und Aggressivität erst einmal zu entmischen. Ich halte das für elementar wichtig, weil diese Begriffe immer nur unter dem Aspekt der Feindseligkeit gesehen werden. Ich bin davon überzeugt, daß Aggression eine an sich wertneutrale Kraft ist, und ich möchte in unserem Gespräch zuerst einmal hiervon ausgehen und zu einem späteren Zeitpunkt die Ausdifferenzierung in konstruktiv und destruktiv vornehmen. Ich sehe auch die Liebe dieser elementaren Kraft nah vergesellschaftet. Ich weiß wohl um die Besetztheit dieser Begriffe, und der früh gelernte Satz, „Aggressivität ist böse", macht es sicher nicht leicht, auch die positive Seite dieser Kraft zu sehen.

Ruth: Man muß aber auch auf den Inhalt gucken. Denn ob etwas böse oder gut ist, hängt auch davon ab, was der Inhalt dessen ist, wogegen ich aggressiv bin. Nicht wahr, wenn ich dagegen bin, daß Kinder von elf Jahren Zweijährige umbringen, dann kann ich sehr aggressiv werden in meinen Aussagen und vielleicht auch in meinen Handlungen – natürlich nicht gegen das Elfjährige, sondern gegen die Umstände, die Dauergewalt durch TV ins Haus bringen, was ich für sehr destruktiv halte.

Helga: Ich möchte mein Anliegen nochmals auf den Punkt bringen und durch ein Beispiel verdeutlichen. Ich möchte euch erzählen, wie es sich auswirkt, wenn Aggressivität mit dem Etikett „böse" belegt wird: In einer kleinen christlichen Gemeinde, die ich gut kenne, werden Menschen dazu erzogen, friedvoll, sanft und liebevoll miteinander zu sein. Alles, was agressiv ist, ist vom Bösen. Gleichzeitig wird die Anforderung gestellt, die Gemeindemitglieder sollen aktiv mitarbeiten, mitmischen und sie mögen missionieren. Ich glaube, das eliminiert sich gegenseitig, das paralysiert sich. Auf der einen Seite wird die konfrontative Aggressivität weggenommen, und auf der anderen Seite wird die positive Aggressivität gefordert, die nötig wäre, um zum Beispiel zu missionieren. Dieses eindringende, auf den anderen zugehende und Auseinandersetzung suchende Verhalten wird nicht eingeübt. Das Ergebnis: Eine sanft schlummernde Gemeinde, die das aktive Gestalten denen überläßt, die die Aggressivität verteufeln – und das nicht unaggressiv.

Ruth: Sag mal, soll man nicht doch unterscheiden zwischen Aggressivität und Aktivität? Denn es ist in Deinem Fall ja auch einfach Aktion. Wenn du missionieren willst, dann willst du „aktionieren".

196

Helga: Da ist der kleine Mutakt der Grenzüberschreitung mit dabei. Ich habe festgestellt, für mich selbst und für andere bedarf es, um Aggressivität beider Art leben zu können, eines angstarmen Raumes, den ich „Gedeihraum" nenne. Und von daher ist mein Anliegen immer zuerst, diesen angstarmen Raum in Gruppen zu schaffen.

Matthias: Einen angstarmen Raum, der ermöglicht, daß die Aggressivität raus darf, ohne destruktiv zu werden.

Helga: Ja, weil ich feststelle, daß Aggressivität oder Aggression nicht gewagt wird aus der Angst vor „Ich werde dann Opfer". Man würde vielleicht ganz gerne mehr riskieren, aber die Vorstellung und die Angst ist zu stark, wenn ich etwas riskiere, kriege ich Prügel. Bevor man Aggressivität in Gruppen zulassen kann, ist für mich die Basis wichtig, eine Einstiegssituation, die die Menschen erst einmal darauf vertrauen läßt, daß sie nicht unangemessen angegriffen werden.

Matthias: Ich weiß, es ist eine beliebte und im Prinzip auch richtige Sache, daß man „aggressiv" auch als „Herangehen" bezeichnen kann. Aber ich finde, es ist schon ein Stückchen Verharmlosung in diesem Sprachgebrauch, auch wenn er ethymologisch korrekt ist.

Ich denke, die eigentliche Frage ist, zu lehren und erfahrbar zu machen, daß, wenn ich jemanden attackiere, dies auch wirklich produktiv geschehen kann, und daß dadurch Angreifende und Angegriffene nicht so viel Angst haben müssen.

Ruth: Attacke ist ein gutes Wort, vielleicht um harte und oft bösartige Aggression von der einfachen, nur gegnerischen zu unterscheiden. Attacke hat für mich etwas Zerstörerisches, während Aggression als Wort neutral ist und lebensfördernd oder zerstörerisch sein kann.

Es ist eine vielfache Erfahrung, die ich habe und die wahrscheinlich alle haben, daß wenn eine akzeptierende Haltung als konstruktiv erkannt ist, daß dann eine Aggression erfahren wird als das, was sie eigentlich ist, nämlich: „Dies an Dir mag ich nicht." Aber es ist keine Zerstörung der Persönlichkeit, es ist nicht geplant zu zerstören. Und ich glaube, es ist wichtig in der ersten Stunde zu akzeptieren, was gesagt wird, so daß die Menschen Vertrauen gewinnen, ihren Mund aufzumachen.

Matthias: Ich würde aber nicht unbedingt darauf hinarbeiten, daß die

Menschen die Möglichkeit abspalten, daß sie auch sehr schmerzhaft und destruktiv Prügel kriegen können; daß sie das in ihrem Sensorium nicht reduzieren. Denn ich kann lernen, so aggressiv und attackierend zu sein, daß es klar, aber nicht vernichtend ist.

Helga: Ich glaube auch nicht, daß das eine ohne das andere zu haben ist. Das finde ich den entscheidenden Punkt. Wenn ein Mensch angehalten ist, nicht aggressiv zu sein, sich diese Kraft abschneidet oder sich einübt in nur „lieb sein", dann behaupte ich, hat er auch nicht diese positive Lebenskraft. Er kastriert sich in der Gesamtheit. Darum ist mir die Ermutigung so wichtig, Aggressivität nicht als eine „böse" Kraft zu definieren, sondern als eine Kraft an sich und dann erst die Differenzierung vorzunehmen. Die Menschen berauben sich aller wirklich lebendigen Möglichkeiten des Lebens, wenn sie sich ständig zurückschneiden in ihrem aggressiven Tun.

Matthias: Lernen also, die aggressive Kraft produktiv zu handhaben. Dabei aber auch nicht die Furcht zu verlieren, daß mir etwas Böses geschehen kann, wenn ich etwas Aggressives äußere. Denn das wäre eine gutgläubige Illusionsbereitschaft. Auf der anderen Seite gibt es aber auch eine Überfurcht, die ebenso unrealistisch ist.

Ruth: Das ist meine Erfahrung auch in privaten Beziehungen. Wenn die Beziehung vertrauenswürdig geworden ist, dann ist es sehr weise, das Böse auch relativ ungeschminkt zu sagen und zu leben, sonst geht die Beziehung in die Brüche. Dies zu lernen in TZI-Gruppen, fordert auch Übung und Intuition, wann und wie ich mehr oder minder mit aggressiven Aussagen oder Handlungen umgehen kann.

Matthias: Ich glaube, du denkst da auch an deine Intuitionsübungen „Training Intuition".

Ruth: Ja, Intuition ist für mich zum Teil angeboren, aber großenteils auch eine Frage der Übung.

Bei der Aggressionsfrage geht es heute ja weitgehend auch um die gesellschaftliche Aggression, die zu Gewalt führt. Doch auch da gibt es eine rationale und eine irrationale Angst. Ich habe meine Kinder früher ohne Angst auf die Straße in New York gehen lassen, meine Enkelkinder können das nicht mehr. Heue geht es ja nicht mehr nur um Kinder, die andere Kinder schlagen, sondern sogar um Kinder, die andere Kinder umbringen. Grundsätzlich gilt es da aber zu unterscheiden zwischen Angst, die irrational ist, und einer rational begründeten. Und das ist das Schwierige.

Matthias: Bei der Massivität, mit der heute Gewalt durch Vernachlässigung der Kinder, durch Arbeitsplatzprobleme oder durch Auflösung der Rechtsbasis potentiell vermehrt wird, möchte ich mich aber nicht an der Illusion beteiligen, daß durch psychologische Behandlung oder durch TZI dies gestoppt werden kann. Das hast du auch nicht gesagt, ich betone das nur, damit wir an dem Punkt Klarheit haben.

Ruth: Also, ich habe mehr Angst vor solcher Angst, als daß ich vor einer Utopie Angst habe. Ich glaube, daß ohne diese Utopie die Welt definitiv zugrunde geht. Und solange man eine Utopie immerhin noch haben kann und die Möglichkeit besteht, daß alles doch noch etwas besser wird als die Wahrscheinlichkeit des Weltunterganges, möchte ich arbeiten. Wenn die Welt noch weiterbesteht für die nächste Generation, und wenn wir anfangen, die Schulen etwas zu verbessern – es könnte ja sein, daß sich ein bißchen was verändert, sonst könnten wir diesen ganzen Artikel auch sein lassen.

Matthias: Und es gibt auch Situationen, wo die beste Arbeit nichts machen kann. Das heißt nicht, daß es sich nicht lohnt, eine Utopie zu haben.

Gruppenarbeit und Therapie und bessere Schulen können die Basis von Alternativen schaffen, also wirklich nur die Basis gegenüber der Gewalt, die heute durch Rechtlosigkeit oder Vergewaltigung von Menschen, durch Einsamkeit, Armut und Sinnlosigkeit wächst.

Ruth: Das ist genau der Punkt, wo unser Ansatz liegt. Wenn wir in TZI-Gruppen und vielen anderen – aber die TZI ist ein Beispiel – versuchen, eine Situation zu schaffen, in der die Möglichkeit besteht, andere Menschen etwas besser zu verstehen, dann ist eine Möglichkeit gegeben, vielleicht auch im Politischen, manche Gremien so zu beeinflussen, daß sie einander ein bißchen besser zuhören können. Ich glaube nicht, daß wir gescheiter oder besser als Jesus Christus oder als Buddha sind; es hat schon viele Leute gegeben, die das besser sagen konnten, daran liegt es nicht. Aber die Möglichkeit aufzugeben, daß etwas besser werden könnte, hat keinen Sinn.

Matthias: Also nicht mit dem Kopf durch die Mauer gehen, sondern wissen, daß es Chancen für Wege gibt.

Bezüglich Utopien haben wir eine alte Stildifferenz zwischen uns beiden, Ruth. Wir sind uns einig, daß es Utopien geben muß und daß wir unsere Visionen festhalten wollen. Aber ich möchte mich nicht daran beteiligen, Menschen in ausweglose Situationen und in Konflikte hineinzujagen und irrationale Hoffnung zu erzeugen, die ihrerseits zur Frustration führt. Denn das habe ich schon erlebt – auch im Namen von TZI.

Ruth: Ja, ich auch. Ich muß also sicher sein, Hoffnungen nicht als Realität, sondern als Möglichkeit zu vermitteln. Ich will die Hoffnung nicht töten. Für mich selbst will ich diese Hoffnung nicht aufgeben, obwohl ich die Wahrscheinlichkeit sehe, daß die Welt zugrunde gehen wird, anstatt besser zu werden.

Matthias: Da sind wir uns einig.

Ruth: Die Gewalt auf der Straße kann ich mit TZI direkt sicher nicht viel ändern. Mit TZI kann ich vielleicht helfen, daß die Klassenzimmer besser werden und daß in vielen Teamgruppen und in der Wirtschaft und überall sonst etwas besser wird. Und da ist eine Hoffnung drin.

Notwendigkeit und Schönheit von Aggressivität

Matthias: Autobiographisch war es für mich eine der starken Erfahrungen im Zusammenhang mit meiner Therapie und im Lernen in der TZI, Angst zu haben vor aggressiven Situationen und gleichzeitig die Befreiung zu erleben, die es bedeutet, daß ich lerne, es lohnt sich, aggressiv zu sein in einer produktiven Form. Beides sind Kräfte: Verständnisvoll und freundlich mit Menschen sein einerseits, und gleichzeitig ist es eine ungeheure Befreiung, daß ich auch scharf aggressiv sein darf und dabei lerne, nicht destruktiv zu sein. Von daher reagiere ich auf das Wort Aggressivität bis heute mit einem doppelten Gefühl: Ich bin ängstlich, und ich freue mich darauf. Nach einer aggressiven Auseinandersetzung ist es, als wenn der Rücken sich aufrichtete und die Klarheit im Zimmer gegenüber den

Menschen gewänne. Daß es eine Chance gibt zu lernen, daß eine solche Auseinandersetzung offen und direkt sein kann, aber nicht destruktiv sein muß, das macht ungeheuer Hoffnung. Deswegen ist Aggressivität eine Grundkraft, die ich in jedem Menschen sehe und ohne die kein Mensch sich aufrichten und sein Leben in die Hand nehmen kann. Sie ist allerdings auch eine Kraft, die leicht an die Grenzen des Taktes, der Liebe und des Konstruktiven gerät und daher bedroht und bedrohlich ist.

Helga: Ich denke darüber nach: Die Balance zwischen der lebenswichtigen Kraft der Aggression und der Kraft der Liebe. Ich habe in meiner Geschichte laute, heftige Aggression mitansehen müssen, die sich zwar weniger gegen mich gerichtet hat, mir aber dennoch sehr viel Angst gemacht hat. Und ich glaube, ich wurde deswegen auf lange Zeit schlichtweg das, was man als „unteraggressiv" bezeichnet. In den TZI-Gruppen habe ich erst ganz langsam gelernt zu reagieren. Wenn du, Matthias, eben sprachst vom „sich im Rücken aufrichten", da weiß ich heute, daß Aggressivität ganz viel mit Aufrichtigkeit zu tun hat. Wenn mich ein solches Gefühl bedrängt und ich es bei mir behalte, dann kriege ich Herzklopfen, dann bin ich nicht mehr zugänglich für das, was um mich herum geschieht. Und jetzt kommt, was du, Ruth, „Takt und Timing" nennst, die Güterabwägung: Muß ich jetzt etwas tun, damit es mir besser geht, oder kann ich das, was mich bedrängt, bei mir behalten und den entsprechenden Punkt abwarten, wo ich es los werde. Ja, und das ist für mich wirklich eine Frage der Aufrichtigkeit im eigentlichen Sinne des Wortes. Ich will mich entsprechend verhalten, habe aber Angst, der andere hat mich dann nicht mehr lieb, die andere wendet sich ab. Daß ich dann etwas mir mir tue, so oder so, mich unter Umständen selbst vergewaltige, ist dann bereits eine Form von Autoaggression.

Matthias: Ich denke, daß das auch wirklich biographisch sehr verschieden sein wird. Für manche ist es sehr schwierig, aggressive Empfindungen auszudrücken, und für andere – zu denen ich mich selber rechne -, ist es viel schwieriger zu lernen, zu jemandem – den ich relativ wenig kenne, wie in TZI-Gruppen damals – zu sagen „Ich finde dich prima" oder „Ich mag dich".
Oder ich denke auch an meine Seminarsitzung am gestrigen Abend

an der Universität. Der einzige Rat, den ich mir wußte, um aus meiner Situation – einer steigenden Unzufriedenheit in den letzten Wochen – herauszukommen, war, die Sitzung in der Universität mit dem Satz zu eröffnen: „Ich finde diese Gruppe menschlich ganz wunderschön, und sie macht mich ratlos; ich bin immer trauriger über unsere Arbeit geworden." So konnte ich erleben, daß solche Ausdrücke, egal ob ich Aggressivität äußere oder Trauer, ungeheuer viel in Gang setzen und den Kanal zwischen den Menschen reinigen und öffnen. Es wurde wirklich eine wunderschöne Sitzung hinterher, weil ich mich getraut habe zu sagen, daß ich mich traurig fühlte.

Für mich findet das auf gleicher Ebene statt wie das Äußern von Aggressivität. Es ist wichtig und etwas Wunderschönes zu lernen, sowohl positive wie auch aggressive Gefühle in der angemessenen Form auszudrücken. Aber der Aggressivität gegenüber muß man das nicht mehr betonen als im Blick auf das Lernen von „Positives sagen", das fällt auch vielen enorm schwer.

Ruth: Dazu fällt mir ein Beispiel ein, das ich wichtig finde: Ich hatte in einer privaten KollegInnen-Supervisionsgruppe, wo wir wochenendweise einmal im Monat über Fälle sprachen, einmal gesagt, ich möchte die letzte Stunde am Sonntag jeweils für die Fragen der gesellschaftlichen Problematik benutzen. Obwohl ich es mehrfach gesagt hatte, hatte es gar keinen Erfolg. „Ja, das wäre eine gute Idee", aber es geschah nicht. Dann kam eines Tages die Antwort eines jungen Vaters: „Mir ist es am Sonntagmorgen wichtiger, mit den Kindern zu spielen, als mich um ferne politische Fragen zu kümmern."

Ob ich jetzt recht hatte oder nicht, das ist nicht die Frage, sondern daß ich da wirklich aggressiven Zorn verspürte. Und da ich jemand bin, die im allgemeinen – jedenfalls in Gruppen – nicht schnell zornig wird, war meine wütende Antwort sehr wichtig: „Was hat es denn für einen Zweck, wenn du jetzt mit den Kindern spielst, wenn sie tot sein werden, bevor sie erwachsen sind?" Und dies war nicht nur für diese letzte Stunde wirksam, sondern über die Einzelsituation hinaus hinsichtlich der therapeutischen Wirksamkeit von Aggressivität beziehungsweise Zorn, und auch bezüglich des gesellschaftstherapeutischen Anliegens. Aggressiver Zorn wird um so aktiver wirksam, wenn er erstens echt und zweitens nicht allzu häufig ist. Ich glaube, wenn Menschen sehr schnell zornig werden, nutzt es sich ab.

Matthias: Dazu fällt mir ein Starerlebnis ein, das ich in den frühen 70er Jahren mit dir einmal in einem Kurs hatte. Da hast du mich wütend angefaucht, weil ich zu dir sagte: „Ich kann zu Ihnen nicht ‚Du' sagen, Sie sind ein älterer Mensch." Da hast du wütend zurückgegeben: „Du willst mich wohl zum alten Eisen werfen, du willst mich nicht mehr anerkennen!" Auch noch in einer anderen Sitzung hattest du mich mal wahnsinnig angepfiffen und ich dachte, jetzt ist die Welt zu Ende. Doch nach der Pause kamst du völlig harmlos und friedlich auf mich zu, und wir sprachen weiter, als wenn nichts gewesen wäre. Dies zu erleben, daß es reinigende Gewitter gibt, die nicht vernichten, war für mich sehr lehrreich. Zu sagen „Ich bin scheißwütend auf dich, laß mich in Frieden mit dem Mist, den du da machst" – und es geht weiter! Das war für mich ein ganz großes Erlebnis. Daß das möglich ist, war ein Modellernen am Modellverhalten der Leiterin.

Helga: Da hast du also etwas erfahren, was wir mit dem Wort „Modellernen in der Gruppe" bezeichnen. Ich habe lange Zeit nicht verstanden, was in meinen Gruppen passierte an ungewöhnlich schneller Öffnung und spontaner Zuwendung, aktivem Aufeinander-Zugehen im Sinne der positiven Aggressivität. Spät und erstaunt begriff ich einen Zusammenhang zwischen meiner Stärke, aktiv in Begegnung zu sein, viel Positives an Menschen zu entdecken, es artikulieren zu können, und diesem TeilnehmerInnen-Verhalten. Es scheint so, als habe sich meine „Unteraggressivität" nur auf laute und heftige Feindseligkeit bezogen, während sich die positive Seite gut entwickeln konnte und anderen Modell-Lernen ermöglichte.

Ruth: Gestern hast du mir aber noch ein ganz anderes Beispiel erzählt, wo du richtig drauflos gegangen bist, erzähl das mal!

Helga: Gestern war ich gut: Ich fahre gestern abend in der S-Bahn nach Hause, und da stehen sich zwei Männer gegenüber, ein älterer und ein junger Mann. Und der junge drückt an jeder Haltestelle jeweils die Türe auf, vielleicht weil in der Dunkelheit im geschlossenen Wagen wegen der Spiegelung die Haltestellen nicht zu erkennen sind. Jedenfalls faucht der ältere den jüngeren an: „Die heizen doch nicht umsonst, hier wird geheizt, da muß man doch nicht die Energie verschwenden, an jeder Station die Tür aufdrücken ..." Also er macht den richtig zur Sau. Der Jüngere: „Ist das vielleicht verboten hier?" Und der Ältere zurück: „Werd nicht frech!" Der Jüngere mühsam beherrscht: „Ruhig, ruhig, lassen sie mich in Ruh'!" Und der Ältere: „Ich lang dir gleich eine!" Das ging weiter so, eskalierte, und auf einmal gehen die aufeinander los. Und ich, die ich eigentlich mehr Angst habe wie sonst was, brülle durch den Wagen: „Jetzt hört ihr aber bitteschön auf, also jetzt ist aber Schluß!" Und die ließen tatsächlich voneinander ab.

Ich bin sicher, vor zehn Jahren hätte ich gedacht: „Wie komm' ich hier am schnellsten aus dem Wagen, wo ist die Tür, ich haue lieber ab in den Nebenwagen, wenn die sich jetzt schlagen." In dem Moment war ich mir jedoch so sicher, daß ich jetzt dran bin. Und das ist eindeutig ein Zuwachs an Möglichkeiten – die hatte ich früher einfach nicht – mit meiner Angst vor dieser lauten Aggressivität. Das habe ich in Gruppen langsam gelernt zu wagen: Dieses spontane und direkte Aggressiv-Sein. Paßt das Wort „aggressiv" hier überhaupt?

Ruth: Ja!

Matthias: Und ich möchte auch ruhig für solch produktives Verhalten das Wort „aggressiv" weiterhin im Sprachgebrauch erhalten, damit es nicht nur negativ besetzt wird.

Mir ist eben noch etwas eingefallen, was mir in diesem Zusammenhang sehr wichtig ist, nämlich, daß ich wiederholt das Gefühl gehabt oder gemerkt habe, daß ich schönen und freundlichen Sätzen von Personen, denen ich nicht zutraute, daß sie mir gegenüber auch scharf oder aggressiv sein könnten, immer weniger getraut habe. Ich kenne Personen, von denen ich gedacht habe, die sagen mir so viel Freundliches und ich traue ihnen doch nicht, weil ich nicht weiß, ob sie mir die Wahrheit sagen würden, wenn es anders wäre. Ist es also jetzt Fassade oder ist es echte Freundlichkeit? Wie wohltuend ist demgegenüber eine liebevolle Äußerung von jemandem, von dem ich das Gefühl habe, wenn er es nicht wollte, würde er mir nicht das oder sogar etwas Aggressives sagen. Dadurch wächst das Vertrauen in die schönen Sätze ungeheuer.

Die Evolution hat dem Menschen nicht nur eine offene Hand

gegeben, sondern auch die Chance der Faust, beides. Wir lernen oft vielmehr, die Faust zu ballen, als die Geste der Wehrlosigkeit, obwohl diese ebenso wichtig ist für bestimmte emanzipatorische Entwicklungsphasen.

Ruth: Du meinst die Schwäche, die ein wehrloses Tier dem Angreifer erfolgreich darbietet?

Matthias: Beides. Eben sprachen wir über die Schönheit und Wichtigkeit, wenn ein Mensch, der geduckt worden ist, lernt, sich aufzurichten, die Faust zu ballen und mit den Hacken dazustehen. Einen scharfen Rock zu tanzen, die Hacken zu benutzen und nein zu sagen. Und umgekehrt sind da Dankbarkeit, Respekt und Empfänglichkeit, die auch etwas Wichtiges und Schönes sind, das wir auszudrücken lernen müssen.

Helga: Als du eben das Wort Wehrlosigkeit hereinbrachtest, da hast du bei mir einen Gedanken berührt, der mich seit langem beschäftigt. Ich meine die gewaltlosen Aktionen, ich dachte an Martin Luther King, an Gandhi. In ihrem Verhalten empfinde ich eine ungeheure positive Aggressivität. Stehen zu bleiben, wenn geschlagen wird, und genau damit die Gewalt zu verneinen. Die Ziele, die damit erreicht wurden, sind eigentlich die Frucht einer Aggressivität, die sich nicht in destruktiver Form äußerte.

Matthias: Ich frage dich: Assoziierst du bei King, bei Gandhi das Wort Aggressivität? Ich nämlich nicht.

Helga: Laß es mich nochmals ausführen: Als sich damals dem Weißen Haus diese Abertausende zählende Menschenmasse näherte, Martin Luther King und andere vorweggingen und sangen „We shall overcome" und diese Menschenmasse dem Weißen Haus immer näher kam, da hatte ich das Gefühl von einem ungeheuren aggressiven Akt ohne Gewalt. Die Regierung wurde da aggressiv attackiert.

Ruth: Der allererste aggressive Akt kam, soweit ich weiß, nicht von Martin Luther King, sondern von einer schwarzen Frau, die sich im Omnibus auf einen für Weiße reservierten Sitz gesetzt hatte und, so glaube ich, dafür verhaftet wurde.

Helga: Dann braucht Aggressivität also Mut.

Ruth: Ja, das braucht es sehr oft. Das erste ist ein Mutakt; der Mut, etwas zu tun, was Aggression auslöst. Und das, was du von dieser Menschenmasse auf dem Platz vor dem Weißen Haus sagst, das war der Mut zur Passivität. Der Mut dahinter machte es aus. Sie wußten daß sie erschossen werden konnten – und wurden es zum Teil ja auch.

Helga: Also bei Gandhi waren es ja ganz ganz viele Schritte der Gewaltlosigkeit, getragen von einer ungeheuren Triebkraft, einer haßlosen Aggressivität gegenüber den Mächtigen und den Unterdrückenden.

Matthias: Nicht anders im gewaltlosen Herbst 1989 in Leipzig. Ich habe keinen Einwand dagegen, diese Vorgehensweise als aggressiv zu bezeichnen. Nur mein Sprachgefühl ist an diesem Punkt anders. Aber ich denke, es kann in einem solchen Text, wie wir ihn hier machen, nicht schaden, wenn Varianten in der Benutzung dieses Begriffs auftauchen.

Wenn ich an diese Bilder denke vor dem Weißen Haus oder an die Szene, wo Gandhi da reihenweise mit seinen Freunden zu dem Salzberg ging und sie sich zusammenschlagen ließen, oder an Leipzig, dann denke ich eher, es liegt eine wunderbare menschliche Aufrechtheit und Wahrheit in der Art, wie sie sind. Ich empfinde es nicht als aggressiv, aber ich verstehe, daß man es so nennen kann.

Helga: Nein, nein, das stimmt, das geht mir auch so. Mit dem üblichen Sprachgefühl kann ich es nicht abdecken, aber mit dem Gefühl davon, daß Aggressivität auch eine vitale Kraft ist.

Ruth: Du hast eben den ersten Punkt genannt: Energie. Die Energie der Aggressivität.

Wenn ich jetzt an die paar Mal in meinem Leben denke, wo ich wirklich Mut zeigte und fühlte, da war es einmal, um ein Leben zu retten vor den Nazis – jemanden, der zu der Zeit mehr gefährdet war als ich – und ein anderes Mal, wo ich um der Sache willen meinen guten Ruf in die Waagschale legte – man kann das auch Aggression gegen Regeln und Gesetze nennen – ja, ich glaube, das war auch eine Form von Aggression. Aggression gegen Ungerechtigkeit und Unrecht. Aber ich ging nicht mit Gewalt vor, sondern mit Mut.

Matthias: Das finde ich sehr schön: Vorhin hatten wir die Aufrichtigkeit und die Klarheit, und jetzt kommt noch der Mut hinzu, sozusagen als die Elexiere einer notwendigen und wichtigen, vielleicht sogar schönen Aggressivität.

Helga: Und vielleicht auch das Wissen darum, wohin ich will, wo meine Reise hingehen soll. Alle diese Leute, die ich jetzt gerade empfinde, die wußten, wofür sie kämpften, die hatten einen Lebensinhalt, ein Ziel. Und vielleicht brachte das Ziel auch diese Kraft.

Ruth: Ja, das kann aber auch im ganz kleinen Familienkreis so sein, es muß sich nicht unbedingt um eine Masse handeln Wenn ich zum Beispiel den Mut habe, einem aggressiven Vater entgegenzustehen und zu sagen „Und ich habe doch recht", analog zu Galileis großer Tat, als er von der Erde sagte „Und sie bewegt sich doch!", dann ist das ebenfalls ein Akt der Aggression, der nicht gewalttätig ist, nicht wahr?

Matthias: Beim Wort Aggression bleibt für mich immer diese Doppeldeutigkeit von Schönheit, aber auch von Ängstlichkeit. Denn wo immer Aggression geschieht, erweist es sich ja erst in dem aktuellen Moment, ob sie auf einem destruktiven Grund- und Bodensatz in einer Person fußt oder nicht, und ob sie ängstigende Gegengewalt erzeugt oder nicht. Denn viele haben eine derart destruktive Lebensgeschichte gehabt, daß wenn sie dies probieren, es zunächst einmal wirklich verletzend und destruktiv wird, werden muß. Dabei ist es immer wieder ermutigend, in Gruppen den allmählichen Prozeß der Klärung zu erleben. Wenn man bei jemandem, der zunächst wirklich gemein, verletzend und hämisch ist – obwohl er das vielleicht nicht mal will, aber wenn er es aus seiner Lebensgeschichte heraus tut und nicht anders kann – dann über Jahre hinaus erleben kann, daß er lernt zu unterscheiden und zu dosieren, zu gestalten, dann ist das für mich großartig. Ich möchte jemanden nicht wirklich verletzen, sondern nur mich klarer machen.

Ruth: Hier schließt jetzt die Frage an fürs TZI-Gruppenleiten. Wenn ich sehe, daß ein Mensch, der immer unterdrückt war, verletzend ist gegen mich oder gegen ein anderes Gruppenmitglied, wie kann ich in dieser Situation das Bestmögliche tun? Ich glaube, daß ich mich da als Leiterin mit beiden Seiten identifiziere, beiden Seiten gerecht werden möchte und so auch klärend für die anderen wirke.

Matthias: Richtig, ja. Und damit sind wir bereits beim nächsten Punkt!

Der schützende und produktive Rahmen der Aggressionsbehandlung in der TZI

Matthias: Nun stellen wir die Realisierungsfrage in den Vordergrund, wie Menschen lernen können, Aggressivität auszudrücken, und wie sie den Mut finden, zu ihrer Aufrechtheit und zu ihrer Klarheit zu kommen. Und dazu gehört auch, daß dieses Lernen durch ein wirkliches Verletzen, also auch durch ein destruktives Potential gefährdet sein könnte und kann. Wie lernen Menschen, diese beiden Komponenten in sich zu klären?

Ruth: Wenn wir gar keine Aggression zulassen würden, kämen wir auch nicht weiter. Bei mir erlebe ich das, wenn ich einen Angriff auf die TZI oder gegen mich als Person zu spüren bekomme. Für mich persönlich bedeutet das immer wieder den Versuch, durch Mut und Klarheit der Aussage die Verletzung zu überwinden.

Auf der anderen Seite ist es für mich sehr wichtig, die Verletzlichkeit des Täters ebenso zu beachten wie die Verletzlichkeit des Opfers. Denn es ist sehr gefährlich, sich auf die Seite des Opfers zu stellen und dabei den Täter zu vergessen. Ich gab einen Tag nach Kennedy's Ermordung einen der ersten nichttherapeutischen Workshops mit TZI. Dabei initiierte ich unter anderem ein Rollenspiel, bei dem wir versucht haben, uns auch mit dem Mörder zu identifizieren, nicht nur mit dem Opfer. Das hinterließ in mir, und ich glaube auch in den anderen, ein großes Plus von Erfahrung der Beidseitigkeit in uns selbst.

Matthias: Ich möchte eine Geschichte dazu erzählen, warum mir dieser Gedanke ganz wichtig ist, daß hin und wieder eine Verletzung geschen muß, und dabei doch in der Art und Weise, in der es geschieht, ein Unterschied bestehen kann. Es hat mich einmal in Zeiten, als ich in einer analogen biographischen Situation der Trennung war, sehr beeindruckt, bei C.G. Jung folgenden Satz in seiner Autobiographie zu lesen, den er zu jemandem sagte: „Ich habe dich lieb, und ich muß weiter. Ich muß dich verlassen." Dieser Satz war für mich eine ungeheure Befreiung, weil ich in der damaligen Situation gewußt habe, ich tue weh, und ich muß es tun. Und ich werde es tun. Aber es macht einen Unterschied, ob ich sage, „Ich tue weh, und es ist deine Sache, („it is up to you"), ob es weh tut oder nicht und wie du damit fertig wirst", oder aber, ob eine Verletzung irgendwie in einem zugewandten, respektvollen und teilnehmenden, vielleicht sogar liebevollen Sinne passiert. Das wirkt anders als wenn sie wegwerfend, destruktiv und verächtlich ist. Selbst in der Verletzung macht das einen großen Unterschied. Deswegen glaube ich wirklich, daß man nicht immerzu nur im Probehandeln bleiben kann. Es gibt auch die Notwendigkeit von „Heute tue ich dir weh, aber sieh's mir nach, ich muß es tun, ich muß dir dies jetzt sagen, obwohl ich weiß, daß es kränkt."

Ruth: Also das „Sieh's mir nach" würde mich hier stören.

Helga: Es ist ein Appell wie „Vergib mir" – und damit setzt du dem anderen eine Beißhemmung.

Matthias: Ja, völlig richtig, ich möchte es mal nicht so religiös ausdrücken. Es ist mehr ein Satz von: „Ich bin nicht sicher, ob ich eben nicht wirklich böse, also bösartig bin. Ich kann nicht ausschließen, daß ich wirklich etwas Unrechtes tue, indem ich es tue, aber ich weiß, ich muß es jetzt tun."

Ruth: Ja, die Tatsache ist mir auch wichtig. Aber dann kann ich nicht sagen – jedenfalls nicht im gleichen Augenblick – „Sei mir nicht böse!" Ich darf ihm das Bösewerden nicht nehmen. Denn ich glaube, daß ich in dem Moment „böse" zu dem Menschen bin, und fühle gleichzeitig, daß ich dieses „Bösesein" in Kauf nehmen muß, weil ich in diesem Moment eine andere Priorität für mein eigenes Leben setzen muß. Ich könnte dann in deinem Beispiel, Matthias, vielleicht sagen: „Ich muß dir das jetzt sagen, obwohl ich weiß, daß es dich kränkt, aber ich weiß auch, daß ich diese Kränkung auf mich nehmen muß, weil ich sonst untergehe. Ich hoffe, daß du auch einen Weg für dich findest, so wie ich es jetzt für mich tun muß." Sinngemäß natürlich, nicht wörtlich.

Matthias: Gut, ich erinnere mich dabei an eine Situation in einem Workshop, wo eine Teilnehmerin bis an den Rand dessen, was ich ertragen konnte, von den anderen konfrontiert wurde. Einerseits hatte ich das Gefühl, ja, es muß sein, und auf der anderen Seite erinnere ich mich, damals am Schluß gesagt zu haben „Sofern das, was wir eben gemacht haben, nicht auch von Liebe geleitet war, möge es uns vergeben werden." Ich konnte es schwer mitansehen, aber ich fand es furchtbar und nötig, und war mir dabei nicht sicher, wieweit es aus Hilfe und in Liebe oder an der Grenze zum Sadismus geschah. Es ging um ihre Vermeidung von Aggressivität, und sie wurde konfrontiert, damit sie an dem Punkt an ihre Klarheit herankommen konnte. Sie war immerzu lieb und freundlich und ausweichend und unklar. Die geballte Provokation sollte sie endlich aus ihrem Verhalten herausholen. Zunächst war es sehr produktiv gemeint. Es eskalierte jedoch derart, daß ich es kaum aushalten konnte. Und ich bin wahrhaftig nicht zimperlich in diesen Sachen.

Ruth: Und mir ist jetzt auch sehr wichtig zu sagen, daß das in aller Wahrscheinlichkeit in einer Selbsterfahrungsgruppe mit TZI war, die ich Persönlichkeitsgruppe nenne.

Matthias: Ja, es war in einem Encounter-Seminar.

Ruth: Deshalb ist es immer ganz wichtig zu sagen, daß es auch TZI-Persönlichkeitsgruppen gibt, die tiefer in die Persönlichkeit einwirken, als man es normalerweise in einer Teambesprechung oder in einem Klassenzimmer usw. zulassen kann und sollte.

Helga: Und wenn solche Dinge passieren, sollten die Gruppen unbedingt von Menschen geleitet sein, die kompetent und dafür ausgebildet sind.

Ruth: Die Art, wie man Aggression haben kann und ausdrückt, hängt sehr weitgehend nicht nur von meiner Verletzlichkeit und der des anderen ab, sondern auch vom Globe, von der Situation, in der manfrau ist: Ob die Auseinandersetzung also in einer Persönlichkeitsgruppe stattfindet oder aber in einer Teambesprechung oder in einem Klassenzimmer, gehört zur Bewußtheit von Globefaktoren und der Wichtigkeit, sie in die Leitungshandlung miteinzubeziehen. Und solche Konfrontationen, wie du sie eben beschrieben hast, gehören in aller Wahrscheinlichkeit eher in eine sogenannte Persönlichkeitsgruppe.

Matthias: Derlei ist so weit möglich, wie ein produktiver und schützender Rahmen da ist, der dies nicht total ausufern läßt, und – was du eben gesagt hast, Helga – es muß eine kompetente Person da sein. Ich habe mich in vielen Situationen in Trainingsgruppen, wo ich wirklich gewaltig Hiebe gekriegt habe, nur eingelassen, weil ich wußte, Ruth, du bist als Leiterin da. Du standest irgendwo als guter Geist im Hintergrund.

Helga: Ich mache sehr viel Supervision in berufsspezifischen Gruppen, die sich am anderen Tag wieder begegnen und miteinander arbeiten müssen. Ich mache diese Supervision mit TZI und daher ist mir ganz wichtig, den Tiefgang leitend mitzubestimmen und eben nicht alles, was kommt, zuzulassen. Es kann durchaus Situationen geben, wo ich nicht öffnend, sondern zudeckend arbeite. Wieder andere Situationen sind es, wo ich denke, die haben eine „Leiche im Keller", und wenn wir es nicht schaffen, da dranzukommen, werden sie niemals gut miteinander arbeiten können. Das in der TZI-Supervision abzugrenzen, also Aggressivität wie auch Schutzbedürfnis zu handhaben, halte ich für eine hohe Kunst des Leitens.

Matthias: Am Anfang dieser Überlegungen ist mir ein genereller Gedanke wichtig, nämlich der, daß in der TZI durch Leitung und Struktur und Thema – das sind die drei fassenden und Rahmen schaffenden Variablen – eine produktive Atmosphäre entsteht, damit nicht eine überfordernde Unsicherheit entsteht und so Aggression gefördert wird. Es soll so viel passieren, wie möglich ist, damit es produktiv bleibt. Aber ich würde nicht Aggression um jeden Preis fördern wollen, etwa weil irgend eine Theorie sie verlangt. Das betrifft ein Grundwissen, das wir der Gruppendynamik verdanken. Die Gruppendynamik hat uns gelehrt, daß ungeleitete und unstrukturierte Situationen Unsicherheit und damit auch Aggressivität fördern. Dieses Grundwissen über nicht-offenes, nicht-partizipierendes, nur beobachtendes Leiten, das ja nicht nur zur klassischen Gruppendynamik, sondern auch zur klassischen Psychoanalyse gehört, hat der partnerschaftlichen Erlebnistherapie und der TZI einen Wegweiser in die andere Richtung mitgegeben.

Ruth: Ich möchte da mal so weit gehen, daß ich behaupte, wenn ich demagogisch wäre, könnte ich eine Gruppe so leiten, daß sie innerhalb von einer oder zwei Sitzungen auseinanderfällt oder sich bis aufs Blut bekriegt. Oder aber, ich kann sie so leiten, daß es sehr wahrscheinlich nicht passiert. Und das wiederum ist eine Frage der Haltung – nicht mal so sehr der vielen Aktivitäten – sondern der Haltung der Leitung. Ich hatte eine Erfahrung in einer frühen gruppendynamischen Gruppe, die zwei Wochen lang dauerte, und „mit Hilfe" der schweigenden Gruppenleitung zum Alptraum wurde. So lernte ich eigentlich zuerst die „Kompaßrichtung", nämlich als Mensch mit Gefühlen und sachlichem Wissen „normal" zu reagieren, gleichzeitig aber die Funktion des Leitens als funktionelle Aufgabe nicht außer Acht zu lassen.

Matthias: Und um zu dieser Haltung zu kommen, muß man die eigene Aggression, ihre Entstehungsbedingungen („Auslöser") und ihre möglichen Auswirkungen bei sich selber so gut wie möglich kennen. Das ist der Grund, warum wir in der TZI-Ausbildung ein Mindestmaß an Selbsterfahrung postulieren, damit ein deutliches Bewußtsein der eigenen Stärke und Gefährdung und möglicherweise auch der Unklarheit und des eigenen blinden Flecks entsteht. Blinde Flecken verführen zu Projektionen und unrealistischer Unklarheit.

Ruth: Und wir wissen, daß keine zwei mal fünf Tage, auch nicht zwei mal fünf Jahre genügen, sondern kaum ein ganzes Leben dazu genügt, um alle blinden Flecken aufzudecken.

Helga: Mir fällt ein Beispiel ein für den Umgang mit Aggression aus meiner Supervisionstätigkeit: Ein Team innerhalb einer hierarchisch organisierten Institution beklagt heftig, daß ein Kollege und eine Kollegin, die neu dazugestoßen sind, nicht integriert werden können, weil sie arrogant, hochnäsig und so weiter sind.

In einer Supervisionssitzung ergibt es sich, daß diese Frau sich zwar stellt, aber gleichzeitig einen Satz von sich gibt, der die ganze Gruppe in einen hellen Empörungsschrei ausbrechen und in aggressivem Gefühl sich auf sie stürzen ließ. Sie sagte nämlich, sie sei nicht interessiert an Menschen; darum würde sie sich entsprechend verhalten. Und das in einer Gruppe, in der Interesse an Menschen enorm hoch angesetzt ist als Wert. Man hätte nichts Schlimmeres sagen können. Die Prügel waren gewiß.

Ich hatte wahrgenommen, daß dieser Satz mit einer Einfärbung von Traurigkeit gesagt wurde. Hier war für mich die Stelle, wo weiteres oder völliges Öffnen nicht erlaubt war, da die Aggression in der Gruppe flammte. Was jetzt tun? Ich ließ sie noch ein klein wenig weiterreden. Sie war auf dem Sprung, lebensgeschichtlichen Hintergrund zu präsentieren, der ihre Aussage erklärte. Und das in einer Gruppe, die straff hierarchisch organisiert ist mit einem rotierenden System, nach dem keiner länger als ein Jahr in einem Team ist und am Ende bewertet wird mit Auswirkungen auf den weiteren beruflichen Weg.

Das war der Punkt, an dem ich versucht habe, mit dem ganzen Gewicht meiner Person diesen gehörten Satz auszufüllen, die Aggression nicht abzuwürgen, aber zuerst einmal die Möglichkeit zu schaffen, sich in diese andere Seite einzufühlen, nicht zu ideologisieren und Gruppennormen überzustülpen. Ich habe diese Frau gebremst. Denn sie fing an auszupacken, warum sie sich so schützen muß, an Menschen nicht interessiert sein darf, weil da unendlich viel ... Das war mir viel zu heiß für diese Runde, für eine berufsspezifische Runde von Untergebenen und Vorgesetzten.

Ruth: Willst du nicht auch noch sagen, daß du Gelegenheit hattest, mit ihr alleine diese Sache noch weiter durchzusprechen? Das würde nämlich noch dahin gehören.

Helga: Ja, dieses Angebot mache ich manchmal in solchen Fällen, wenn ich wirklich das Gefühl habe, so geht das jetzt nicht. Aber ich möchte den Prozeß schon auch in der Gruppe haben, nicht jeden heiklen Prozeß aus der Gruppe herausnehmen.

Matthias: Je nachdem ob es überfordert oder nicht. Es gibt Überforderungen, die nicht mehr produktiv sind --

Helga: -- und die ich nicht zulassen darf, weil ich um die eventuellen Folgen weiß, die für diesen Menschen und dieses Team entstehen können.

Matthias: Denn sie müssen ja weiter zusammenarbeiten.

Helga: Diese Geschichte hatte zwei Seiten, ich möchte das nochmals verdeutlichen: Diese Frau war dabei, sich so weit zu entblößen, daß ich dachte, am anderen Morgen wird es ihr ganz schlecht gehen, wenn sie mit dieser Entblößung die anderen wiedertrifft. Und die andere Seite war: Das Team war entflammt in aggressiven Gefühlen: Wie kann jemand, die solch einen Beruf hat, einen derartigen

Ausspruch tun! Und das zusammenzubringen – ! Es wäre viel einfacher gewesen, sie reden zu lasssen, und dann hätten die andern sie vielleicht --

Matthias: -- zum Opfer gemacht!

Helga: Aber wie hätten die weitergelebt miteinander?

Matthias: Schützende Struktur würde in diesem Fall auch heißen, daß du antizipierst, was sie in ihrer Betroffenheit vielleicht im Moment nicht antizipieren kann, oder daß sie zu weit geht und die selektive Authentizität im Moment vor lauter Betroffenheit nicht wahren kann. Und du weißt, hinterher sagt sie: „Mein Gott was habe ich denn alles gesagt?" Das ist eine Situation, in der du als Leiterin Rahmen und Grenzen setzt.

Ruth: Und darum ist in der TZI-Ausbildung auch außerordentlich wichtig, Wissen zu bekommen über die Verstörtheiten in Menschen, was nicht einmal psychopathologisch sein muß. Dieses Wissen, auch inkl. Psychopathologie ist wichtig, um zu akzeptieren, daß es Menschen gibt, die verletzlicher sind, und andere wiederum, denen es gut tun kann, stärker konfrontiert zu werden.

Helga: Ja, und mir fällt zu meinem Beispiel noch das Wort „Verführung" ein. Die Atmosphäre, die herrschte, war vertrauensvoll. So etwas kannte sie nicht. Auf einmal war sie in einem Raum – sie war das erste Mal da –, wo sie das sagen durfte. Und ich dachte: „Nein, du darfst nicht, tu's nicht." Diese Verführung sitzt in der positiven, warmen und akzeptierenden Gruppensituation an sich, besonders, wenn die Teilnehmerin keine Gruppenerfahrung hat.

Ruth: Der oder die Neue, die auch irgendwie mitmachen will mit den andern und es doch nicht wirklich kann, weil ihr eine Sprosse fehlt. Das ist wie auf eine Leiter steigen, die mit der dritten Sprosse anfängt, bei der die ersten beiden fehlen. Und da kommt man ohne andere Hilfe nur schwer rauf.

Helga: Auch die emotionale Ungeübtheit: Wie weit gehe ich?

Matthias: An der Stelle fällt mir ein alter Satz von dir ein, Ruth, der ja auch sehr verbreitet und beliebt ist: „Zu wenig geben ist Diebstahl, zu viel geben ist Mord." Es steht uns nämlich nicht zu, Menschen ihre Schwierigkeiten wegzunehmen, durch die sie gehen müssen. Das ist das eine. Aber es steht uns auch nicht zu, Situationen mitzuwollen, zu fördern, zu leiten, in denen wir nach menschlichem Ermessen den Eindruck haben, hier geschieht nichts Gutes, hier geschieht nichts Produktives, was Menschen und diese Gruppe fördert, sondern vielmehr überfordert.

Daher besteht ja diese Leitlinie, die TZI-Ausbildung soll genug Zeit geben, damit jeder Kandidat und jede Kandidatin lernt und weiß, wo tue ich dies oder jenes in meiner Leitung aus Vermeidung, weil ich selbst so ängstlich bin, und wo tue ich es – obwohl ich für mich meinen aggressiven Spielraum habe – für diese Person. Also so viel Selbsterfahrung im Leibe zu haben, daß ich weiß, eben spiele ich nicht mit meinen eigenen Vermeidungen, sondern eben schütze ich, obwohl ich selbst sehr viel aggressiver sein könnte.

Helga: Ein schöner Ausdruck „Selbsterfahrung im Leibe zu haben", gefällt mir. Ja, und darin ist für mich auch eine Frage enthalten, die ich für grundsätzlich halte beim Gruppenleiten: Darf ich alles, was ich kann? Und zu welcher Zeit mache ich es? Und ein weiterer Satz dazu fällt mir ein: Daß ich nur das aufschnüren darf, von dem ich glaube, daß es in dem jeweiligen Setting zu Ende zu bringen ist.

Matthias: Ja, ich möchte auf diese Begrenzung noch einmal hinweisen: Es ist nicht für jede Art von Gruppe nötig, daß die latent vorhandenen aggressiven und auch destruktiven Potentiale, die theoretisch herausgeholt werden könnten, auch wirklich angesprochen, geschweige denn durchgearbeitet werden müssen. Das kann für eine Therapiegruppe in einem ganz anderen Maße stimmen, als es für eine Lerngruppe oder ein Team in einer Institution stimmt. Und ich kann sehr wohl – sehenden Auges, daß da verborgene, wirklich große Probleme sind – der Gruppe wohl tun, indem ich Aggression nicht zulasse, fördere oder thematisiere. Es hängt von der Art der Gruppe ab. Es gibt keinen dogmatischen Satz, der heißt: Damit eine Gruppe menschlich und sachlich in der Balance ist, muß das Austragen von Aggressionen stattfinden. Wie weit dies stattfinden muß, ist eine Frage der Balance. Wenn eine Gruppe gut arbeitet, dann muß ich nicht alles, was an Möglichkeiten der aggressiven Eskalation potentiell da ist, zum Austragen bringen. Wenn es arbeitsbehindernd wird, dann ist die Frage da. Es darf an dieser Stelle keine Dogmatik geben, die da lautet: Aggression muß stattfinden. Da würde die

Dogmatik noch eher lauten: Es sollte und könnte sich ein gewisses Klima von menschlicher Produktivität und Offenheit entwickeln. Wieviel diese Grundvoraussetzung – auch im Negativen – dann ermöglicht, muß je nach Thema, Globe, Zeitfaktor und Balance eingeschätzt werden. (Aber darauf kommen wir weiter unten noch einmal.)

Helga: Da bin ich ganz einig mit dir. Ich merke zum Beispiel, wenn ich mit anderen gemeinsam eine Gruppe leite, und es sind aggressive Gefühle im Raum, daß das für mich absolut arbeitsbehindernd ist. Ich kann in der Vor- und Nachbereitung nicht vertrauensvoll „in Kladde" denken und reden, wenn ich Angst habe.

Oder wenn ich zum Beispiel an Teams in Beratungsstellen denke – ich arbeite selbst in einem solchen –, wo in jeder Fallbesprechung ja auch ein Teil von uns selbst preisgegeben wird – wenn dort die aggressiven Vorbehalte oder Gefühle nicht geklärt werden, gedeiht nichts. Die Fallbesprechung wird schlecht, oberflächlich und gerinnt zur Farce. Ich habe dann Angst, mich mit meinem Fall, mit dem ich nicht weiterkomme, mit dem ich in einer Sackgasse stecke, zu präsentieren. Hier also ist Aussprache in der Gruppe nötig.

Ruth: Das kenne ich auch von Supervisionsgruppen, daß die eigentlichen Probleme vom Tisch gefegt werden, weil ich im Moment den Mut nicht finde, zu zeigen, „wie schlecht ich bin", „was für Fehler ich mache" etc.

Helga: Ja, und wenn ich zeige, wie schlecht ich bin, und ersie ist mir gegenüber aggressiv, dann tut ersie mir weh und das will ich nicht haben. Von daher halte ich bei solchen Teams eine klärende supervisorische Arbeit auch im Beziehungsbereich für hilfreich und notwendig.

Matthias: Das läßt aber immer noch offen, ob es hilfreich ist, die Aggressivität als solche generell zu thematisieren oder die Rivalität, die oft dahinter steckt, als Produktivkraft – marxistisch gesprochen – zu nutzen. Wenn sie nicht destruktiv wird, ist das nämlich auch möglich.

Helga: Manchmal steuere ich die Aggressivität nicht direkt an. Zum Beispiel wenn eine Gruppe angekündigt hat, wir haben was und wir sind wütend, dann gehe ich oft erst einmal in einen ganz anderen

Strang: zum Beispiel in die Wahrnehmung, lasse sie zuerst einmal die Wahrnehmung für einander aktivieren. Manchmal stinkt natürlich die Leiche, die im Keller ist, so gen Himmel, daß gar nichts anderes übrig bleibt, als den Punkt direkt anzugehen.

Matthias: In den Methodenkursen lehre ich auch direkt, daß es möglich ist, einen Konflikt entweder zu thematisieren oder durch Strukturwechsel ihn zunächst zu neutralisieren. Also wenn zwei Schüler sich partout nicht vertragen können, dann kann man sagen: entweder es wird ausgetragen, oder ich setze sie auseinander. Es muß nicht jede Reibungsfläche thematisiert oder ausgetragen werden.

Helga: Das ist jetzt auch eine methodische Überlegung: Wie gehen wir mit Situationen um, die aggressiv aufgeladen sind? Ich denke, das ist auch eine Frage des Handwerkszeuges.

Matthias: Ich würde gerne noch einen Theoriesatz zu deinem Satz, Helga, „Ich gehe nicht immer direkt daran" sagen. Das Bild, das mich in dieser Frage immer überzeugt hat, war: Wenn eine große Blase an Störungen, an Spannungen und an Aggressivität da ist, dann kann der Versuch, dies zu thematisieren, die Situation auch zerreißen und überfordern. Demgegenüber hilft es auf Dauer in einer Arbeitsgruppe, z.T. sogar auch bei persönlichen Themen, viel mehr, eine Atmosphäre zu haben, in der ein bißchen etwas von Freiheit und Aggressivität und dosierte Entladung stattfinden kann, als die große Eskalation auszulösen.

Ich habe dafür das Bild eines Luftballons: Wenn ein Luftballon Überdruck hat und ich lasse ihn auf einmal los, dann fetzt es ihn hin und her. Aber wenn ich immer in kleinen Raten – pft, pfft, pfft – die Luft herauslasse, dann wird langsam der Druck gemindert. Und das hat mich immer überzeugt an deiner Theorie, Ruth, daß ein humanes Klima Raum bietet für eine langsame und folgerichtige Entladung, anstatt daß man die großen Therapie- und Explosionsversuche fördert oder riskiert. Und deshalb ist die präventive und langsame Funktion von TZI-Gruppen in Institutionen und Schulen auch hilfreicher, als dauernd auf den direkten therapeutischen Umgang zu schielen.

Ruth: Es ist überhaupt eine wichtige Perspektive, daß die meisten TZI-Gruppen im wesentlichen nicht von den therapeutischen Notwendigkeiten und Nöten geleitet werden, sondern vor allem vom Thema, von der Sache her. Das Thema leitet und begleitet. Das Thema hat zentrale Funktion. Und wenn die Ich- oder Wir-Verstörung zu sehr in den Vordergrund rückt, dann muß ich eher einmal ein Störungsthema einschalten, als unentwegt dabei zu bleiben. Das Störungsthema muß dann in Erscheinung treten, wenn das Arbeitsthema nicht mehr sachlich und menschlich behandelt werden kann. Persönliche Verstörtheit und sachliche Vernachlässigung dürfen nicht unter den Teppich gekehrt werden, aber sicher auch nicht das Maß ihres normalen Anteils überschreiten.

Matthias: Es ist daher gut, daß ein Thema immer persönliche Zugangsweisen und persönliche Spielräume erlaubt und daß es signalisiert, „du bist willkommen mit deinen persönlichen Seiten, die scheinbar nichts mit dem Thema zu tun haben." Darin liegt bereits eine implizit therapierende Wirkung. Und dies gut zu machen, also freiheitliche Spiel- und Wachstumsräume bei allen Themen zu schaffen und auch bei Störungen in der Horizontalen, in der Interaktion zu bleiben, ist im Blick auf eine neurotisierende Gesellschaft, in der wir leben, hilfreicher, als zu denken, wir müssen alle therapieren, und allzusehr in die Tiefe, in die Vertikale zu gehen. Die Frage heißt vielmehr: Welche Srukturen brauchen wir, damit neurogene Szenen gar nicht erst entstehen? Auf Dauer ist das die Frage nach einem „humanen Raum". Aber gleichzeitig gibt es immer wieder eine geheime Anhänglichkeit an die Aggressivität oder an das Credo: Erst wenn Aggressivität passiert, wenn die „Bomben fliegen" und wenn der „Ballon platzt", ist es richtig. Man sollte zwar davor keine Angst haben, aber es ist nicht unser Ziel, es platzen zu lassen.

Helga: Solch ein Satz, wie Du, Matthias, ihn eben sagtest: „... aber es ist nicht unser Ziel, es platzen zu lassen ..." wird ja immer wieder mal als Waffe gegen die TZI benutzt. Dann heißt es: „Seht ihr, die TZI will Aggressionen nicht zulassen, besänftigt, methodisiert sie weg."

Matthias: Die *Methode* TZI will bestimmt nichts verhindern, sie ist nur gegen eine suggestive, weltanschauliche oder gruppendynamisch bedingte *Dominanz* von Aggression. Aber Klagen über manchmal unklare, watte-artige, aggressionsvermeidende Atmosphäre höre ich auch immer wieder; Leiten verlangt eben aggressive Klarheit, Mut und Risikobereitschaft, die natürlich nicht immer und nicht allen gleichermaßen zur Verfügung stehen.

Ruth: Was die Methodik anbelangt, so würde ich auch sagen, wenn ich merke, daß ein wahnsinniger Dampf im Raum ist, wo es zum Platzen kommt, dann würde ich zunächst einmal etwas versuchen, um es nicht zu einem „Gesamtplatzen" kommen zu lassen; einen Rundgang zu machen im Sinne von „Was ist in mir im Augenblick?", „Was stört mich?".

Matthias: Es also öffentlich machen.

Ruth: Wenn ich die Frage, „Was hast du gerade gedacht oder gefühlt?" im Raum herumgehen lasse, dann kann jede oder jeder genau oder kurz sagen, was ersie gerade gedacht oder gefühlt hat. Die Teilnehmenden hören auch, was die anderen inzwischen gedacht haben. Das verschiebt die Gefühle etwas und hilft zum Klären. Dieser kurze Klärungsvorgang kann die eigene Aggression bereits zum Teil verständlich machen oder auch von anderen verstanden werden. Aggression bekommt dann einen anderen Platz innerhalb der Gesamtstörung in der Gruppe.

Massenhysterie ist nicht das, was wir verfolgen. Massenhysterie geschieht immer dann, wenn keine andere Lösung mehr möglich ist. Bei solchen demagogischen Anschuldigungen und Aussagen denke ich sehr oft an den Satz von Freud, der gesagt hat: „In einer Masse gewinnt immer das niedrigste Niveau." Wenn ich heute die Politik mitansehe, so kommt mir das manchmal in den Sinn, da ich mir sagen muß, daß es wirklich so ist. Und daher stellt sich für mich die Frage: Gibt es irgendwelche Möglichkeiten, dem vorzubeugen, daß der niedrigste Nenner gewinnen muß? Er muß gewinnen, wenn die Einzelnen nicht immer wieder die Aufforderung bekommen, „Sieh, was in *dir* ist, und sieh', was *dich* ärgert, und sieh' was *dir* weh tut und sieh' was *du* tun möchtest!" Wenn du so vorgehst, dann kriegst du nicht das niedrigste Niveau, sondern eins höher.

Matthias: Genau, und ich möchte folgendes dazusetzen: Es scheint eine wirklich probate Erfahrung zu sein, daß wenn wir strukturell den Raum schaffen – zum Beispiel mit einem Rundgang, wie du ihn eben annonciert hast, daß damit gestaute Emotion freigesetzt werden kann: „Ich bin wütend, ich bin enttäuscht weil ..." Und wenn das wirklich in Klarheit ausgesprochen werden kann und im Raum sein darf, dann hat dies bereits eine weitgehend hilfreiche Bedeutung, ohne daß es im einzelnen behandelt oder ausführlich besprochen werden muß. Es ist nicht nötig – das ist ja die Hypothese unserer Krisenausbildung –, daß jeder Konflikt in die Vertikale, also in die Tiefe, verfolgt wird. Sondern ein Konflikt kann auch in der Horizontalen belassen werden, indem man sagt: „Ich bin eben stinksauer auf dich!" Und auch der/die andere kann sich äußern. Dies hat eine weitgehend bereits enlastende und hilfreiche Funktion.

Ruth: Und vor allem dabei auch zu erfahren, daß alle Menschen manchmal stinksauer sind. Es ist zwar eine banale Sache, aber wie oft hört man in Gruppen: „Ach, mir ist so viel besser, weil ich nicht der oder die einzige bin, dem oder der es so geht!" Das ist ein Satz, der in jeder Gruppe vorkommt.

Helga: Für mich ist das auch noch ein energetisches Geschehen. Ich glaube ganz einfach, daß ich gestaute Energien abführe und mich heile und entlaste, indem ich aggressive Gefühle ausspreche. Manche sind dabei verfolgungswürdig, andere schon allein dadurch eliminiert oder zumindest wieder handhabbar.

Matthias: Und es können sich Konstellationen ergeben, wo es für bestimmte Personen oder ganze Gruppen angezeigt ist, daß man sieht: „Ja, hier ist jetzt etwas anderes nötig" und daß das Arbeitsthema – auf Zeit – verlassen werden muß. Die TZI behauptet ja nicht, sie sei die Lösung aller Probleme. Sie erstellt lediglich und vor allem einen konstruktiven Rahmen, in dem gelernt werden kann, mit Dingen und mit Personen konstruktiv umzugehen. Sie ist nicht die Omnipotenzphantasie von der Lösung aller Probleme. Da sind wir uns, glaube ich, einig.

Ruth: Absolut, unterschrieben!

Matthias: Und es gilt ja nicht der Satz: Wenn TZI gemacht wird, ist Therapie überflüssig. Und auch nicht: Wenn TZI gemacht wird, brauchen wir keine Analyse und keine andere Therapien mehr in der Welt. Sondern es heißt nur, wir suchen in der TZI gesellschaftlich und institutionentheoretisch nach den humanen Arbeitsformen, die mehr bewirken, als was therapeutische Arbeit bewältigen kann. Du kannst die beste Analyse, Gestalttherapie und/oder Supervision hinter dir haben und hinterher produzierst du den selben Mist im Blick auf eine menschlich und sachlich inadäquate Gruppensituation, weil du nicht gelernt hast, wie man einer Gruppe mit Struktur und Thema produktive Entwicklungen eröffnet.

Ruth: Erstaunlich für mich war, daß AnalytikerInnen und PsychotherapeutInnen es gar nicht leichter hatten als andere, mit verstörten Menschen in TZI-Gruppen umzugehen, weil sie nicht gewöhnt waren, partnerschaftlich zu arbeiten. Davon ausgenommen sind die ErlebnistherapeutInnen, die Partnerschaftlichkeit und das Hier und Jetzt ebenso auf ihre „Visitenkarte" schreiben wie die TZI.

Matthias: Ja, und darum sind ja auch die sogenannten „Krisenkurse" in WILL wichtig, selbst für die PsychotherapeutInnen, weil wir bei TZI in der „Horizontalen" arbeiten, also in der Interaktion, und – außer in Persönlichkeitskursen – psychische Störungen nur so weit bearbeitet werden, wie es für die zu erarbeitende Sache und die Interaktion der Gruppe wichtig ist. Und Persönlichkeitskurse sollten ja eigentlich nur von Leuten geleitet werden, die weitgehend mit Psychodynamik und Psychotherapie vertraut und vorgebildet sind.

Ruth: Ebenso wichtig wie für TherapeutInnen ist der Prozeß der Bewußtseinserweiterung für jedes einzelne Gruppenmitglied. Die Bewußtseinserweiterung ist als solche therapeutisch. Bezüglich unseres Themas gilt das auch für den Umgang der Leitung mit Aggressionsfaktoren und -tendenzen.

Matthias: Wenn ich das nochmals auf die Faktoren der TZI anwende, würde das heißen: Erstens: Struktur ist dazu da, damit Freiheit entstehen und wachsen kann, nicht aber sinnlose Verunsicherung durch eine unstrukturierte Situation; das wäre eine unproduktive Form von Aggressionssteigerung.

Zweitens: Die Themen sind dazu da, damit wir einen gemeinsamen Fokus haben, aber nicht die dogmatische Vorschrift, jetzt hast du das oder das zu tun (obwohl es das auf Zeit auch geben kann). Denn Themen sind im Sinne der TZI als offener Spiel- und Lebensraum, als „Gedeihraum" (wie unsere hier anwesende Kollegin Helga zu sagen pflegt) gedacht, der auf eine Sache fokussiert ist. Themen lassen also Menschen nicht unstrukturiert in Interaktionen hineinschlittern, die auch überfordern können durch zu viel Nähe und dauerndes Fühlen-Sollen „Wie bist du, wie bin ich?" Auch damit kann man sich selber und andere überfordern.

Ruth: Und die Sache kaputt machen.

Matthias: Ein Thema hat ja auch Schutzfunktion vor zu viel Persönlichem und zuviel Interaktion.

Und Drittens: Die Tatsache, daß eine Gruppe geleitet wird, daß wir in der TZI also eine Leitungsfunktion haben, die – zusammen mit allen Teilnehmenden – Hüterin des Prozesses und seiner Gefährdungen ist, also nicht ungeleitete Situationen, welche ebenfalls eine unproduktive Form von Orientierungslosigkeit und Aggressionssteigerung zur Folge haben können.

Ruth: Dann gibt es auch noch die passive Aggression und sogar die demagogische Aggression. Dazu hat man ja oft das Störungspostulat mißbraucht, indem man es so benutzt hat, daß Störungen nicht den Vorrang haben, um effizient zur Arbeit zurückzukehren, sondern um sie zu verhindern.

Es ist aber auch möglich mit zu viel Kommunikation. Wenn ich zum Beispiel irgendeine Sache in einem politischen Gremium nicht durchbringen will, dann kann ich immer wieder darauf hinweisen, „Und weißt du, mit dir komme ich eigentlich nicht aus, und die Störung ist tief, usw."

Ein Mißbrauch des Störungspostulats ist auch ein Mißbrauch von Menschlichkeit, eine Störung der Kommunikation untereinander.

Matthias: Solch eine aggressiv machende Störung kann auch durch falsche Strukturen passieren. Das ist mir erst neulich in einer Seminargruppe an der Universität klargeworden. Ich wollte, daß die Leute sich kennenlernen und an den Texten arbeiten und habe dafür zunächst regelmäßig Kleingruppen eingesetzt.

Helga: Bei welcher Gruppengröße?

Matthias: – 28. Und gestern als ich gesagt hatte, „mich macht es traurig hier, ihr seid so nett und ich bin gar nicht böse auf euch, aber ich komm' nicht zu Rande, und ich weiß nicht, warum es zwischen uns nicht funkt", kam dabei heraus, daß manche die Kleingruppen als zu häufig und irgendwie als Ableitung des aggressiven und Diskussions-Potentials empfunden haben, mit mancherlei geheimem

Ärger und Zorn. Das heißt, daß die Kleingruppen möglicherweise eine Verhinderung von Aggressivität waren, die eigentlich im Plenum ihren Platz brauchte.

Helga: Wenn ich von einem Leiter oder einer Leiterin zu oft in Kleingruppen geschickt werde, dann werde ich aggressiv, weil ich dies als Entzug erlebe. Denn ich will ja von dem Menschen, den ich für kompetent halte und der mir wichtig ist, auch etwas haben und mich mit ihm auseinandersetzen, Ich will nicht nur auf Peers angewiesen sein, die ich möglicherweise sowieso schon kenne.

Matthias: Aber in dieser Situation neulich spielte auch noch etwas anderes mit. Es war ein sehr brisanter kirchengeschichtlicher Stoff. Da wollte ich, daß die StudentInnen möglichst viel Raum hatten, um es persönlich zu besprechen. Dadurch ist aber die kognitive „Diskussionslibido" unterfordert worden, und sie haben gedacht, wir streiten zu wenig hier: „Warum lassen wir die Auseinandersetzung immer in Kleingruppen, und im Plenum findet nur die Information darüber statt? Wir wollen auch im Plenum persönlich über die Sachen streiten, auch mit Ihnen!"

Ruth: Und das ist bei 28 Personen auch im sonst unstrukturierten Plenum möglich.

Matthias: Die Aggression richtete sich hier gegen „zu wenig Thema" und zu viel Emotion und Nähe durch die Struktur der Kleingruppen und gegen zu wenig Kognition. Sie wollten nicht so viel in ihren persönlichen Meinungen und Neigungen graben, sondern mehr die intellektuelle Streitlust des kognitiven Antagonismus erleben. Da habe ich deutlich etwas falsch gemacht.

Helga: Ich war einmal bei dir in einer Gruppe in Harmstorf, Matthias, und du hast in dieser Gruppe auffällig viel Kleingruppenarbeit gemacht, eine reihte sich an die andere. Ich wurde immer ärgerlicher, denn du hattest zu diesem Thema nach meinem Gefühl sehr viel zu sagen. Ich war immer mit meinen Peers zusammen, mit denen ich ohnehin dauernd rede. Und da habe ich aggressive Gefühle gegen dich bekommen.

Matthias: Weil ich diese Stoffe an der Uni aus dem „Efef" beherrsche, hatte ich halt Angst, daß ich zuviel spreche und dann die Leute niederrede. Diese Befürchtung machte mich zurückhaltend.

Ruth: Du brauchst die Balance zwischen Kleingruppen und Plenum: Kleingruppen, um miteinander nachzudenken, sich aussprechen zu können, die Sache vorzubereiten; und im Plenum wollen sie mehr hören und mit dir austauschen.

Helga: Ich erlebe in den letzten Jahren in TZI-Gruppen eine neue Schönheit, die ich an dieser Stelle einmal benennen möchte: Nämlich, daß es auch möglich ist zu lehren, wirklich zu lehren. Das war lange Jahre verpönt. Es wurde viel gefühlt, vielleicht auch gedacht, am Modell gelernt, aber es wurde wenig gelehrt – und dieses Lehren habe ich bei dir erlebt, Matthias. Ich mache das immer häufiger, denn ich finde, gerade in Methodenkursen ist Lehren wichtig und richtig. Und ich genieße es auch, daß dies jetzt mehr in den Bereich des „Erlaubten" gehört.

Ruth: Und ich habe das Glück, in der Ecole d' Humanité LehrerInnen TZI zu lehren. Da könnte ich es mir gar nicht leisten, nicht zu lehren. Ich kann die Lehrer nicht einfach sitzen lassen mit dem Bewußtsein von Kommunikation und Gefühl. Denn sie müssen wirklich Shakespeare, Mathematik oder sonstwas unterrichten. Es gibt kein übermächtiges Disziplinieren oder Bestrafen an dieser Schule, doch wollen und müssen auch diese SchülerInnen den Stoff lernen. In der Ecole ist die Beachtung des „Ich" und des „Wir" fast selbstverständlicher als die des „Es", der Sache. Aber auch sie können sehr leicht antagonistisch reagieren, wenn man ihnen nicht auch die Sache beibringt.

Matthias: Wenn man das Thema in dem Moment, wo es zu knacken anfängt, zu leichtfertig in die Kleingruppen verschiebt, dann kommt das einer De-Aggressionalisierung gleich, und das ist unproduktiv und gefährlich. Es ist mir sehr wichtig, daß wir in der TZI viel mit Gruppenmodellen wie Kleingruppe und Plenum arbeiten, aber darin liegt auch die Gefahr der Verschleierung; das empfinde ich schon als die Gefährdung einer Stärke, die diese Methode hat.

Ruth: Ich würde nicht sagen, es liegt in der Methode, sondern in der Vernachlässigung des Globe! Es ist absolut notwendig, die dynamische Balance zu klären, wenn man mit diesen Strukturen umgeht. Und im Globe liegt die Notwendigkeit zu lehren, wie es der äußeren Umgebung, in der die Gruppe stattfindet entspricht, und wie es in der Gruppe die Balance zwischen „Ich" und „Wir" und „Es" verlangt. Da kommt es natürlich auch auf die Ratio von Zeit und Anzahl und Personen an. Doch fast immer ist es möglich, Kleingruppen und Plenum günstig zu verteilen. Und das scheint ja sehr wichtig zu sein, auch für die Bewußtwerdung und Handhabung der Aggressionsfähigkeit.

Matthias: An der Uni wurde früher vor allem durch die dominante kognitive Ausrichtung die Emotion vernachlässigt. Früher gab es da überhaupt keine Kleingruppen. Bei einem Großteil der Universitäten ist das auch weiterhin der Fall. Aber was ich in meiner Gruppe erlebt habe und mitgemacht und verschuldet habe, war genau das Gegenteil: Ich war zu sehr auf Kleingruppen fixiert, die die Balance zwischen Emotion und Sachlichkeit so wenig fanden, daß sie aggressiv werden mußten.

Bezüglich der Balance ist mir eben noch etwas anderes eingefallen, was mir essentiell geworden ist: Nämlich der Gedanke, daß die Erfüllung des Lebens keineswegs darin besteht, allein in Beziehung und – „endlich!" – themenlos zu leben: sondern, daß Beziehungen und mein Leben wesentlich daran hängen, ob wir in der Beziehung gemeinsam, und jede(r) auch alleine, lebendige Themen haben; daß das nicht nur für Sachaufgaben gilt, sondern, sagen wir, eine anthropologische Grundannahme ist, daß ein Mensch mit Themen eigentlich erst wirklich menschlich lebt. Die Idee „Ohne Themen sind wir endlich frei und persönlich, und ich fühle dich, und du fühlst mich, und wir fühlen uns zusammen" ist nicht die Erfüllung von Humanität. Sondern wirkliches Zusammenspiel bedeutet, mit Themen zu leben, Bilder zu haben, Texte zu haben, Landschaften zu haben --

Helga: -- miteinander Kinder zu kriegen, auch geistige Kinder.

Ruth: Wenn Ehepaare oder Kinder mit ihren Eltern keine Themen haben, dann gehen Partnerschaften kaputt, gleich, ob Ei oder Huhn früher ist. Bei stimmigen Beziehungen kommen die Themen eher, und wenn die Themen stimmen, wirkt es sich besser auf die Beziehung aus.

Matthias: Das klassische literarische Beispiel dafür sind ja die großen Ibsen- und Strindberg-Dramen, in denen Menschen einsam in ihren

Wohnungen sitzen und sich aneinander totscheuern, weil sie nicht darauf geachtet haben, daß es so etwas wie die Notwendigkeit gibt, gemeinsame Themen zu haben, wie „welche Musik hören wir, welche Bilder haben wir, welche Reisen machen wir usw." Diese Themen können diffus existieren – und vielfach sind sie auch vorhanden. Aber erst die Explizitheit ermöglicht mehr Bewußtheit und Sorgfalt an der Stelle. Dann kann man nämlich bewußter darauf achten oder etwas dafür tun, gemeinsame Themen zu haben, damit die Beziehung nicht austrocknet und sich verdünnt. Das ist etwas Persönliches, was ich spezifisch von der TZI und ihrem methodischen Bewußtsein gelernt habe. Es gilt aber auch für den Beratungsprozeß, wo es scheinbar nur um Interaktionen geht. Auch da gilt es darauf zu achten: „Habt ihr Themen? Tut ihr auch etwas dafür, damit ihr nicht immer im ‚Kann-ich-dich-fühlen-oder-nicht?' stecken bleibt?" Denn das ist zu wenig für eine Beziehung.

Helga: Ich hake ein bei dem, was Du, Matthias, über Beratung sagst. Ich glaube, gute Paar- oder Familienberatung hat sehr wohl im Blick, was die Beziehung, nachdem die Gesprächsfähigkeit wiederhergestellt ist, lebensfähig und lebendig macht. Sie hilft, alte Möglichkeiten wieder zu entdecken und neue zu entbinden. Das kann neben gemeinsamen Themen auch ein bisher ungewohntes Positionsbeziehen und Bejahen der Unterschiedlichkeit sein und damit verbunden das Erlernen einer befreienden Streitkultur.

Ruth: Eine Gruppe kann dazu dienen zu erfahren, daß Echtheit, ob sachlich oder aggressiv, auf die Dauer gute Beziehungen fördert, während ständiges Unterdrücken Beziehungen splittet. Eine gute Streitkultur ist lernbar. Der Preis ist Mut, und oft auch Takt und Timing. Und mit Offenheit kommt man ja auch eher zu den wirklichen Anliegen, die beide betreffen.

Matthias: Stimmt, dritte Themen, die uns beide überschreiten, sind eine Ernährung erster Klasse.

Ruth: Da gibt es dieses Gedicht von Berthold Brecht, in dem er sagt, daß so viele Mütter ihre Söhne verlieren würden, weil sie kein Thema miteinander haben. Bei ihm und seiner Mutter sei es gut gegangen, weil sie eine gemeinsame dritte Sache gehabt hätten, die sie verband und Nähe schaffte.

Matthias: Es gilt also, ein gemeinsames Anliegen zu haben, weil das auch die Beziehung mitträgt; das balanciert die sonst leicht entstehende Frustration und Aggression, die sonst keinen Ausgleich findet.

„Weltanschauliche Anhänglichkeit an Aggression"?

Matthias: Im positiven Sinne habe ich zwar sehr oft erlebt, daß Aggressivität eine produktive, befreiende und notwendige Verhaltensform ist, die Menschen brauchen, um klar und aufrecht zu leben. Ich mußte aber auch entdecken, daß sich dies unter der Hand oft in einen geheimen dogmatischen Satz verwandelt, welcher heute auch gegen uns und die TZI ausgespielt wird: „Solange Aggressivitäten in Gruppen nicht zutage kommen und ausgetragen werden, so lange ist das Geschehen in einer Gruppe nicht real." Das entspricht etwa dem, was ich „Ideologisierung der Aggressivität" nennen möchte. Als ob Aggressivität der Inbegriff des Realen wäre. Wobei nicht beachtet wird, daß es für manche Menschen völlig richtig ist, vor allem ihre Aggressivität kennenzulernen und damit umzugehen, für andere aber wichtig zu lernen, sich in Respekt, Offenheit, Zuneigung, Liebe, auch Zärtlichkeit und im Positiven auszudrücken. Und sagen zu lernen: „Ich mag dich." oder „Es gefällt mir." Das fällt vielen mindestens ebenso schwer.

Ruth: Du meinst also, daß es nicht möglich ist, eine wirkliche Gruppe zu sein, wenn nicht Aggressivität und Respekt, Zuneigung, ins Spiel kommen?

Matthias: Richtig. Aggressivität und Bejahung, Offenheit, beides, aber das muß nicht dauernd explizit geschehen. Jede Dogmatisierung ist verhängnisvoll, für beide Pole. Und heute gibt es eine gewisse gläubige und fast weltanschauliche geheime Anhänglichkeit an Aggressivität als Kriterium für lebendige Gruppen. Das ist das eine, was mir wichtig ist zu sagen.

Und das Zweite wäre: Es gibt in der letzten Zeit ein Einfallstor für diese ganze Dabatte. Aus möglicherweise durchaus begreiflichen Gründen – als Hifestellung für die Gruppenleitung, damit sie eine Art von Geländer gekommt – sind einige dazu übergegangen, so etwas wie Gruppenphasen zu konstituieren und – schon durch deren Aufstellung gewissermaßen – faktisch indirekt festzuschreiben. Und unter diesem Begriff der Gruppenphasen hat man ein altes grupendynamisches Axion aktiviert, das besagt, daß eine Gruppe einen Gruppenleiter irgendwann absetzen und killen muß. Ein Vorgang, der in gruppendynamischen Labors immer wieder Thema war und in der Literatur damals eine große Rolle spielte.

So kommt auf dem Umweg über diese Diskussion der Gruppenphasen dieses Thema auch wieder latent herein. Selbst wenn es nicht einmal ganz bewußt oder direkt ausgesprochen oder nicht einmal so gewollt wird, faktisch ist es damit wieder präsent: „Es muß Phasen geben, in denen dies geschieht."

Und an dieser Stelle setze ich wieder meinen Satz dagegen, der heißt: Ich glaube nicht, daß es definierte Phasen von Gruppen gibt, daß sie in dieser oder jener Form ablaufen *müssen*. Sondern es gibt immer nur Verläufe von Gruppen, in denen dies und jenes passieren kann. Am Anfang gibt es wahrscheinlich immer ein Sich-Kennenlernen und eine Unsicherheit, die aus Unbekanntschaft heraus entsteht. Und es gibt das Wachstum von Vertrauen. Und dann kann es auch Absetzungsbedürfnisse und Phasen geben, in denen das Aggressiv-Werden und das Sich-Auflehnen und Sich-Wehren wichtig werden. Aber dies in irgendeiner Form von Phasen festzuschreiben, scheint mit etwas ganz Unheilvolles zu sein, weil es einen lebendigen Prozeß, der alles dies ermöglichen soll und kann, dogmatisiert. In dieser Phasen-Theorie scheint mir, trotz aller Beteuerungen und Vorbehalte, etwas Suggestives, keineswegs nur Erhellendes zu liegen. [1]

Ruth: In einer Therapie- oder Persönlichkeitsgruppe ist die Untersuchung nach Phasen vielleicht noch etwas logischer als in Gruppen,

---

[1] Hierüber hatte ich in meinem Beitrag in Ruth C. Cohns Geburtstagsbuch (TZI – Pädagogisch-therapeutische Gruppenarbeit nach Ruth C. Cohn, hg. von C. Löhmer/R. Standhardt, Stuttgart 1992, S. 93ff) geschrieben und war dafür von A. und E. Rubner auf merkwürdige Weise kritisiert worden (Themenzentrierte Interaktion H. 1/1993, 50ff). Zum Stil dieser Kritik hat Reiner Brake charmant das Nötige gesagt (Themenzentrierte Interaktion H. 2/1993, 79f). Ob und wieweit ich die mir zugeschriebenen Äußerungen überhaupt so gemacht habe, mögen die LeserInnen selber vergleichen.

wo es zum Beispiel darum gehen könnte, daß man einen Geldgeber braucht, um ein Projekt durchzuführen. Und daß dieser Geldgeber nur bis zu einem bestimmten Datum in Frage kommt. Dann muß es möglich sein, eine Priorität zu setzen, in der die Ich- und Wir-Schwierigkeiten oder auch -Herrlichkeiten zurückgestellt werden müssen, weil sonst dieses Projekt, um das es für diese Gruppe geht, verfällt. Inklusive der Gruppe! Da ist es notwendig, daß wir entweder ein gewisses Vertrauen schon haben oder darauf vertrauen, daß es kommen wird, damit wir überhaupt die Arbeit zusammen anfangen oder weiterführen können! Daß die Zuneigung, Zuwendung oder Aggression in solchen Stunden auch da sind, aber nicht unbedingt zum Zuge kommen müssen, das ist in einer solchen Gruppe, in der es nicht nur um Persönlichkeitsschwierigkeiten geht, einfach selbstverständlich.

Matthias: Das Verständnis und Bewußtsein vom Globe und von der thematischen Aufgabe entscheidet also mit darüber, wieviel von der möglicherweise vorhandenen Aggressivität zu thematisieren notwendig, möglich und produktiv ist. Und das gilt selbst da, wo sie auftauchen *soll*, wie in Therapie- oder Persönlichkeitsgruppen.

Ruth: Und dann kann man manchmal, wenn es deutlich störend wird, speziell in einer sachorientierten Gruppe, ein sogenanntes „Störthema" einsetzen, in dem das, was sich störend auf die Arbeitslust auswirkt, in irgendeiner Form thematisiert wird. Und damit kann auch Aggression aufgefangen werden, die zu lange im „Halbuntergrund" steckengeblieben ist. Wenn ein TZI-Leiter oder eine TZI-Leiterin Aggression vermeiden will – also gegen das System der TZI arbeitet –, indem sie oder er ein oberflächliches „Liebsein" nicht antastet, dann kann dadurch die interaktionelle und sachliche Realität behindert werden. Wenn ich im Kopf habe, es müsse in einer ersten oder zweiten Phase zum Beispiel Aggression oder Zärtlichkeit zum Ausdruck kommen und damit die Realitätsbeobachtung und das eigentliche Thema verpasse, dann ist das eine Fehlleistung. Wenn ich will oder warte, daß etwas Bestimmtes geschehen soll oder wird, dann manipuliere ich. Und solche bewußte oder unbewußte Manipulation ist sicher schädlich.

Helga: Manipulationen sind etwas anderes, als wenn ich Situationen schaffe, in denen es Menschen ermöglicht wird, sich so zu äußern, wie es ihnen zumute ist, und zu sagen, was ihnen wichtig ist. Hier geht es auch um das jeweilige Setting und die gesetzten Strukturen als Steuerungsmittel, um zu spezifischen Entfaltungsräumen zu kommen. Für mich verläuft zum Beispiel ein Wochenende ganz anders als eine Langzeitgruppe in der Praxis oder in der Beratungsstelle, in der sich Menschen zusammenfinden, um unter Umständen über Jahre mit wöchentlichen Sitzungen ihren Reifungsweg zu gehen. (Es geht um Gruppen, die in zeitlichen Abständen Neuzugang und Ausscheiden ermöglichen.) Bezüglich der Wochenenden würde ich schon sagen, daß sich die Verläufe ähneln, ebenso wie diejenigen von 5-Tage-Workshops, und daß es da gewisse Gesetzmäßigkeiten gibt, die sich wiederholen. Aber ich sehe dies als Reaktion darauf an, wie ich in der ersten und zweiten Sitzung den Gruppenprozeß initiiere. Und insofern gibt es da „Berechenbarkeiten". In Langzeitgruppen – die ich auch nach TZI leite – steht das individuelle Lernziel im Vordergrund, die Frage „Was braucht dieser Mensch für seinen Reifungsweg?"

In einer solchen Gruppe sind zum Beispiel Menschen mit einer überschießenden Aggressivität, mit der sie überall im Leben anecken und nicht zurechtkommen und deren Langzeitlernziel es ist, in eine Balance zu kommen, indem sie auch ihre zarten und weichen Anteile entdecken und entbinden; Menschen, die irgendwann das Wagnis unternehmen, sich positiv einander zuzuwenden, und wagen zu sagen und anzunehmen, was gut tut. Und bei den anderen, die manchmal über Jahre hinweg still und verhalten sind, ausweichen, Angst davor haben, sich zu artikulieren, erlebe ich es oft als große Schönheit, wenn sie gegen Ende des Prozesses anfangen, stehenzubleiben und sich auseinanderzusetzen. Daß sie es wagen, Stellung zu beziehen und zu sagen: „Du, das geht mir jetzt auf den Geist, was du da gesagt hast." Das wäre vorher nicht möglich gewesen, und jetzt geht es auf einmal. Das ist das Wachstum der Persönlichkeit. Das mitzuerleben, gibt mir eine tiefe Befriedigung.

Von daher gibt es wenig Phasenhaftes im Gesamtprozeß, sondern fast nur individuelle Phasen des Verlaufes: Zum einen von der Scheu oder von der Ängstlichkeit hin zum Mut und zur Aggressivität. Und im anderen Fall braucht der Mensch, um überleben zu können, um integriert zu sein, daß er seine überschießende Aggressivität in eine Balance bringen und sich öffnen kann hin zu Liebe und zu Zuwendung.

Ruth: Mir fällt hier ein Begriff ein, an den ich noch nie gedacht habe: der *realistische Mut*. Was man braucht, ist ein „realistischer Mut". Den Mut zu haben, sich der Realität entsprechend auszudrücken --

Matthias: -- und zu leiten.

Ruth: Zu leiten, ja – mit realistischem Mut, nicht mit Über-Mut! Auch zum Geleitetwerden braucht es Mut, der Realität angepaßt; ob das z.B. Aggression betrifft oder Liebe. Die Frage ist: Habe ich Mut, der Realität ins Auge zu schauen und so zu sein, wie ich fühle und denke und es spontan oder mit „Takt und Timing" echt und angemessen auszudrücken.

Matthias: Und ich sollte als LeiterIn in der Lage und bereit dazu sein, das, was dran ist und sich meldet, zu sehen, und wenn es kommt, es in der gegebenen Form aufzunehmen und zu fördern. Das heißt, ich als LeiterIn muß – immer gemessen am Thema – Raum zur Verfügung stellen, und meine Autorität, die ich in meiner Alphaposition – gruppendynamisch gesprochen – nun mal habe, einsetzen für die Freiheit dieser Möglichkeit von Aggression oder Zuwendung.

Wenn Aggressivität dann tatsächlich auftaucht, gibt es wiederum ganz verschiedene Möglichkeiten, sie zu thematisieren: Raum geben und sie zum Thema machen sind eine Möglichkeit. Eine andere würde zum Beispiel heißen, die Struktur, die Aggressivität schafft – wie zu starkes Leiterverhalten oder Abdrängen in Kleingruppen oder einseitige Themenformulierungen oder Ähnliches – zu ändern. Eine andere Möglichkeit kann sein, ein starkes und zum Positiven wie zum Negativen hin offenes Thema zu setzen, weil es für jemanden, der dauernd aggressiv sein möchte, nicht hilfreich wäre, auf dieser einen Schiene weiterzufahren. Da wäre etwas anderes zu bearbeiten oder zu thematisieren.

Ruth: Es gibt noch eine andere Technik, die ich zwar nicht ganz am Anfang, aber doch sehr bald anwende, nämlich indem ich das Thema setze: „Was sind hier für Gespenster im Schrank?" Das sind oft Konflikte der TeilnehmerInnen, die sich von früher her kennen, aber manchmal auch solche, die eben erst in dieser Gruppe entstehen. Man muß sie bewußt machen. Wenn man zu lange wartet mit den „Gespenstern im Schrank", dann flüchten sie sich unter den berühmten Besen und werden mit ihm unter den Teppich gekehrt.

Matthias: Aber es gibt keine definierte Abfolge, in der dies geschehen sollte, sondern wenn ich es als Thema will, oder wenn es sich aufdrängt, kann ich es thematisieren.

Helga: Ich erlebe schon Abfolgekriterien, zum Beispiel, wenn eine Gruppe in eine sehr dichte Situation gegangen ist, dann glaube ich, braucht der Mensch anschließend einerseits den Rückzug auf sich selbst und andererseits die Möglichkeit, die unter Umständen aufgestaute Aggression zum Ausdruck zu bringen. Alles Lebendige ist dem Rhythmischen unterworfen, wie Ebbe und Flut, Tag und Nacht, unser Herzschlag, so auch das Bedürfnis nach Nähe und Distanz. Nach sehr intensiven Phasen der Nähe biete ich zumindest „Kampf-" oder besser: „Auseinandersetzungsräume" an. Und ich liebe es, dies mit kreativen Mitteln zu tun.

Matthias: Das heißt in einem konstruktiven Raum und Rahmen.

Helga: Ja, zum Beispiel die ganze Gruppe an einem Bild malen zu lassen. Die Bilderebene ermöglicht manchmal eine unverhülltere Auseinandersetzung als die verbale, auf der wir ja alle Artisten sind. Je nach Thema der Sitzung ist es durch stufenweisen Aufbau des Bildes möglich, verschiedene Facetten des eigenen aggressiven Verhaltens erfahrbar zu machen. Zum Beispiel: In einer ersten Stufe auf einem sehr großen Blatt durch ein individuelles Bild Raum einzunehmen, braucht es die Aggressivität des „Sich-Platz-Verschaffens". In einer zweiten Stufe sollen rechts, links, oben und unten Grenzen gestaltet werden, was der Aggressivität der Grenzziehung und der Abgrenzung entspricht. Und in einer dritten Stufe soll das ganze Bild zu Ende gestaltet werden. Da kommt die Aggressivität in der Anonymität des Kollektiven zum Ausdruck. Dies ist für mich eine hilfreiche Übung, aggressive Strebungen differenziert wahrzunehmen.

Ruth: Ja, und dabei kann auch die Rivalität zwischen TeilnehmerInnen viel einfacher ausgetragen werden.

Matthias: Bereits im Malen kann aber auch eine Domestikation einer sehr viel schärferen Aggressivität liegen. Malen kann auch eine Vermeidung sein.

Helga: Das kommt auf die Art der Einführung des Themas an, auf die Ermutigung zur Aufrichtigkeit, auf die mitschwingende Erlaubnis, bei dieser Aufgabe mehr ehrlich als höflich zu sein.

Ruth: Meistens sind solche Bilder, wenn sie ebenso kreativ gedeutet werden, wie sie gemalt wurden, eher eine Verdeutlichung der Aggression als eine Vermeidung.

Matthias: Mag sein, und ich sehe auch, daß Aggressivität immer irgendwie existent ist, und deswegen muß sie einen Rahmen bekommen, in dem sie sich äußern kann, wenn sie will.

Ruth: Aber nicht unbedingt in einer hostilen Weise gegen andere.

Matthias: Ja, das ist eben das Schwanken zwischen dem, was wir oben produktive und destruktive Aggresivität nannten. *Wann welche zum Ausdruck kommt, haben wir nicht vorzuschreiben, aber das was ist, soll einen Raum bekommen, damit es leben und produktiv gestaltet werden kann.*

Ruth: Es gibt noch andere Aggressionen, die wohl in jeder Gruppe vorkommen, zum Beispiel, daß einer sehr viel redet und ein anderer warten muß, bis er auch zum Reden kommt. Auch dies kann Aggression hervorrufen.

Helga: Das kann aber auch zum Rückzug führen. Das ist dann die Implosion, nicht die Explosion. Er zieht sich zurück und ist dann aggressiv gegen sich selbst.

Ich habe noch eine andere Frage: Ich weiß nicht, ob es für Euch eine stehende Realität ist, daß der Leiter oder die Leiterin irgendwann gekillt oder ermordet werden muß.

Matthias: Absolut nicht.

Helga: Mir ist das aus meiner Arbeit heraus nämlich sehr fremd, und ich tue sie seit 20 Jahren. Es irritiert mich, wenn der Ruf danach aufkommt. Was für ein Denkmodell ist da dahinter?

Ruth: Ich glaube, zum Teil ist hier die Unterscheidung zwischen Realität und Übertragung zu beachten. Ich glaube schon, daß in der Übertragung von Kleinkindgefühlen z.B. ein Vernichtungswunsch aufkommen kann – jemand der mich ärgert, der mich stört oder der mir nicht gibt, was ich brauche, soll weg. Und sobald unbewußt

Übertragungen spielen, wird die Realität überschattet.

Helga: *Mein* Ziel ist es allerdings, mich als Leiterin, als Helga, so sichtbar wie eben möglich zu machen. Und je mehr ich das tue, um so weniger biete ich mich als Übertragungsfigur an. Das heißt nicht, daß ich keine Übertragungen auf mich ziehe, aber je mehr ich präsent bin mit meinem „Mensch-Sein", um so weniger geschieht dies.

Ruth: Das ist richtig. Und in der Erlebnistherapie gehört es ja auch dazu, die eigene Realität, wie man sie erlebt, der Übertragung oder der Realität, wie sie die anderen sehen, entgegenzusetzen. Übertragung von der „Übertragungs-Gewißheit" zu einer anderen, realeren Gewißheit ist an sich notwendig. Das Wort Übertragung wird meist nur gebraucht für Prozesse, wo jemand fälschlich etwas früher Erfahrenes immer wieder auf neue Situationen überträgt. Wenn Übertragungen zu einer realen oder phantasierten Tötungsabsicht führen, dann ist die Katharsis einer Tötungsphantasie sicherlich wünschbar, ein reales Delikt natürlich nicht.

Matthias: Ich denke, daß hinter dem vorhin scharf und prinzipiell formulierten Anliegen, daß der oder die LeierIn getötet werden muß, das Bedürfnis nach Autonomie für die Teilnehmenden steckt, das sich Raum schaffen soll. Und daß bei einer Überdominanz von Elternfiguren oder überhaupt von Alpha- und Beta-Figuren in der Gruppendynamik ein Bedürfnis entsteht, zu einem Befreiungsschlag auszuholen. Wenn das wirklich der Fall ist, dann soll es auch so sein dürfen. Ich sage ja nicht, es gäbe das niemals, daß der oder die LeiterIn abgesetzt wird. Denn das Bedürfnis, „Hau ab, wir wollen mal alleine", das kann eine völlig legitime Reaktion sein. Aber wenn man unbewußt oder halbbewußt darauf hinsteuert, indem diese Annahme Teil einer Theorie der Gruppendynamik oder von Phasen ist, kann man natürlich auch (unbewußt, ungewollt) Situationen konstellieren, in denen es passieren muß. Doch das ist nicht der Sinn der TZI-Gruppe. Der Sinn der TZI-Gruppe ist es, thematische Arbeit zu ermöglichen.

Helga: Ich nehme ernst, daß ich neben meiner Leitungsfunktion auch Teilnehmerin bin. Ich bin sehr bewußt und gerne Leiterin, aber ich begebe mich auch wirklich gern in die Teilnehmerrolle, auch unter das Thema, mit in das Thema hinein. In dem Moment, wo ich das alles tue, löse ich auch fortwährend Übertragungssituationen auf.

Ruth: Ich habe eine konkrete Erinnerung an eine der ersten Gruppen in Europa, als ich eigentlich TZI lehren wollte, aber alle mit zwei Ausnahmen – eine davon warst du, Matthias – waren TherapeutInnen. Und die wollten lieber Erlebnis- oder Gestalttherapie von mir lernen als TZI, wobei alle drei Methoden hier in Europa noch völlig unbekannt waren. In der neuen Situation, in der sich die vorher neutralen und „abstinenten" AnalytikerInnen befanden, war das Bedürfnis zum „Ausagieren", respektive zum phantasievollen Spiel sehr viel stärker, als ich es je zuvor oder auch später erlebte. Damals bin ich auch einmal in einer Gruppe „getötet", also in den Sarg gelegt worden. Es war ein spielerisches Töten, aber es entsprach dem Freiwerden der Aggression und dem Verständnis der TeilnehmerInnen und der Leiterin, daß das Umbringen der „Mutter" eine lustige und gleichzeitig kathartische Schauspielaktion war.

Etwas „zivilisierter" ist das Mittel der Gestalttherapie, den leeren Stuhl bereitzustellen, auf den sich „Vater" oder „Mutter" setzen, so wie sie in der Phantasie des Protagonisten erscheinen. Ähnliches geschieht in Morenos Psychodrama. Nur daß dort kein leerer Stuhl, sondern eine andere Person die Rolle der Übertragungsfigur übernimmt.

Helga: Manchmal hat diese Art der Elternauseinandersetzung aber auch zu entsetzlichen Auswüchsen geführt. Ich erlebe da unendliche Grausamkeiten von Therapeuten, indem sie diese Geschichten nicht bis zum Ende durcharbeiten, sondern nur bis zum Töten. Also nicht bis zur Versöhnung. Und das macht mich wütend.

Matthias: Aus der Sicht der TZI würde ich im Hinblick auf diese Phänomene sagen: Ich möchte einen Leitungsstil haben und einen strukturellen Rahmen, in dem nach Maßgabe dessen, was an Menschlichkeit unter uns ist, Partnerschaftlichkeit, Anerkennung und Gleichberechtigung wachsen können. Und ich als Leiter nehme mir und habe ein gewisses Stück Macht, um diesen Rahmen mitzubestimmen. Durch Modellverhalten kann ich mit der Mischung aus „Ich bin klar und aggressiv" und „Ich bin akzeptierend" einen Rahmen herstellen, in dem dieses aggressive „Killing" eben nicht gesteigert werden muß.

Ruth: Ich würde schon sagen, daß es in den meisten Therapien nötig ist, direkt die Aggression auszuagieren, aber nicht gegen den Therapeuten oder die Therapeutin, sondern in der Phantasie oder mit Gegenständen. In Therapien ist es wohl nötig, aber nicht in TZI-Gruppen. Das ist selten, daß es in TZI-Gruppen passieren muß.

Matthias: Uns warfen ja immer wieder Analytiker und andere vor, daß wir ein Ausagieren akzeptieren. Ich persönlich habe das als Hundert Prozent befreiend erlebt in seiner Wirkung. Daher möchte ich es nochmals zusammenfassen: Die TZI-Optik auf das Phänomen Aggression sagt nicht, daß dies oder jenes nicht vorkommen oder nicht sein darf. Die Frage ist, welche Umstände konstellieren wir durch Struktur, Thema und Leiterverhalten (auch durch Leiter-Theorien und -Phantasien)! Das sind die drei Variablen, die mir als Leiter zur Verfügung stehen. Welche Umstände strukturiere ich, damit etwas wachsen kann. Wenn dabei Aggression kommt, dann werde ich sie nicht als Thema verleugnen. Aber ich wünsche nicht, als Inbegriff von Realität das Ausleben von aggressiven Gefühlen postuliert zu haben – in keiner Phase, für keine Phase, und schon gar nicht als Programm.

Deswegen möchte ich mein Augenmerk nochmals zurücklenken auf meine erste Frage: Ich denke, es gibt eine fast weltanschauliche Anhänglichkeit an das Aggressionsphänomen, eine Gläubigkeit, die sagt, das muß sein, das ist der Inbegriff von Realität. Das entspricht übrigens der weltanschaulichen Anhänglichkeit, daß Kriege notwendig sind. Und die kommt speziell sogar bei solchen Menschen vor, die ihn aktiv miterlebt haben.

Ruth: In meinen verschiedenen Veranstaltungen für die Friedensbewegung kam immer wieder das Thema auf, etwa so: „Wie können wir der Faszination am Krieg mit einer Faszination für den Frieden begegnen?"

Matthias: Ja, aber da gibt es noch die Stammtischgenossen, die immer sagen, „Damals war es so toll: Der Krieg, das war die Kameradschaft und die intensive Lebenszeit!" Das meine ich mit Anhänglichkeit an den Krieg. Ob es etwas mit unserer Frage zu tun hat, weiß ich im Moment nicht.

Ruth: Ja, schon, denn das ist es ja auch, was die Gewalt auslöst, und

Kriegsgewalt wird auch nach 50 Jahren mit Ehrenbezeugungen befürwortet.

Helga: Ich habe den Eindruck, daß es auch mit dem Zeitalter, in dem wir uns in Partnerschaftlichkeit und Gleichheit einüben, zu tun hat. Gestern abend sah ich den Film „Oberst Redl". Da war die Fließrichtung der Aggression überdeutlich – immer von oben nach unten. Die hierarchische Struktur innerhalb des Militärs bedingte aggressive Machtausübung auf der Seite der Vorgesetzten und Gehorsam auf Seite der Untergebenen. Das Ausmaß war erschreckend. Kinder hatten gehorsam zu sein, und Eltern waren erlaubterweise aggressiv.

Oben und unten hat sich heutzutage in unseren Kreisen zugunsten von gleich und gleich verschoben. Kinder reden und diskutieren mit Eltern und LehrerInnen bis hin zur Aggressivität. Ich erlebe das einerseits mit großer Freude als Befreiung zur Aufrichtigkeit, andererseits kommen mir auch leise Bedenken, wenn ich beobachte, wie Kindern erlaubt wird, zu ihren Eltern „schlimme Wörter" zu sagen, die, als ich Kind war, aber auch noch bei meinen Kindern, einfach tabu waren.

Ruth: Ja, da ist aber auch etwas Positives daran.

Matthias: Ich weiß, ich durfte es damals auch nicht, aber ich finde es etwas Schönes, wenn Kinder lernen, zu widersprechen und sich aufzurichten in ihrem Rückgrat, auch gegenüber Erwachsenen und nicht nur gegenüber Peers. Aber es ist etwas anderes, wenn sie ihren Widerspruch in ihnen nicht zustehende Worte verpacken. Sie können zwar einem Freund sagen: „du Scheißkerl", aber ich würde denken, es gibt Grenzen der Formulierungen, in denen man auch einen Respekt vor Altersstufen haben sollte, also auch vor Eltern. Und das Berechtigte an Widerspruch nimmt leider sehr oft destruktive und unschöne Formen an, die nicht ohne Weiteres zu erlauben wären.

Ruth: Ja, ich glaube, es gibt auch viele Eltern, die im Zuge einer progressiven Erziehung eine Situation geschaffen haben, in der die Aggression gegen die Eltern nicht nur erlaubt, sondern geradezu gewünscht wurde. Man muß aber auch pädagogische Situationen schaffen, in denen der Mut, zur Realität zu stehen, auch den Eltern und LehrerInnen gegenüber da ist. Ständig mit „Scheißkerl" tituliert zu werden, würde ich auch nicht so stehen lassen. Ich finde es nicht entsetzlich, aber ich würde sagen, daß ich mich nicht für einen Scheißkerl oder eine Scheißfrau halte und auch nicht so genannt werden möchte. Und ich würde darauf je nach Alter des Kindes verschieden reagieren.

Matthias: Ich würde gerne nochmals die Faszination des Krieges überdenken: Woher kommt diese Anhänglichkeit an Aggressivität?

Ruth: Da ist einmal die Freiheit von zuhause, sexuelle Freiheit --

Matthias: -- aus dem Alltagstrott raus --

Ruth: -- sich messen, nicht das müssen, was man immer muß --

Helga: -- Abenteuer, Kitzel der Gefahr --

Matthias: Ja, das stimmt, und doch suche ich immer noch einen Grund für die Anhänglichkeit an diese Aggression. Woher stammt der Glaube, daß sie der Inbegriff der Realität ist?

Helga: Ja, wenn Aggressivität für Befreiung von Unterdrückung steht, dann ist das nur folgerichtig. Ich sage manchmal, wenn Neues nicht gleich gelingt: „Darf das Kind nicht laufen lernen?" Wir Menschen waren Jahrhunderte eingewöhnt, daß immer die Mächtigen die Aggressiven sein durften. Und erst seit wenigen Jahrzehnten passiert ein allgemeines unsicheres Sich-Einüben in neue Möglichkeiten.

Matthias: Das würde also heißen, daß es zunächst sehr begreiflich war, daß Aggressivität – weil sie innerhalb der Anstandsnorm nicht sein durfte – in ihrer Äußerung wirklich eine sehr große emanzipatorische Bedeutung bekam.

Helga: Ganz sicher.

Matthias: -- Und daß wir uns aber heute eine weitere Frage stellen müssen: Wie weit war dies emanzipatorisch und wie weit ist es ebenso emanzipatorisch, das „Ganz-andere-Dinge-Ausdrücken" zu lernen.

Ruth: Heute wäre die dynamische Balance emanzipatorisch. Aggression nicht als alleinige Realität sehen, sondern die Faszination des Positiven ebenso ausdrücken zu lernen. Neben der Faszination von Krieg und Terror, die sich in den Medien widerspiegelt, sprachlich und bildlich Raum zu schaffen für die Faszination des Friedens und der konstruktiven Gemeinschaft als Abenteuer und Aufbruch.

Matthias: Vom Muster her vergleichbar mit dem, was wir zuvor schon gesagt haben: Als die TZI nach Europa kam, war es etwas ganz Wichtiges, nicht nur Intellekt und Kognition, sondern auch Emotion öffentlich zu machen und sich zu ihr zu bekennen, und die Möglichkeit des Austausches in Kleingruppen. Eine Weile lang war ja die Aussage „Sprich vom Bauch her" sehr modern, zu ganzheitlichem Sein gehört aber, wie wir alle wissen, ebenso der Verstand, den wir gottseidank auch haben.

Ruth: „Der Kopf ist auch ein schöner Körperteil!" habe ich immer den „Bauchfaszinierten" gesagt.

Matthias: Richtig, ja, und jetzt verstehe ich auch besser, was das in bezug auf Aggression heißt: Es herrschte mal, weil es die verbotene Kraft war, der große Glaube an sie, aber dies beginnt heute wiederum ideologisch zu werden, weil es nicht mehr allein oder notwendig der Realität entspricht. Denn Aggressivität auszudrücken ist heute vergleichsweise sehr viel mehr erlaubt – nicht durchwegs, da gibt es immer noch Verkennungen – aber es gibt heute auch noch ganz andere Dinge, die die Ganzheitlichkeit und Freiheit von Menschen beeinträchtigen.

Ruth: Dasselbe gilt doch auch für die Sexualität! Die Sexualität wurde unterdrückt und verboten und wurde dann für eine Weile geradezu als Gott verehrt, nicht wahr? Und jetzt sind wir auch da wieder auf dem Rückzug, an der Wende. Das gleiche gilt für die aufklärerische Verdrängung von Religion, die anschließend zum Vorschein kam und die sich zur Zeit sowohl positiv als auch negativ entwickelt.

Helga: Und eine weitere, für mich ganz wichtige Parallele sehe ich zum Beispiel in der befreienden Kraft, die darin steckte, daß wir „Ich" sagen durften in den TZI-Gruppen. Ich habe in der Schule noch gelernt, „Der Esel nennt sich immer zuerst". Heute habe ich allerdings das Gefühl, das „Wir" braucht mehr Stärkung. Das „Ich-Sagen" haben wir zum großen Teil gelernt. Jetzt ist Gemeinschaftssinn daran, gefördert zu werden. Da erlebe ich eine ganz markante Verschiebung und Herausforderung verglichen mit den ersten Jahren in der TZI. Denn auch die Anwendung und Akzentuierung der TZI ist dem Zeitgeschehen unterworfen.

Ruth: Bezüglich unseres Oberthemas stellt sich die grundsätzliche

Frage, wie ich der Aggressivität in meinem persönlichen und beruflichen Leben Raum geben kann, ohne daß sie in Gewalt übergeht. Und wie hilft mir dabei die TZI?

Raum für Aggressionen – persönlich und beruflich

Helga: Ein Punkt, der mir in diesem Zusammenhang ganz wichtig ist, ist der Begriff der selektiven Authentizität. Ich, die ich eher ein spontaner und direkter Mensch bin, habe diesbezüglich einen Lernprozeß hinter mich gebracht: Mir meine Spontaneität zu bewahren, wenn ich aggressive Gefühle habe, sie aber auch richtig und fruchtbar zu plazieren. Und das ist für mich ein Balanceakt. In dem Zusammenhang habe ich noch etwas für mich Wegweisendes erlebt: Vor Jahren habe ich mich für Verletzlichkeit und für Nicht-Wehrhaftigkeit entschieden, also gegen Panzerung im Sinne des Schutzes. Dies geschah zunächst mit viel Angst. Ich war an einer Weggabelung und sagte mir: „Entweder fange ich jetzt an, mich massiv zu schützen und zu wehren, oder ich lasse Verletzlichkeit zu. Und die große Überraschung für mich war und ist: Von dem Moment an, in dem ich mich relativ verletzlich mache – ich sage nicht schutzlos – erlebe ich weniger Angriff. Ich denke, das paßt zu unserem Thema, es ist eine andere Seite, eine andere Facette eben dieses Themas.

Ruth: Würde das heißen, daß der oder die andere merkt, daß du verletzlich bist, und daher zurückhält mit Aggression?

Helga: Das könnte sein. Ich denke an Gorbatschow, der eines Tages sagte, „wir machen uns zum Teil schutzlos, wir rüsten ab, egal, was ihr andern tut". Das hat einen ungeheuren Prozeß in Gang gesetzt. Egal, wie sich die Entwicklung heute darstellt: Die Initiation zur Beendigung des kalten Krieges war eindeutig. Damals habe ich mich zutiefst verstanden gefühlt.

Matthias: Es muß nicht nur der Fall sein, daß der andere sich zurückhält, sondern es kann auch sein, daß er sich gar nicht zu Aggressivität provoziert fühlt, weil --

Helga: -- die Eskalation der Angst unterbrochen wird.

Matthias: Wenn ich an das Persönliche denke und an die Axiomatik, die in der TZI steckt, dann bedeutet sie mir wirklich nur einen Teil der allgemeinen humanistischen Psychologie insgemein. Da haben mich die Arbeiten in der Gestalt, mit Rogers und die Arbeit in den Encounter-Workshops mit Helga Aschaffenburg genauso geprägt. Die Axiomatik empfinde ich gar nicht mal als TZI-spezifisch. TZI-spezifisch ist für mich die Frage: „Wie übertrage ich das Gelernte in mein Berufsfeld?" Wenn ich an den Weg von Workshop zu Berufspraxis denke, dann leuchtet mir immer noch der alte Satz am meisten ein: „Ich bin mein eigener Transfer." Ich weiß aber nicht, woher der Satz kommt.

Ruth: Der stammt von mir. „Ich bin mein eigener Transfer." Ich sage es deshalb, weil es eine Weile gedauert hat, bis ich drauf kam. Ich bin immer wieder von LehrerInnen gefragt worden: „Ja, aber wie mache ich das, wie bringe ich das, was ich durch TZI gelernt habe, in mein berufliches Umfeld hinein? Ich kann doch nicht in eine LehrerInnen-konferenz gehen und sagen, wie ich das gelernt habe." Deswegen habe ich das Rollenspiel einer Konferenz gemacht und zeigte, daß TZI nicht verbal vorzeigbar ist, und habe gesagt: „Sei dein eigener Transfer. Wenn du dich TZI-mäßig selbst einfühlst, nicht theoretisch, sondern in der Praxis, dann wird vielleicht der eine oder die andere darauf aufmerksam, daß du und wie du etwas anders bist und anders machst." In der Ecole hat das tatsächlich so funktioniert, indem die SchülerInnen gemerkt haben, daß die LehrerInnen der TZI-Weiterbildungsgruppe anders unterrichteten. Indem die Lehr-kräfte die Haltung produzierten, die sie gelernt hatten, waren sie zunächst – einmal abgesehen von den späteren methodischen Folgen – ihr eigener Transfer. Deswegen kam ich jetzt darauf.

Matthias: Für mich bedeutet dieser Satz, klar für mich einzustehen, aber nicht so zu tun, als wenn ich alleine wichtig wäre – in meinem Seminar und in der Kollegengruppe. In diesem dauernden Hin- und Hergehen zwischen zwei gleichberechtigten Interessen – so möchte ich mich auch beruflich verhalten. Ich will das sagen, was mir am Stoff wichtig ist, den ich lehre, und warum ich dieses Thema in diesem Seminar gebe, und was mir in unserer Selbstverwaltung wichtig ist und wie ich mir diese wünsche. Aber ich will nicht so tun, als wenn mein Interesse und der Stoff das einzig Wichtige wären. Da sind andere Menschen, die ein eigenes Lebensinteresse haben. Und indem ich ihnen Raum schaffe, und sie für gleichberechtigt und gleich gültig im Raum ansehe wie mich und den Stoff, mich und das Thema und unsere gemeinsame Aufgabe, entsteht ein Lebensrecht, für das sie nicht erst aggressiv kämpfen müssen. Diese Unnötigkeit der Bewaffnung scheint mir das Entscheidende.

Ruth: Von TZI-LehrerInnen höre ich oft den Satz: „Also, was ich wirklich gelernt habe, ist, daß ich mich ganz anders verhalte, ich bin ganz anders geworden."

Helga: „TZI ist eine Haltung", wird gesagt.

Ruth: „TZI ist eine Haltung." Ja, aber jedes Mal, wenn ich höre, TZI sei eine Haltung, setze ich hinzu „TZI ist auch eine Methode". „Ah ja, schon, aber eigentlich ist es doch eine Haltung." Und diese Ausblendung des Methodischen macht mir immer Mühe. Darum drängt sich bei mir auch die Frage auf: Wie weit beeinflußt mich die TZI-Theorie und -Methodik in meiner persönlichen Haltung? – Sie tut es, aber ich sehe sie nur als Kompaß im Sinne von: Ist mir dieses Thema zum Beispiel jetzt wichtig in dieser Situation? Oder für das Prioritäten-Setzen: Hilft mir die TZI dabei, herauszufinden, was die Priorität ist? Der andere oder ich, die Gesellschaft oder ich oder meine Gesundheit oder meine Arbeit? Was hat im Moment Priorität? Und bei dieser Gewichtung dient mir die TZI als Kompaß.

Matthias: Die TZI-spezifischen Belange, die natürlich mit den Kompaß-Werten persönlich wie methodisch identisch sind, schlagen für mich persönlich zunächst weniger als Methode denn als Haltung zu Buche.

Helga: Aber Ruth, ich kann sehr gut verstehen, daß die Leute sagen, TZI sei für sie eine Haltung. Das hat mit der Echtheit zu tun. Denn ich weiß auch, daß TZI-Regeln oder -Postulate als Technik benutzt worden sind. Und ich glaube, ich kann dasselbe tun, dasselbe ausdrücken – wenn ich nicht mit meiner Persönlichkeit dahinter stehe, dann wird es nichts. Oder es trägt nur ganz kurze Zeit. Und insofern komme ich ohne die Haltung, also die axiomatische Haltung, überhaupt nicht aus.

Ruth: Das ist schon richtig. Aber eben, wie Matthias vorhin sagte, das ist gemeinsam mit allen guten humanistischen Psychologen und

Psychologinnen, auch mit allen guten religiösen BeraterInnen. Aber bei TZI ist es beides: Die Methodik und die Haltung, die zusammengehören. Man kann auch die Haltung haben ohne TZI. Aber TZI kann nicht ohne die Haltung sein, das ist der Unterschied.

Helga: Ich habe mich gerade gefragt: Wißt ihr eigentlich von irgendeiner Methode, die in ihrem Gesamtkonzept solche Axiome hat? Ich weiß von keiner.

Ruth: Ich glaube, keine hat es explizit gemacht.

Matthias: Es gibt wohl welche, die diesen „Style and Spirit" haben, aber nicht in ihrer Explikation.

Ruth: Das Wesentliche und der Unterschied an TZI ist einerseits die Explizitheit der Ethik und der Axiome überhaupt und andererseits die Hypothese, das die vier Faktoren gleichgewichtig sind. Das sind die beiden TZI-spezifischen Punkte, ohne die TZI nicht TZI ist.

Matthias: Das Besondere und Spezifische der Haltung liegt für mich in einigen Formulierungen – zwei haben wir gerade mit der „Echtheit" und der „Selektivität" genannt –, was ich in dieser Form wirklich als weisheitlich und singulär empfinde.

Ruth: Der Begriff der „selektiven Authentizität" kam mir in einer Sitzung in Amerika. Es war der erste Begriff, von dem ich laut gesagt habe: „Dies ist mein Begriff, den habe ich erfunden." Gleichzeitig war er nämlich eine Kampfansage an die Encounterbewegung, wo absolute Offenheit das oberste Credo war. Doch die absolute Offenheit kann töten und Destruktivität fördern, nicht wahr? Und deswegen kam ich auch auf die Formulierung von „Alles was du sagst, soll echt sein, aber nicht alles, was echt ist, mußt du sagen."

Helga: Auf dem Weg dahin erlebe ich manchmal ein Steckenbleiben in einem Prozeß, wenn Menschen die eigene Wahrhaftigkeit zur letztgültigen Weisheit machen. Für mich ist es der Inbegriff eines Reifungsweges: „Liebe deinen Nächsten wie dich selbst!" Und manche machen mit ihrer Therapie oder Selbsterfahrung bis zu: „Liebe dich selbst" – was ja schon mal wunderbar ist – doch dann hören sie auf und haben das Gefühl, das sei es jetzt gewesen, und dann wird es weniger wunderbar.

Ruth: Oder die umgekehrte Version: „Liebe die anderen und nicht dich."

Helga: Dieses Steckenbleiben heißt, daß sie glauben, dem anderen alles sagen zu können. Authentisch-Sein geht dann manchmal bis zur aggressiven Lieb-losigkeit. Selektive Authentizität hat die Wechselwirkung im Blick; sie glauben, alles sagen und von sich geben zu dürfen, und bedenken dabei nicht die Wechselwirkung.

Matthias: Wie möchte ich also beruflich und persönlich sein, damit ich meine klare und aufrichtige Schärfe für den anderen und für mich produktiv und konstruktiv mache und nicht destruktiv? Und da könnte ich jetzt nur sagen, ich versuche, es zu üben und zu sein. Heute gehe ich in solche Situationen, die mich aggressiv machen, viel geübter hinein, da ich sie lange Zeit in Gedanken und Übung geschult habe. Wenn ich genervt werde, gibt es beispielsweise eine ganz kleine Sekunde von Triebaufschub, in der ich mir überlege „Wie möchte ich jetzt sein?"

Helga: Ich habe nochmals zurückgeschaut und mich gefragt, was mir Wachstum verschafft hat, zum Beispiel Wachstum zu einer mir angemessenen Aggressivität. Wie ich schon mal sagte, stand mir zwar die „positive" Aggressivität zur Verfügung, aber die „negative" – du nennst sie „destruktive" Aggressivität, Matthias – war für mich unglaublich angstbesetzt. Ich lebte sie eigentlich nur, wenn ich mit dem Rücken an der Wand stand. Wenn ich ganz große Angst bekam, dann war nicht Flucht, sondern Angriff meine Möglichkeit. Aber im ganzen Normalbereich war ich eher „lieb". Beide Seiten der Aggressivität haben sich bei mir in TZI-Gruppen zunehmend entfalten können. Es waren die angstarmen Räume, die angeboten wurden. Ich konnte in diesem Gehäuse von Angstarmut das Wagnis unternehmen, in kleinen Schritten aus mir herauszukommen. Es war genau das, was du, Ruth, oft zu Anfängern in Gruppen sagtest: „Zu Beginn angstarme Räume bereitstellen, schafft Vertrauen." In der Sicherheit, „du willst mir nichts Böses tun", konnte ich es wagen, Unbehagen und negative Gefühle zu äußern. Deswegen ist es mir heute in meiner Arbeit in TZI-Gruppen auch immer ein Anliegen, zu Beginn die Achtung voreinander zu etablieren. Und die Achtung bewahrt mich davor, unter die Gürtellinie zu schlagen. Erst dann kann ich konstruktiv aggressiv sein, ohne – wie du das genannt hast, Matthias – destruktiv aggressiv zu sein.

Matthias: Diese scharfe konstruktive, aber nicht vernichtende, nicht verletzende Klarheit.

Helga: Ja, genau.

Matthias: Dazu, wie ich gelernt habe, klare konstruktive Aggressivität persönlich und beruflich umzusetzen, fällt mir ein Beispiel aus den letzten Tagen ein: Ein Brillengeschäft hatte mir beide Brillen falsch bemessen, weil die Optikerin nach dem Test gesagt hatte: „Das ist ihr optimaler Wert." Ich entgegnete aber: „Mir tun die Augen trotzdem weh, ich kann die Brille so nicht haben", worauf sie mir zweimal in einem erregten Ton sagte: „Das ist nur subjektiv, die Werte sind objektiv!" Und ich war Idiot genug, im Moment zu kuschen und zu sagen: „Ah ja, vielleicht gewöhnen sich die Augen daran", anstatt meinem Gefühl zu folgen. Deswegen war ich nach wochenlangen Schmerzen total geladen und dachte: „Wie gehe ich jetzt in diesen Laden, um das wieder klar zu kriegen? Jetzt kann ich entweder hingehen, in Wut explodieren und sagen: „Was für ein Mistladen! Ich verlange ..." und so weiter. Oder aber, habe ich gedacht, „was mache ich mit mir wirklich in dieser Sache, wenn die anderen solch einen Mist gebaut haben?" Und so bin ich völlig ruhig und freundlich, wenn auch angespannt, aber absolut klar hineingegangen und habe gesagt: „Ich habe selbst den Fehler gemacht, dieser Suggestionsformulierung zuzustimmen. Doch ich fühle mich schlecht behandelt. Erst wollte ich eigentlich nicht mehr in Ihr Geschäft kommen, aber ich bin jetzt so viele Jahren von Ihnen so gut behandelt worden, daß ich gedacht habe, ich komme lieber und sage es Ihnen ehrlich. Ich möchte die Brillen neu haben, aber nur, wenn Sie sie mir bezahlen – zur Hälfte mindestens." Worauf der Chef sofort sagte: „Wir wollen zufriedene Kunden, wir machen das." Und ich war sehr zufrieden mit mir, das ich nicht mit der Wut herausgeplatzt bin, die ich vierzehn Tage mit mir herumgetragen hatte, weil ich Augenschmerzen hatte. Ich hatte ganz bewußt an mir gearbeitet, indem ich mir überlegt habe: „Wie möchte ich da im Laden eigentlich sein?" So ist es mir gelungen, meine alte, mir wohlbekannte, bis heute mögliche, also wirklich verletzende Aggressivität, die ich haben und auch herauslassen könnte, umzuformen in eine vernünftige Ansprache, ohne dabei undeutlich zu werden oder etwas zu verstecken.

Und das scheint mir der Mutterboden zu sein, auf dem auch thematische Vermittlungen und berufliche Dinge wachsen können: Klar zu sein, sich nicht zu verstecken, aber ohne gleich einen Riesenzauber zu machen. Das wäre für mich schon der Schlüssel.

Ruth: Irgendwie muß ich dem Brillenmann ja sagen, daß ich mich und meine Interessen für ebenso wichtig halte, wie er seine. Auch wenn er im Augenblick nur sein eigenes Interesse sehen kann.

Matthias: Demgegenüber würde der ideologisierte Aggressionsglaube heißen: Nur mit Aggressionen kann ich die Sachen klären, also mit einem scharfen Unterton, lauter angriffige Sätze zu sagen, das wäre die ideologisierte Form. Statt: Ich will in Klarheit sprechen und niemanden verletzen, aber ich will mein Interesse wahren.

Ruth: Es ist auch eine Frage von Gleichgewichtigkeit. Wenn ich die TZI als Kompaß nehme, dann heißt das: Ich bin so wichtig wie du. Ich spüre mich zwar mehr, weil ich biologisch und psychologisch in meinem eigenen Zentrum bin, aber geistig mache ich mir bewußt und weiß ich, du bist so wichtig für dich wie ich für mich, und wir sind wichtig für uns beide. Dann ist alles, was du sagst, schlüssiger für die andere Person. Oder sie fühlt sich zumindest nicht aus dieser Welt geschubst.

Helga: Dazu fällt mir etwas ein, was für mich wichtig, ist. Als ich jung war, hatte man noch Poesiealben. Mein Konfirmandenlehrer hat mir einen Bibelspruch ins Album geschrieben, den ich bis heute sehr schätze, der heißt: „Alles nun, was ihr wollt, daß euch die Leute tun sollen, das tut ihr ihnen auch." Ich habe mich eben gefragt, was mir in der Situation des Optikers gut getan hätte, und was für mich am besten gewesen wäre. Ich glaube, genau die Form, die du gewählt hast. Das ermöglichte ihm und dem Geschäft ein Stück Gesichtswahrung.

Matthias: Ich möchte noch ein Stück weitergehen. Wenn ich ehrlich bin, möchte ich nicht immer so ausgewogen sein wie da im Brillengeschäft. In gewissen Auseinandersetzungen mit meiner Freundin zum Beispiel, in denen ich prinzipiell auch ausgewogen sein möchte und es meistens auch bin, kippe ich doch hin und wieder völlig aus den Pantoffeln. Und ich habe auch das Bedürfnis, ab und zu mal auch wirklich scharf zu sein. Dauernd balanciert zu sein, entspricht nicht in jeder Situation meinem Lebensgefühl. Ich brauche hin und wieder die wirkliche Schärfe. Ab und zu will ich so sein. Es gibt auch das aggressive Bedürfnis, zu dem ich mich bekennen will.

Ruth: Das ist speziell wahr in ganz intimen Beziehungen. Da fühlt man sich eher geschützt und zuhause. Man kann sich auch mal anschreien, und danach kann es wieder besser werden.

Matthias: Das ist richtig, ich habe es nirgend so deutlich wie in nahen Beziehungen. Meine Freundin hat mir sehr wohl mal gesagt: „Wenn du so mit mir sprichst, dann verletzt es mich", und ich hätte nicht das Recht zu sagen, daß ich so sein darf. Und doch entspricht es einem Bedürfnis von mir. An der Universität verbiete ich es mir eher, aber ganz ohne diese schneidende Aggressivität, die am Rande der Verletzung ist, kann ich, glaube ich, nicht auskommen.

Helga: Ich möchte dann immer fragen, ob ich bereit bin, dasselbe Maß anzulegen, wenn es für mich gilt. Das ist für mich ein wichtiges Kriterium von Fairness: Bin ich bereit, Schneidendes und Verletzendes auch entgegenzunehmen?

Matthias: Wenn ich diese Frage von dir höre, kriege ich ein leises ängstliches Gefühl, und ich sage ja, aber mit einer gewissen Ängstlichkeit. Ruth, ein Lieblingsthema von dir ist, „Was mach ich mit mir, wenn die anderen oder die Welt nicht so sind, wie ich sie haben möchte?" Ich möchte schon so sein, wie damals im Brillenladen. Aber ich möchte diesbezüglich genauso wenig dogmatisieren, wie bei der besprochenen Phasenfrage. Da gibt es doch einen Bedürfniskonflikt, zum Beispiel bei der eigenen Aggression, die ich weder austeilen noch bekommen möchte. So wie ich auch nicht traurig sein möchte, aber wenn Trauer hochkommt, dann möchte ich sie akzeptieren als eine Zeit des Schlafes der Seele.

Ruth: So sagt die Bibel: „Es gibt eine Zeit zu säen und eine Zeit zu ernten ..." und vielleicht gibt es auch „eine Zeit zu hassen und eine Zeit zu lieben"?

Matthias: Und es gibt die Zeit der Balance und die Zeit der Disbalance. Deswegen haben wir ja den schönen Ausdruck von der „dynamischen Balance". Die ist nicht statisch, sie kann und soll bisweilen auch kippen. Das heißt, ich kann und vor allem ich will auch nicht immer gleichbleibend freundlich sein. Ich will mich extrem in Liebe verlieren und ich will auch extrem bestimmte Dinge hassen. Das will ich auch behalten. Nicht Menschen will ich hassen, aber manchmal Dinge und Zustände.

Ruth: Und manchmal das Tun von Menschen.

Matthias: Ja, aber ich muß nicht alles tun und ausdrücken, was ich innerlich empfinde Und immer wieder – in Gruppensitzungen oder privat – mir Zeit und Raum zu nehmen, diese Differenz zu bedenken und zu empfinden, – das ist die entscheidende Hilfe dabei.

Helga: Mit dem Hassen sind wir bei einem Thema, das mich immer wieder stark beschäftigt: die Schattenthematik, Denn mir fällt auf, daß in Organisationsgruppen von WILL, unseren internen TZI-Gruppen, diese konstruktiven Auseinandersetzungen, die wir in unseren Workshops lehren und erleben, weitaus weniger vorkommen. Das macht mich stutzig. Hat das mit der kurzen Dauer von Workshops zu tun? Langstrecke versus Kurzstrecke?

Ruth: Da kommt noch etwas anderes dazu: Die Leute in TZI-Ausbildungsgruppen sind draußen sehr selten Rivalen. Und selbst wenn sie es sind, betrifft es kaum die Mitgliedschaft in dieser Gruppe. Und in Ausbildungs-Gruppen, sich selbst und andere zu verstehen lernen, führt prinzipiell wenig zur Auslösung von Rivalität. In organisationsinternen Gruppen wie WILL können jedoch Rivalitäten der Außenwelt eine große Rolle spielen: Da kann es um Stellensuche, bessere Bezahlung oder Reputationsfragen bis hin zur Bloßstellung gehen. Jedenfalls spielen solche Dinge mehr hinein als in reinen Ausbildungsgruppen.

Helga: Das ist sicher richtig. Aber ich habe noch etwas anderes im Blick, z.B. die Axiome mit ihrer Achtung vor dem Leben: Wo bleibt die Polarität, die Seite in mir, die mißachtet und nicht ehrfürchtig vor dem Leben ist? Wie verträgt sich die Aufforderung, „Chairperson" zu sein, mit massiven Wünschen nach Abhängigkeit? Wo bleibt das andere Ende des Stranges, wo kommt das vor?

Matthias: Ich stimmte dir, Helga, völlig zu, als du vorhin sagtest, wir haben nur die Aufgabe, Räume bereitzustellen, in denen es möglich ist, dies oder jenes zu erleben und zu thematisieren, aber nichts zu erzwingen. Der Frage nach dem anderen Pol möchte ich immer auch in der Themenformulierung begegnen, und zwar schon indem wir unsere AusbildungskandidatInnen lehren, daß ein Thema zwar positiv formuliert sein soll, damit es Mut macht und weiterführt, also einen „Drive" hat, daß dabei aber immer auch der Raum zum Bedenklichen, zum Skeptischen, zum Negativen hin aufgespannt werden soll. Also immer im Sinne von: „Wo bin ich mutig, wo bin ich ängstlich? Wie möchte ich konstruktiv sein, wie möchte ich mit meiner Destruktivität leben?" Ein Thema soll immer den ganzen Erlebnisraum aufspannen. Also zum Positiven anregen und gleichzeitig Raum behalten dafür, daß auch Bedenken, Ablehnung, Ängstlichkeit, Negatives, kurz: die Schattenthematik leben kann und keine Suggestion zum Positiven hin entsteht. Hier ist – auch für die private und praktische Berufswelt – ein wichtiges methodisches Wissen (also mehr als die wichtige Haltung!) der TZI in Theorie und Praxis der Themenformulierung und der Strukturierung gegeben (was auch in inoffiziellen Situationen, in denen ich nicht leite, wichtig ist). Hierin und in anderem liegt nach meiner Erfahrung viel praktisches und hilfreiches Wissen der Methode TZI, welches letztlich der aggressionsfördernden Abspaltung entgegenwirkt.

Ruth: Also würdest du ein Thema setzen: „Wie kann ich konstruktiv aggressiv sein, wie möchte ich destruktiv sein"?

Matthias: „Wie möchte ich mit meiner Destruktion leben oder sie integrieren."

Ruth: Aber ein solches Thema scheint mir einseitig.

Matthias: Diesen doppelten *Sinn* der Themenformulierung lehre ich immer.

Ruth: Ich bringe die andere Seite auch rein, aber nicht in der Form, wie du gerade sagtest, sondern eher: „Was ist destruktiv in meiner Aggression und was konstruktiv – für mich, wie hindere ich mich, für andere?" oder auch etwa so: „Wie fördere ich mich, wie hindere ich mich, Aggression auch konstruktiv werden zu lassen?".

Helga: Mit dieser Art von Themenformulierung bin ich einmal voll auf den Bauch gefallen – beziehungsweise zum Lernen war das ausgezeichnet: Auf meinem Abschlußworkshop habe ich ein Thema gewählt, das ungefähr so lautete: „Was macht mich lebendig und was lähmt mich?" Allein das Wort „lääähmt". Die ganze Sitzung war „gelääähmt". Und ich habe nicht begriffen, warum. Ich habe getan, was ich konnte, es blieb gelähmt.

Ruth: Vielleicht wäre es besser gegangen, wenn du es andersherum formuliert hättest: „Was lähmt mich und was macht mich lebendig?"

Helga: Hinterher ist mir aufgegangen, daß selbst ein einzelnes Wort in einem Thema eine große Macht hat: Das Wort und seine Stellung.

Ruth: Das Wort „Macht" ruft bei mir nochmals die Assoziation wach zu deinem Beispiel, Helga, daß der Druck von oben die Gegenreaktion von unten provoziert. Also die Erkenntnis, daß Hierarchie von oben nach unten, die Macht und Strafe auf die Kinder bringt, bewirkt, daß diese dann wieder dagegen ankämpfen werden.

Helga: Ich meinte es noch weitergehender: Nämlich, daß die Anhänglichkeit an die Aggressivität ihre Wurzeln darin hat, daß sie einmal die Qualität von Befreiung hatte, weil Aggressivität sehr wahrscheinlich Jahrhunderte lang nur in eine Richtung geflossen ist: Immer von dem Großen, dem Starken auf den Kleinen, den Schwachen, sprich von Erwachsenen auf die Kinder usw.

Und dann wurde in unserem Zeitalter erstmalig versucht, Partnerschaftlichkeit und Demokratie zu erleben und zu lernen, das heißt, eine Gleichwertigkeit zu haben. Und damit durfte Aggressivität auf beiden Seiten mit Erlaubnis vorkommen. Und inzwischen wird das, was einmal ein so gutes Erfolgsrezept war, obwohl weiterhin als Rezept vermittelt, langsam untauglich. Ähnlich wie zum Beispiel die Abwehrmechanismen: Zur Zeit ihrer lebensgeschichtlichen Entstehung hatten sie Überlebenscharakter, doch später werden sie unbrauchbar oder hinderlich.

Matthias: Dann werden sie zu biographischen Gefängnissen.

Helga: Ja, und heute sind wir an der Stelle, wo das, was mal erlösend und befreiend war, zur Vernichtung gereichen kann.

Ruth: Heute morgen habe ich etwas aus der Kindheit von Charlie Chaplin gelesen. Das hat in mir das gleiche Gefühl ausgelöst, das ich schon als Kind hatte, als ich dachte, „das gibt es doch nur im Mittelalter". Er beschreibt, wie er in einer Schule in England aus sogenannten pädagogischen Erwägungen heraus genauso malträtiert wurde, wie wir es heute Beobachtungsberichten von Amnesty International entnehmen können. Die Kinder wurden damals im Internat methodisch geschlagen: Erst bekommen sie – schon für

Kleinigkeiten – so und so viele Schläge, und zwar so starke, daß es ärztliche Gehilfen brauchte, die sie dann jedes Mal nach diesen Schlägen wieder irgendwie „reparierten". Das sei die übliche pädagogische Methode gewesen: So und so viele Schläge kriegten sie für dieses und so und so viel Schläge für jenes. Und wenn sie sagten, daß sie schuldig seien, wurden sie geschlagen, und wenn sie sagten, daß sie nicht schuldig seien, nochmehr; dann kriegten sie doppelt so viele. Und weil ich glaube und einmal gelesen habe, daß „keine Prügel in der Welt verlorengehen", dann sind solche Erziehungsmethoden sicher „gute Lehrjahre" für Rachsucht und Grausamkeit.

Helga: Ja, das wurde mir gestern – ich sagte es schon – so deutlich beim Bild vom Kasernenhof im Film „Oberst Redl", wo diese Jungs alle auf „Null acht fünfzehn" gerade frisiert wurden. Dabei wurde mir klar, daß man damit ein Aggressionspotential erweckt, das sich irgendwie in einer Revolution oder einer anderen Explosion entladen wird, was dann ja auch tatsächlich geschah.

Matthias: All dies zeigt nochmals die ungeheure Prägekraft von Strukturen und warum es sich weiterhin lohnt, in der Ausbildung geduldig das Strukturieren und Themenformulieren zu lehren und zu lernen, um einen Blick für Gedeihräume und Diskussionsräume zu bekommen. Es also im Kleinen auszuprobieren und so – auf Hoffnung wider Hoffnung – einen kleinen Anfang zu setzen, der eines Tages auch größere Folgen haben kann.

Dieses Lernen in kleinen Schritten ist das Einzige, was wir prophylaktisch tun und lehren können. Wenn es brennt und eskaliert, gibt es oft keine persönlich-menschlichen, sondern nur noch politische, juristische u. a. Möglichkeiten. Aber es ist mehr als die bloße – sehr wichtige! – Haltung, was die TZI vermittelt, nämlich sehr praktisches Alltagswissen und Verhalten im Blick auf strukturelle und thematische (oft latent thematische) Momente im Leben.

Aggression in der Gesellschaft

Ruth: In unserem Gespräch haben wir bisher zu wenig davon gesprochen, was das eigentliche Störthema ist, dem heute Priorität gegeben werden muß. Nämlich Aggression, die nicht nur Schatten ist, sondern Aggression im vollen Licht der Gesellschafts- und Erdgeschichte. Für mich ist das das Störthema, das überall Vorrang haben sollte, selbst in Schulklassen, wo es unter Umständen um andere Themen geht. Aber jetzt, wo wir die Erde und uns selbst zerstören, hat im Grunde jedes andere Thema immer nur einen Sekundärplatz, weil es gar keine Themen mehr geben wird, wenn wir das Leben selbst umbringen. Gewalt löst Gegengewalt aus. Unsere „zahmen" Erkenntnisse scheinen in unserer relativ ruhigen Welt wesentlich zu sein, und sind es auch, kulturell gesprochen. Doch quält mich, wie die meisten anderen Menschen heute, das Thema der Mord- und Kriegsgewalt unserer Zeit, die uns zwar hier noch vergleichsweise verschont hat, aber über die wir täglich zu sehen und zu hören bekommen, mitleiden oder uns abschalten.

Ich glaube, wir kommen um die Erkenntnis von Gut und Böse nicht herum. Aggressive Schatten zu spüren ist eines, dem Schatten nachfolgend Gewalt auszuüben ein anderes. Menschen brauchen Ethik, weil wir die ganze Welt zerstören können. Kein Tier kann das. Die humanistische Ethik ist für mich maßgebend; und die ist gar nicht so weit entfernt von der christlichen und der jüdischen. Ich glaube, daß letztlich jede Ethik religiös, d. h. durch einen Glauben fundiert ist. Im pädagogisch-psychologischen Bereich habe ich diese existentiell-ethische Haltung durch die Axiome und Postulate explizit gemacht. Wenn unsere Wert-Hypothese stimmt, daß Leben lebenswert ist, dann können wir alles als böse bezeichnen, was bewußt oder unbewußt darauf aus ist, Leben zu zerstören; und alles, was hilft, es zu erhalten und zu fördern, ist dann eben gut. Leben erhalten und fördern ist die Gegenbewegung zu der heute dominanten Gefahr des irdischen Selbstmordes.

Wenn es um Aggression geht, muß man sich fragen, bis zu welchem Punkt sie lebensförderlich sein kann und von welchem Punkt an sie destruktiv wird. Im Zusammenhang mit Gruppen haben wir bereits darüber gesprochen. In einer TZI-Gruppe schaffen wir ein Erlebnismodell, in dem bewußt wird, daß alle Emotionen existentiell akzeptiert werden, nämlich daß sie einfach da sind. Aber es ist nicht akzeptabel, daß man Emotionen als Grundlage für jedes Tun annimmt, unbeschadet seiner Wirkung. Es macht einen großen Unterschied, ob man Streichhölzer dazu benutzt, ein Kaminfeuer anzuzünden, oder Häuser oder Dörfer zu verbrennen. Gewalt entsteht offenbar über irgend eine momentane Frustration oder über ein anhaltendes Gefühl von Sinnlosigkeit des Lebens. Auch dies gehört zur Frustration, weil das Leben ohne Sinnfindung frustrierend, langweilig, unangenehm oder entsetzlich ist. Dem wirken wir entgegen, indem wir versuchen, Sinnhaftigkeit in unsere Erfahrungswelt hineinzubringen. Sinn ist abhängig von Werten und Glauben. Sinn ist auffindbar, doch nicht machbar. Lebenswerte sind unsere Richtlinien, TZI ist ein Kompaß.

Matthias: Ich möchte mich mit dem, was du eben gesagt hast, in meiner eigenen Sprache anschließen. Es ist für mich ein bis heute gültiges Erlebnis und Ergebnis aus der Zeit der Studentenbewegung – die ich ja nicht mehr als Student, sondern als Privatdozent und Professor erlebt habe –, daß es wichtig ist, wenn man etwas Wahres erkannt hat, sich dann von der Kategorie des Erfolges abzukoppeln; etwas menschlich und politisch Wahres gilt auch dann, wenn es derzeit keinen Erfolg hat, und ich will dies festhalten und mich dazu bekennen. Denn sonst zerstört man die Anfänge eines Weges, der in einer Biographie, in einer Bewegung oder einer Sache als positiv erkannt worden ist.

Damals hat man nach einer Alternative zum besseren Leben für alle Menschen gesucht und diese nicht im kapitalistischen System gefunden. Heute ist ein Problem, wie man der Entfremdung der Menschen voneinander und von der Natur entgegenwirken will. Wenn man da eine Alternative sucht, dann darf man sich nicht davon abhängig machen, ob die Alternative, die wir heute versuchen, morgen schon Erfolg haben wird oder nicht. Es muß genügen, sicherzustellen, daß ich das suche, was stimmt, wozu ich bereit sein möchte, selbst wenn ich weiß, es hat vielleicht keinen Erfolg – aber es ist die Wahrheit, für die ich stehen und leben und fallen möchte. Es gibt einen alten Satz der Reformationsgeschichte, der heißt: „Ich möchte lieber mit Christus fallen, als mit dem Kaiser stehen." Das heißt, lieber mit der Wahrheit fallen und untergehen, als Bestand haben im geltenden System unter Verzicht auf die erkannte Wahrheit.

Wenn ich daran denke, dann bin ich bereit zu sagen: Was will ich denn sonst mit meinem Leben anfangen, als das zu probieren, was stimmt und wie es für mein Leben wahr ist? Da ist nicht mehr die erste Frage: Hat etwas Aussicht auf Erfolg oder nicht. An diesem Punkt stellen sich in der Tat die erstaunlichsten Teilerfolge ein. Aber das alleinige Schielen auf den Erfolg ist der Anfang vom Mißerfolg und wahrscheinlich die sicherste Bedingung des Mißerfolges und der Resignation, auch einer depressiven Aggression. Daher gilt es zu suchen und zu üben, was wir (neben der Wahrnehmung) im Sinn der TZI als zweite Grundkraft im Blitzlicht lehren und üben: „Was will ich?" (als Chairperson – unter Einbeziehung des inneren und äußeren Globe, auch mit Hilfe der Unterscheidung von „ich will" und „ich möchte", was Ruth sehr produktiv, hilfreich und zumutungsvoll eingeführt hat). [2]

Ich weiß, daß der subjektive Faktor, der wir *sind*, in dem ganzen Bündel von Wirkungsfaktoren, die eine Gesellschaft ausmachen, wirklich nur ein ganz geringer Teil ist. Und die Destruktionsmächte, die heute die Gewalt hervorrufen, erzeugen diese Vorstellung, daß die Politik kein Gefühl und keinen Sensus mehr hat für das Unrecht, das an Menschen und Natur geschieht. Die erste Priorität gilt allgemein dem wirtschaftlichen Erfolg. Dies wird dann mit dem Satz kaschiert: „Wirtschaft schafft Arbeitsplätze." Wir wissen aber, daß das immer weniger oder nur teilweise wahr ist. Blühende Wirtschaft in der heutigen Automatisierung schafft nicht automatisch mehr Arbeitsplätze, sondern vermehrt strukturelle Arbeitslosigkeit. Das gilt bei uns unter den Bedingungen der Rationalisierung ohnehin. Und von Lateinamerika und anderen Drittweltgebieten her wissen wir auch, daß die Reichtümer, die eine aufblühende Produktion schafft, keineswegs an die ärmere Bevölkerung weitergegeben werden, sondern nur die Schere zwischen Arm und Reich weiter öffnen. Und das wiederum ist die sicherste Weise, das Vertrauen in Demokratie auszuhöhlen. Das heißt also, eine Politik, die immerzu mit dem scheinheiligen Argument von Arbeitsplätzen wirtschaftliche Katego-

---

[2] „Ich muß tun, was ich will", in: Von der Psychoanalyse zur Themenzentrierten Interaktion, Stuttgart [11]1993, S. 135-151.

rien an die erste Stelle setzt statt Menschen, Tiere und die ganze Natur, diese Politik handelt kriminell.

Ich habe in diesem Sinn neulich auf der Kanzel einer großen Kirche gesagt, daß die gegenwärtige Politik der Bundesregierung gotteslästerlich sei. Ich begründete das damit, daß Menschen Wesen sind, die durch die Atmosphären von Subwelten, durch Verzweiflung an Arbeitslosigkeit oder anderen Lebensperspektiven korrumpierbar und auch zum Bösen verführbar sind. Hoffnungslosigkeit und Unsicherheit führen oft zur steuerungslosen Aggressivität, zu Radikalismus und zum Bösen, das ich auch so nennen will. Deswegen ist es die allererste politische Aufgabe, Mindestbedingungen zu schaffen, unter denen dies nicht passieren muß: d. h. Arbeitsplatzpolitik vor oder mindestens gleichrangig neben die wirtschaftliche Effektivität zu setzen. Wer keine Arbeit hat, wird in die Verzweiflung und evtl. in den Rechtsradikalismus getrieben. Das ist nicht der einzige, aber ein sehr gewichtiger Grund in dieser Sache. Denn diese Typen, die ohne Aussicht sind, die sammeln sich – manche auch ohne Nazi-Ideologie – in solchen Kreisen, denen es nichts mehr gilt, ob man mit Stiefelabsätzen jemandem den Kiefer zertritt, ihn niederschmeißt und gegen den Kantstein tritt. Eine Politik, die das nicht weiß, die das nicht miteinbezieht in ihre Entscheidungen, sondern solches ermöglicht, ist für mich in diesem Punkte wirklich gotteslästerlich, weil sie dem Gebot der elementaren Menschlichkeit entgegensteht.

Ruth: Arbeitslos sein als Zeugnis von Minderwertigkeit ist ein entsetzliches Problem. Es ist offenbar so, daß Arbeitslosigkeit ein sehr allgemeines Phänomen sein wird, wie auch immer die Arbeit verteilt wird, selbst wenn es Teilzeitarbeit gibt, denn die Möglichkeit elektronischer Rationalisierung ist so groß, daß gute Arbeitsplätze, jedenfalls in der Ersten Welt, nicht da sein können für die Majorität aller Arbeitsfähigen. Das bringt dann auch wieder eine ethische „Unterfrage": Sind Menschen nur wertvoll, Du oder ich oder irgendjemand, weil wir wirtschaftlich arbeiten, oder könnten wir nicht auch wertvoll sein, weil wir gute menschliche Beziehungen pflegen, das Leben künstlerisch angehen, Kinder uns wertvoll sind etc. etc.? Ist dieses Gefühl „Ich bin niemand, wenn ich keine Arbeit habe, resp. keine gute Arbeit" nicht ein schlimmes Produkt einer

Leistungsgesellschaft, die eigentlich materiellen Erfolg über Lebenswerte setzt?

Matthias: Ja, das glaube ich zum Teil auch. Eine Lebensauffassung und eine Politik, die nicht Menschlichkeit miteinbezieht in ihre Entscheidungen, die der Lebenslust der Jugendlichen nicht zur sozialen oder anderen Erfüllungen verhilft, ist für mich wirklich gotteslästerlich, weil sie dem Gebot der elementaren Menschlichkeit entgegensteht. (Übrigens spielen wir als Bevölkerung durch unsere Forderungen dieses Spiel mit, nicht nur die Politiker.)

Die Faktoren, die heute Politik leiten, könnten anders aussehen. Das liegt an der Einstellung von Menschen (speziell auch von Politikern) zu Menschen. Und es liegt an *unserer* Einstellung, Menschen, die eine derartige Politik machen, nicht weiter zu wählen. Dies muß ein Leitfaktor sein. Eine Haltung anzunehmen, die effektiv und human ist. Und insofern glaube ich fest daran, daß unsere Basisarbeit in Kleingruppen wichtig und symptomatisch ist, daß es auch Anfänge gibt für einen neuen Menschenstil, für differenzierten Umgang mit Menschen und Sachen. Das mag wenig oder viel sein, aber die Richtung ist das einzig uns Mögliche. Das muß man klar sehen und sich z.B. für die kleinen Schritte der TZI entscheiden. Das ist die entscheidende und abhärtende Prüfung. Sonst wäre es Schönwetter-TZI oder besser gesagt, man wird dann Sklave des Erfolges.

Ruth: Mir fällt gerade die Bibel ein: „Liebe deinen Nächsten, er ist wie du." Ich habe mich oft gewundert, warum es „deinen Nächsten" heißt und nicht „alle Nächsten und Fernsten" – vielleicht ist auch dieser biblische Ausdruck die Zusage zum kleinen Schritt?!

Matthias: Jede Pflanze fängt einmal an als Keimling, jeder Mensch als Embryo.

Ruth: Und so geht es wohl auch in jeder Kultur: Embryonale Kleinstschritte müssen getan werden, selbst im Bewußtsein möglicher Aussichtslosigkeit. Denn Aussicht auf Erfolg sollte keine letzte Kategorie sein, sondern der Glaube an die Richtigkeit.

Helga: Ich bin jetzt so froh, daß ihr beide bei den kleinen Schritten, bei keimlingshafter Veränderung endet. Die ganze Zeit konnte ich nicht ins Gespräch hineinkommen. In diesen großen gesellschaftlichen Kategorien kann ich schlecht denken, bevor ich nicht den subjektiven Faktor mehr betrachtet und benannt habe. Ich habe mir angewöhnt, auch vom Energetischen her zu denken, und glaube, daß wir das Gesamtgeschehen auch durch unser ganz persönliches Leben bewirken, unter anderm auch im Sinne des Modellernens. Und damit hast du ja eben geschlossen, mit dieser Arbeit in kleinen Einheiten.

Zur Zeit beschäftigt mich eine Beobachtung sehr, die ich bei mir selber mache: Aus einer Phase des „Alles-Verstehen-Wollens-Könnens- und -Praktizierens" wachse ich immer stärker in eine Phase des „Position-Beziehens" hinein. Und hierbei geht es auch um Werte. Ich will Beispiele aus meinem Arbeitsbereich nennen: Ich habe zur Zeit schwer damit zu schaffen, wie der Wert „Treue" verfällt; sowohl Treue zu sich selbst als auch die Treue in der Verbindlichkeit zu anderen. Ich merke, wie schwer es mir wird zu sehen, wie ein Verliebtsein ausreicht, um eine Familie zu verlassen. Ich weiß, daß die Treue zum Leben und die Treue zu sich selbst bedeutsamer werden können als die Aufrechterhaltung einer Ehe. Doch der Verfall des Wertes Treue wird für mich in dem Tempo und der „Leichtigkeit", sich aus Bindungen zu lösen, sichtbar.

Ein zweites Beispiel: Ich merke, wie ich mitleide, wenn Menschen in Gruppen fast entschuldigend sagen, daß sie harmoniebedürftig seien und sich dafür fast schämen. Ich glaube, daß in uns allen eine tiefe Sehnsucht nach Harmonie ist. Harmonie bedeutet für mich Balance. Das „Aus-der-Balance-Geraten" ist eine Herausforderung, die verursachende Störung zu bearbeiten.

Ich komme mir mit dieser Position manchmal etwas exotisch vor. Ich habe sie früher nicht so eindeutig vertreten; heute möchte ich für diese Werte einstehen, nicht mehr über das „Vestehen" mich selber auflösen. Stehen bleiben und sagen: „Das bin ich". Das behindert keineswegs das Verständnis, das Einfühlen, die Mitschwingungsfähigkeit für andere. Ich erlebe gerade in meinem Berufsbereich so viele Wischi-waschi-Positionen: alles verstehen, sich in alles einfühlen, aber nicht die eigene Position benennen. Ich fühle mich wohler, wenn ich mich mit meiner Position sichtbar mache.

Ruth: In der TZI-Arbeit erklären sich z.B. Lehrer oder Lehrerin nicht als wertneutral. Wir lassen unsere Subjektivität und unsere Wertbestimmungen zu. Subjektivität ist in sich selbst ein Wert, der dem der

Objektivität nicht nachsteht. Die Subjektivität, die subjektive Erkenntnis einer Aussage, hat umsomehr Gültigkeit, je sorgfältiger und wachsamer die Beobachtung des inneren Lebens ist. Wie echt ich meine Position vertrete und wie aufmerksam ich die Position eines anderen anhöre, gibt zwischenmenschlichen Beziehungen eine gute Grundlage. Wenn dagegen jemand die Position vertritt, gewalttätige und mörderische Aggression sei zu bejahen, dann mobilisiere ich alle meine Kräfte, wie ich dieser Gewalt begegnen kann, ohne selbst Gewalt zu üben.

Dann gibt es natürlich unsichtbare Gewalt, die ebenso schlimm ist wie die direkt mörderische. Ich denke da vor allem an die Gewalt des Reichtums, der die Unterwerfung durch Armut verursacht. Und da bleibt mir nur noch die Hoffnung, daß durch Solidarität der Armen und Weisheit auch bei den Reichen ein langsamer Prozeß des Verstehens und Ausgleichens zustande kommen kann. Vielleicht dringt doch irgend einmal ein Licht von Güte und Liebe ins Dunkel der Kriegs- und Folterzeit in vieler Menschen Bewußtsein. Es geschehen ja halb im Untergrund so viele lebensfördernde Dinge in kleinen Gruppen aller Art, z.B. auch in religiösen.

Natürlich, wir haben vorhin von Mahatma Gandhi und von Martin Luther King gesprochen. Es hat viele solche Menschen guten Willens und Tuns gegeben. Und ob es da Grenzen gibt, unsere Unvollkommenheit zu überwinden als Menschheit, das weiß ich wirklich nicht.

Helga: Das ist die Verzweiflung und Ohnmacht, die ich jetzt mit dem Krieg in Bosnien erlebe. Ich bin einfach absolut ratlos, weiß nicht, was da zu tun wäre. Das Modell von passivem Widerstand scheint dort jedenfalls nicht angezeigt.

Ruth: Eines ist jedoch sicher; nämlich daß der erste Punkt ist, Vorsorge zu tragen, damit es nicht erst zu kriegerischer Aggression kommt. Also daß man in der Politik lernen muß zu sehen, was kommen könnte, wenn ... Daß man nicht erst wartet mit der Hilfestellung bis zu dem Augenblick, wo die Katastrophe bereits passiert ist.

Helga: Aber auch Aggressoren reden von Werten!

Matthias: Da muß man ihnen kühn ins Gesicht gucken und sagen: Das ist nicht wahr, was du da sagst. Das muß man sich an bestimmten Stellen anmaßen. Wenn die Serben heute anfangen und sagen, das tun wir im Namen der Solidarität und der Freiheit, wie das der Milosjevic gesagt hat in seiner Weihnachtsansprache, dann muß man ganz kühl sagen, hier wird ein wahres Wort für Lüge und Mord mißbraucht. Da hilft gar nichts anderes als die Kontroverse. Darin sehe ich die Wahrheit von dem, was Helga zuvor gesagt hat: Es ist nämlich die Pest dieses „Anything goes" ausgebrochen und wird heute sogar noch unter der Überschrift „Postmoderne" sozusagen in kulturelle Geltung gesetzt; das sei die Phase der Entwicklung, da gelte die sogenannte Patchwork-Identität, wo man zusammengeflickt aus allem alles sagen und gelten lassen kann.

Ruth: -- ein fataler Relativismus.

Helga: Alles hat eine Begründung und bekommt seine Berechtigung.

Matthias: Und da hilft letztlich nur, daß es in unserer Kultur wieder hoffähig werden muß, bei allem Verstehen „Nein" zu sagen, es muß gestritten werden, und daß wir anfangen, uns zunächst zu unseren Werten, Grenzen und Geboten zu bekennen in der Hoffnung, daß dies Schule macht. Es ist eine nationalistische Lüge mit der Solidarität, wenn sie der Milosjevic in den Mund nimmt. Die Kontroverse und das Einstehen für etwas ist das Mindeste, und alles andere muß sich daraus ergeben.

Ich erinnere mich, daß Hans Jonas, der nun wirklich kein Diktator war, sondern ein Mensch, der das „Prinzip Verantwortung" im Blick auf Naturwissenschaften und Technik durchdachte, in seinen letzten Tagen gemeint hat, es werde wohl so etwas wie eine ökologische Diktatur geben müssen, weil die Menschen im Schnitt gesehen – da sie zu belastet leben und die Kraft nicht haben, weiter zu denken – zu kurzfristig leben und zu kurzfristig denken. Und wir werden, so meinte er kurz vor seinem Tode, nur durchkommen und überleben, wenn irgend jemand, ein Diktator, es sich anmaßt, an diesen Stellen unpopuläre Entscheidungen zu treffen. Und unpopuläre Entscheidungen wird nur jemand fällen, der oder die es ertragen kann, im Zyklus von vier Jahren vom Volk nicht wieder bestätigt zu werden. Ob es zur ökologischen Diktatur kommen muß oder nicht, sei dahingestellt. Der Anfang ist jedenfalls, daß wir lernen zu sagen „ich stehe für etwas gerade, und ich stehe für etwas ein", und daß wir lernen, diese vielfach unter uns privat und individuell ja vielfach vorhandenen Meinungen und Einstellungen auch öffentlich zu machen (vgl. die Demonstration November 1992 und die Lichterketten im Winter 1992/93 u.a.m.). So werden die Aufrichtigkeit, der Mut und die Klarheit, über die wir am Anfang unseres Gespräches gesprochen haben und sie als in der Aggressivität enthalten erkannten, auch in dieser Frage praktiziert. In diesem Gewabber von „Alles hat recht", nur weil jemand sagt, „es ist nun mal meine Meinung", muß der Punkt kommen, an dem man sagt: „Nein, du hast für mich nicht recht!" Das ist ein Stück notwendiger Aggressivität.

Helga: Dieses „Position-Beziehen" ist auch ganz wichtig in TZI-Gruppen als Modellernen. Auch wenn wir in der TZI sagen, es ist gerade in Anfangssituationen wichtig, akzeptierend zu sein, in den Aussagen etwas zu finden, das positiv gewertet werden kann, gilt es aber auch, ganz wachsam zu sein, damit nicht eine Atmosphäre entsteht von „alles ist richtig, alles ist erlaubt".

Ruth: Dieses „Anything goes" ist das letzte giftige Ende einer falsch verstandenen Relativitätstheorie. „Es ist ja sowieso alles relativ" hat dazu beigetragen, einen pseudowissenschaftlichen Wertrelativismus zu propagieren. Und damit hat jede Ethik und jede Religiosität keinen Platz mehr gehabt im Denken. Ohne Glauben und ohne Werte kann eine menschliche Gemeinschaft nicht leben. Wir sind wertbegabte Wesen, die offenbar dann untergehen werden, wenn sie die Fähigkeit, Lebenssinn zu bewerten, verkommen lassen.

Matthias: Ich möchte sagen, daß es mir wichtig ist, daß wir uns zu etwas bekennen und zu etwas stehen und uns darüber klar werden, um aus dem Sumpf von „Anything goes" herauszukommen. Dabei ist es – besonders auch im Politischen – manchmal nötig, schneidende, aggressive Klarheit in entscheidenden Punkten aufzubringen, denn nach dem berühmten Lessing-Satz gilt: wer über bestimmten Dingen seinen Kopf nicht verliert, der hat keinen zu verlieren. Man muß irgendwann mal verrückt werden über gewissen Dingen (wie z.B. der gegenwärtigen Auslieferung der Kurden und der gleichzeitigen Lieferung von Waffen an die Türkei) und die Opposition ergreifen. Und dies konstruktiv zu tun, dabei ist mir die TZI-

Axiomatik wirklich eine große Hilfe.

Auch im Blick auf die politische Situation in Irak oder Jugoslawien z.b. gibt es in der öffentlichen Diskussion einschlägige Vermeidungen und Ausblendungen (speziell der Linken; die Konservativen haben hier andere). Hier gibt es im Namen der richtigen Gewaltlosigkeit auch eine unwahre Vermeidung notwendiger Gegengewalt, die menschlich, politisch und sogar theologisch wieder gedacht werden muß.

Ich halte es für notwendig, daß bei bestimmten Dingen auch mit Waffen eingegriffen wird. Wenn ich weiß, daß Saddam Hussein kurz davor stand, atomare Waffen fertig zu haben und gegen Israel einzusetzen – und das wissen wir –, dann kann man nicht sagen, der waffenmäßige Eingriff gegen Saddam war im Prinzip unrecht. Ich glaube, daß es noch nicht an der Zeit war, daß die Alternativen noch nicht ausgelotet waren und vieles mehr. Aber so einen Tyrannen mit Waffen zu stoppen, bevor er gegen Israel atomare Waffen einsetzt, halte ich für notwendig und gerechtfertigt.

Ruth: Da war meiner Meinung nach wieder ein Punkt in der Geschichte, wo man die Gründe erst ansehen muß, die zur Akzeptanz eines Tyrannen durch ein Volk führen, und dies nicht als die einzige Ursache zu sehen! Der ganze Israel-Palästinenser-Komplex war und ist so unvorstellbar furchtbar für beide Seiten, daß hier die Suche nach einer politischen Lösung so alt ist wie das Ende des Zweiten Weltkriegs. Und an solchen schmerzlichen Punkten „ereignen" sich dann immer wieder Diktatoren und Tyrannen, so wie nach der Demütigung des deutschen Volkes durch den Versailler Vertrag. Und ich weiß, daß es immer einen Punkt von „No-Return" gibt. Aber die Vorsorge, sehen, was kommen muß, oder wahrscheinlich kommen wird, scheint mir die Aufgabe der etwas weiter Sehenden der Gegenwart und Zukunft zu sein.

Matthias: Ja, gut, aber ich sehe diesen Punkt „of no return" auch, wenn gegen die Serben (was nicht einfach Einmarschieren heißt! Diese törichte Schwarz-weiß-Alternative wird leider gerne gespielt!) viel zu spät und dann praktisch waffenlos vorgegangen werden soll. Der Satz der Werte kann nicht heißen, Waffen sind in jedem Falle unrecht. Das mache ich nicht mit. Da werden einer anthropologischen

Illusion zuliebe Menschen einer mörderischen Gewalt überlassen. Hierüber muß gestritten werden.

Helga: Du bringst mich mit dieser Einstellung an eine totale innere Grenze. Ich stimme dir mit einem Teil meiner Persönlichkeit oder vor allen Dingen mit meinen Einsichten voll zu. Und irgendwo in meinem ganz tiefen Inneren ist ein Wissen darum, daß unsere Welt an diesem krankmachenden Prinzip von Gewalt-Gegengewalt kaputt geht, und daß das nicht der Weg sein kann.

Matthias: Es gibt Systemfaktoren, die sich nicht unmittelbar in deinem Gefühl spiegeln können, ebenso wie zum Beispiel unser Geruchsinn für Wahrnehmungen von bestimmten Giften untauglich ist. Ozonprobleme kannst du sinnlich gar nicht wahrnehmen, man kann sie nur wissen; sie sind objektiv, aber keiner sinnlichen Wahrnehmung zugänglich. Hier gibt es darum Notwendigkeiten, die man cool wissen muß, obwohl sie im eigenen Gefühl nicht vorkommen oder nicht gedeckt sind.

Ich will als Beispiel erzählen: Als zwölfjährigem Jungen wurde mir in einem Rettungsschwimmerkurs beigebracht, daß jeder Ertrinkende in drei Phasen ertrinkt: Je mehr Wasser er schluckt und sein Blut sich mit Kohlendioxyd auflädt, um so mehr werden die Kapillaren ausgedehnt. Solche ausgedehnten Kapillaren mit Kohlenstoffdioxyd sind Grundlage von Angstzuständen, welche unwahrscheinliche Kraft verleihen. Wenn ein Ertrinkender in dieser Phase zwei ist, hat er die Kraft, jeden Rettungsschwimmer in die Tiefe zu ziehen. Wenn du den Ertrinkenden also retten möchtest, dann mußt du ihn in Phase zwei erst mal absacken lassen und erst in Phase drei heranschwimmen. Wenn du aus lauter Emotion und vemeintlicher Liebe in Phase zwei rangehst, venichtest du beide. Die größere Liebe besteht darin, sich von der unmittelbaren Emotion zu distanzieren und aus Wissen in der richtigen Phase zu helfen. Diese coole Berechnung brauchen wir auch politisch, um zu wissen, wie man eingreift. Das kann auch mit Waffen nötig sein. Und das ist nicht identisch mit der Frage, ob du dich so oder so fühlst.

Helga: Das, was ich benannt habe, hat mit Emotion und Gefühlen wenig zu tun. Es ist mehr eine religiöse Frage, vielleicht eine kosmische Frage. Diese Fragestellung geht weit über mich und meine individuellen Gefühle hinaus.

Ruth: Wenn ich glaube, daß jede tötende Gewalt neue Gewalt erzeugt, daß jeder unbeherrschte Haß neuen Haß erzeugt, dann kann es sein, daß der kurze Erfolg, daß man jetzt mit Waffen den Feind getötet hat, dazu verführt, zu übersehen, was der Haß inzwischen angerichtet hat. Ich glaube, daß dadurch der nächste Krieg bereits „vorgewollt" ist. Es ist eine religiöse Frage, wie Helga gesagt hat. Denn möglicherweise ist die Effektivität auch in diesem Punkt nicht ausschlaggebend.

Helga: Du drückst das sehr gut aus, was ich sagen wollte.

Matthias: Und einem Teil davon kann ich überhaupt nicht zustimmen. Aber das ist ein alter Dissens zwischen uns, denn wenn man sich keine Illusionen über den Menschen und sein angebliches Gutsein macht, dann weiß man, daß Gewalt hin und wieder notwendig ist, und daß durch ihre Vermeidung die Gewaltspirale sich unendlich lange weiterdreht und verschlimmert wird. Es gibt zwischen Militarismus und ideologischer Gewaltvermeidung eine (haßlose!) pragmatische Mittellinie!

Ruth: Matthias, woher nimmst Du die Sicherheit, zu sagen, daß Menschen ohne Gewalt Illusionen sind: De facto hat es in zivilisierten Zeiten, wie wir sie jetzt hier für ganz lange erlebt haben, nur ganz selten kriminelle individuelle Mordtaten gegeben, im Verhältnis zur Anzal der Menschen. Und ich glaube, daß das Gewaltpotential, das jeder von uns in sich hat, den Menschen gegenüber, die uns persönlich verletzen, viel stärker ist, als der Haß von einem Volk zum andern, wenn er nicht, wie Du es hier sagst, einfach vorausgesetzt wird, als das Heldentum der Notwendigkeit! Die meisten Soldaten, die nicht aus orthodox-kampffreudigen Völkern kommen, sind heutzutage gar nicht so begierig darauf, Krieg zu führen; jedenfalls sehr viel weniger, als „einen bösen Freund" oder PartnerIn umzubringen! Ich glaube, daß es eine Illusion ist, zu denken, daß Menschengruppen und Menschenethik sich nicht verändern können. Und ich möchte Dich jetzt erinnern an das, was Du vorhin so überzeugt gesagt hast und was ich auch glaube: Man kann an einem Erfolg, den man bisher gehabt hat, nicht messen, ob eine Richtung richtig ist oder falsch. Die Tatsache, daß bisher Gewaltlosigkeit nicht

„gesiegt" hat, bedeutet nicht, daß es nicht noch passieren kann. Aber Gewaltlosigkeit kann trotzdem der richtige Weg sein. Vielleicht mit ebenso viel „kriminellen Ausnahmen" wie im individuellen Leben die Mörder. Ob Gegengewalt letztlich effektiv ist, bleibt eine offene Glaubensfrage.

Helga: Also um das mit der Effektivität an einem Beispiel festzumachen: Mit jedem Getöteten säe ich Haß in die Herzen all derer, die diesen Menschen verloren haben.

Matthias: Um hier weiterzukommen, müßten wir über den Unterschied von personalem Denken und Denken in Systemen sprechen. Darum möchte ich an dieser Stelle eigentlich nicht weiter gehen, weil es ein Gespräch dieser Art überfordert, aber nochmals zusammenfassen: Wir müssen von diesem „Anything goes" wegkommen und uns trauen, Politik zu beurteilen und nicht nur zu sagen: Es gibt solche und solche politischen Entscheidungen, und alles ist recht. In der Politik wird nicht nur Pragmatisches, Richtiges und Falsches gemacht, sondern es wird in der Politik auch Recht und Unrecht gemacht. Es hat ethische bzw. unethische Qualität.

Helga: Und mir fällt noch ein Aspekt ein, den wir ausgelassen haben, und das ist die Bewußtseinsbildung durch die Medien. Ich werde nicht vergessen, wie ich irgendwann darauf kam zu merken, daß etwas, was seit Kriegsende „Verteidigungsindustrie" hieß, auf einmal zur „Rüstungsindustrie" wurde. Ohne es zu merken, werde ich mit einem manipulativen Begriff infiltriert, der sich wandelt. Und das passiert auf vielen Ebenen. Es kommen Worte in unsere Sprache hinein, die eine Auswirkung auf unser Bewußtsein haben. Worte mit oft aggressiver und gewalttätiger Einfärbung oder dem Ziel der Gewaltverharmlosung.

Matthias: Ja, und noch in einem andern Punkte gilt das: Für mich war es einmal ein eindrückliches Erlebnis, als es in einer kirchlichen Synode darum ging, den Prozeß für einen schwarzen Arbeiterführer in Südafrika zu finanzieren, der vom Apartheitsystem angeklagt war. Unsere Synode hat den Anwalt und den ganzen Prozeß finanziert, um ihn durchzukriegen. Dabei hat einer der mitdiskutierenden Pastoren gesagt, es sei einfach nicht wahr, daß die Dritte Welt durch die Erste ausgebeutet werde.

Das war damals für mich ein Moment der Verleugnung von Wahrheit, weil das Bewußtsein dieses Menschen nicht stark genug war, dies einzugestehen. Es würde ja genügen, wenn er gesagt hätte, ich sehe ein, daß es so ist, aber ich bin zu schwach dazu, mich im Moment darum zu kümmern; ich habe nicht die menschliche und die lebensmäßige Kraft, um dagegen etwas zu tun. Aber statt dessen lügt er sich etwas vor. Das war ein Moment, das in Gruppen und in einem produktiven Gesprächsklima natürlich ganz anders angepackt werden kann, als damals in der Hostilität, der Feindseligkeit dieser Synode, wo dieser Mann – auch von mir – wahnsinnig angegriffen wurde wegen dieser Unwahrheit. Und das war damals keine Bedingung, unter der er sich einer Standpunktänderung hätte annähern können, denn „nur was wir akzeptieren, kann sich ändern". Dieser Jung'sche Satz gilt hier und erstaunlich oft auch politisch. Es wird nur dazu kommen, wenn wir eine wohlwollende und akzeptierende Atmosphäre schaffen, in der ich ihn verstehe, dabei aber klar bleibe, und er sich so ändern kann; und das gilt in anderen Fällen sicher auch für mich selber. Nur so kann man langsam dazu kommen zu sagen: „Ja, vielleicht stimmt an dem, was ich gesagt habe, doch etwas nicht." Das ist für mich ein ganz zentrales Moment: Gruppenatmosphäre, welche Einsicht ermöglicht. Das kann in kleinen Gruppen auch für eine Politik besser gelernt werden als irgendwo sonst. Neueinstellungen und Öffnungen können nur geübt werden, *bevor* es brennt.

Ruth: Ja, da kommt aber auch wieder das Subjektive herein. Wieso hängen so viele Menschen an dem, was sie als Kind im Elternhaus oder von Lehrern aufgenommen haben und haben fast nicht die Fähigkeit – was immer du auch machst – sich noch zu ändern? Darum ist mir auch die Idee der Schule so wichtig, weil da noch eher die Möglickeit von Bewußtseinsbildung besteht, wenn Kinder früh genug etwas davon lernen.

Ich habe auch einen Nachbarn zum Beispiel, einen gebildeten Mann, der aber immer noch sagt, wenn die in Afrika so viel arbeiten würden wie wir, dann ginge es ihnen gut. Und die Armut liege nur daran. Da kannst du machen, was du willst – ich schiebe immer Literatur in den Briefkasten –, das nützt nichts.

Helga: Ich mach für mich inzwischen einen ganz klaren Unterschied zwischen Wissen und dem, was in mein Bewußtsein gelangt ist.

Dafür habe ich ein ganz einfaches Beispiel. Es geht um Zwiebeln. Ich setze im Frühjahr in meinem Garten Zwiebeln und sehe vom Frühjahr bis zum Sommer, wie sie wachsen, und freue mich daran, wenn sie dicker werden, um dann im Herbst vielleicht etwa zwanzig Zwiebeln zu ernten. Dann gehe ich gegenüber in den Supermarkt, und da liegt ein Sack Zwiebeln mit zehn Kilo, und er kostet drei Mark fünfundsiebzig. Und ich freue mich, daß ich so günstig zu Zwiebeln komme. Und sehe dann, er kommt aus Polen. In diesem Augenblick ist etwas in mir passiert: Ich habe ein Bewußtsein von Ausbeutung bekommen. Ich konnte dann phantasieren, was die Leute für diesen Sack Zwiebeln bekommen als Produzenten ... Und seither bin ich diesbezüglich wach und achtsam geworden. Denn das Wissen alleine hilft mir nicht, mich zu verändern. Um mich zu verändern, muß das Wissen ins Bewußtsein transportiert werden.

Und das gilt auch für die Aggressivität und Gewalttätigkeit. Die Gewalttätigkeit, die ich ausübe, kann ganz schön maskiert daherkommen. Erst durch mein Bewußtsein kann ich sie demaskieren.

Matthias: Ja, und in Polen sind 1 DM pro Sack sehr viel Geld, ohne dies hätten sie noch weniger – es ist nicht einfach Ausbeutung. Aber ich bin eben daran zu überlegen, was die entscheidenden Linien sind, die wir in diesem Gesprächsabschnitt betont haben.

Helga: Das Bekennen und das Position-Beziehen.

Matthias: Ja, das Position-Beziehen, und daß es deswegen etwas Wichtiges ist, eine Atmosphäre zu schaffen, in der Bewußtsein entstehen kann und nicht an der Verleugnung festgehalten werden muß. Und das ist in Gruppen, nicht in riesigen politischen Arenen zu üben.

Helga: Und die Abgrenzung von Wissen und Bewußtsein. Als TZI-Lehrerin verstehe ich mich auch als Wegbegleiterin bei der Bewußtseinsbildung.

Ruth: Ich finde zum Beispiel das erste Argument ganz wichtig: Es kommt nicht nur auf den Erfolg an, sondern auf den richtigen Weg. Und für uns als TZI-Lehrende gehört es dazu, die Störung zum Thema zu machen, wenn die Störungen ein vorgegebenes Thema behindern. Und eine solche Störung ist heute durch die allgemeine ökologische und ökonomische Lebensbehinderung und -zerstörung gegeben. Das bedingt Bewußtseinsbildung: Daß ich also die Kinder, die SchülerInnen, die StudentInnen und die Erwachsenen darauf aufmerksam mache, Bewußtsein schüre, daß die erste Störung in dieser Welt ist, daß sie eventuell so nicht mehr existieren wird. Der politische Aspekt dieser Bewußtseinsbildung ist für mich sehr einfach: Tote Kinder kann man nicht mehr erziehen und lehren, auch verelendete nur sehr schlecht. Insofern muß sich jede Lehrerin und jeder Lehrer überlegen, wie sie oder er diese Störung in die Schulklasse hineinbringt. Noch besser ist es, die kleinsten diesbezüglichen Symptome wahrzunehmen und die Aufmerksamkeit auf sie zu lenken. Das ist zugegebenermaßen eine Gratwanderung zwischen „Lebensfreude zerstören" und „zu Mut inspirieren".

Matthias: Ja genau, man kann nämlich dieses wichtige Thema auch zu oft ansprechen und dadurch destruktiv werden bzw. Widerstände aufbauen. Dennoch – ich stimme Dir völlig zu und sage auf meine Weise: Eine Systemveränderung ist eine langfristige Sache. Aber in Augenblicken, wo es um Leben und Tod geht, muß ich eiskalt kalkulieren und überlegen, wo ich den Hebel ansetze. Der schönste Ausdruck dafür steht für mich in einem Brief von Rosa Luxenburg. Sie hat einmal gesagt: „Wenn meine Katze Mimi Bauchschmerzen hat, dann werde ich furchbar aufgeregt und laufe hin und her und tue, was ich kann, um ihr Erleichterung zu verschaffen. Aber wenn ich im Gefängnis sitze" – was sie ja reichlich getan hat – „und höre, daß die Armenier in der Türkei ohne Widerspruch und mit Mitteln des Deutschen Reiches umgebracht werden, dann werde ich eiskalt und überlege, welchen Hebel ich ansetzen kann."

Die wichtigsten Dinge müssen eiskalt überlegt werden, so daß man nicht in kurzfristiges aktionistisches Agieren hineingerät, in das sich Leute hineinstürzen, und damit wenig oder nichts, außer ihrer Resignation, erreichen. Ich muß im Bewußtsein der Ziele und aus Liebe *eiskalt* werden und überlegen, was ist der Hebel? Denn Mittel- und Langfristigkeit ist das einzige, was hilft gegenüber einem System, das solche Dinge produziert. Und ein wesentliches Mittel der Langfristigkeit ist Methode, hier die Methode der TZI, die – obwohl

Haltung – auch Technik und Fähigkeit ist, produktive Umstände des Lernens, des Interagierens, der Themenbearbeitung herzustellen. Dies allein erreicht Dauer in einem so mächtigen und ambivalenten System, in dem wir leben.

Ruth: Mir wäre das Wort „glasklar" lieber als „eiskalt". Viele Menschen brauchen die Verbindung zu ihrem Gefühl, um glasklar handeln zu können. Ich glaube, es ist hier wirklich die Balance zwischen eiskaltem Denken und körperwarmen Gefühlen, um die es geht. Mir geht es da meist um Intuition, die anscheinend dort am ehesten passiert, wo ich sehr *starke Gefühle für eine Sache* habe, und darum sehr klar darüber nachdenke, und dann die Gnade der Intuition entweder kommt oder nicht. Wenn ich oder ein mir lieber Mensch in Lebensgefahr sind, habe ich sehr starke Gefühle, und aus diesen heraus scheint das glasklare Denken zu resultieren. Jedenfalls wird Intuition vom Denken und von Gefühlen her gespeist.

Matthias: Richtig.

Helga: Was ich von mir kenne in absolut bedrohlichen Lebenssituationen ist, daß in mir auf einmal so etwas wie eine ganz große Stille aufkommt. Und aus dieser Stille heraus kann ich optimal reagieren. Das ist mir selbst aus lebensbedrohlichen Situationen vertraut. Wenn ich dann eiskalt wäre, würde ich erstarren. Und in der Stille werde ich funktionstüchtig oder sogar weitsichtig.

Matthias: Völlig einverstanden.

Ruth: Und das ist wieder das Individuelle: Daß man oder frau nicht eiskalt oder still oder warm werden muß, sondern daß jeder und jede seine oder ihre eigene Art hat. Dazu fällt mir ein, was ich immer wieder lehre: Erstes Semester: Die Menschen sind verschieden. Zweites Semester: Die Menschen sind ähnlich. Drittes Semester: Die Menschen sind verschieden und ähnlich. Letztlich geht es darum, im Großen wie im Kleinen sachlich und positionell klar und dabei in Beziehung und zugewandt zu bleiben. Und das schließt Aggression ein und nicht aus. Es schließt aus nur den Wahnsinn der ungezügelten Aggression.

Der gesellschaftskritische Ansatz der TZI

Rüdiger Standhardt / Cornelia Löhmer (Hg.)
Zur Tat befreien
Gesellschaftspolitische Perspektiven der TZI-Gruppenarbeit
Reihe Aspekte Themenzentrierter Interaktion
1994. 272 Seiten. Kartoniert

Zu den Wurzeln der Themenzentrierten Interaktion gehört auch die kritische Wahrnehmung gesellschaftlicher Gleichgewichtsstörungen. Doch obwohl Ruth Cohn die Entwicklung der TZI mit der Suche nach einem Weg verbunden hat, um in dieser gefährdeten Welt etwas zur Überwindung menschlicher Grausamkeit und Gewalt tun zu können, fand dieses Anliegen in der theoretischen Reflexion und der TZI-Ausbildung bislang weitaus weniger Beachtung als andere Aspekte und deren praktische Umsetzung.

Die Notwendigkeit aber, mehr und mehr Menschen zu einem bewußteren Umgang mit sich selbst, miteinander, mit den Themen der Zeit und mit den Herausforderungen der Welt zu bewegen, wächst angesichts unserer gesellschaftlichen Krisensituation.

So ermutigen die Beiträge dieses Buches und geben wichtige Impulse für eine themenzentrierte Gruppenarbeit.

Matthias-Grünewald-Verlag

TZI in Großgruppen

Ruth C. Cohn / Irene Klein
Großgruppen gestalten mit Themenzentrierter Interaktion
Ein Weg zur lebendigen Balance zwischen Einzelnen, Aufgaben und
Gruppe
Reihe Aspekte Themenzentrierter Interaktion
1993. 156 Seiten. Kartoniert

In Gruppen und Großgruppen wird viel über Frieden und über Versöhnung mit unserer Umwelt gesprochen. Dieses Sprechen braucht eine
friedens- und versöhnungsfördernde Struktur, wenn es an das gewünschte Ziel führen soll. So wie Mündigkeit nur erreicht werden kann,
wenn Menschen als Mündige angesprochen werden, kann Frieden und
Friedensfähigkeit nur entstehen durch sich achtendes und respektieren-
des Sprechen und Hören, durch Gespräche, in denen jeder Gewicht hat,
jeder einen Beitrag geben kann. In diesem Sinne verbindet dieses Buch
ein zweifaches Anliegen: Es geht zum einen um die methodische Arbeit
mit Großgruppen auf der Grundlage der existentiellen und ethischen
Voraussetzungen der TZI. Es wird eine mögliche Struktur für Großgrup-
penarbeit gezeigt, die in allen drei hier vorgestellten Großgruppenpro-
jekten auf ähnlichen Elementen beruht. Und es geht in allen drei Projek-
ten um friedenspolitische und um ökologische Themen, d.h. um die
Frage, wie man dem Frieden mit Menschen, Natur und Kosmos näher-
kommen kann, letztlich also um die Frage des Überlebens der Menschheit.

Soziale Arbeit

Matthias-Grünewald-Verlag